THÉOTEX
Site internet : theotex.org
Courriel : theotex@gmail.com

© THÉOTEX
Édition : BoD — Books on Demand
12/14 rond-point des Champs-Élysées, 75008 Paris
Impression : BoD, Norderstedt, Allemagne
ISBN : 978-2-322-20226-3
Dépôt légal : janvier 2020

Notes sur les Paraboles

de

Notre Seigneur

par

Richard Chenevix Trench

traduit de l'anglais par Paul Duplan-Olivier

1878

◇ ◇ ◇

— 2013 —

RICHARD CHENEVIX TRENCH
(1807-1886)

Note ThéoTeX

De nationalité irlandaise, Richard Chenevix Trench (1807-1886) avait pourtant des racines presque entièrement françaises : du côté paternel, il descendait d'un ancêtre émigré en Angleterre au 16e s., du côté maternel, d'une famille huguenote lorraine assez connue, les Chenevix, ayant fui la France après la révocation de l'édit de Nantes.

C'est de sa mère Melesina, poétesse publiée, que Richard aura hérité ses talents littéraires. Très tôt il aime les livres, et surtout les mots, qu'il étudiera plus tard en philologue, et comme auteur de l'ouvrage qui le rendit célèbre : *Synonyms of the New Testament*.

La vocation ecclésiastique attendit par contre qu'il soit parvenu à l'âge d'adulte avant de s'imposer à lui. Brillant élève de Cambridge, puisqu'il y fut membre de la société des *Apostles*, il pensait alors faire avocat. Ayant appris l'espagnol, il s'embarqua vers 1829 dans une aventure politique de soutien aux ennemis du Roi Ferdinand VII, à l'issue de laquelle il n'eut la vie sauve qu'en se réfugiant à Gibraltar.

De retour en Angleterre, il est en 1835 ordonné prêtre de l'église anglicane. La même année il publie une *Vie de Justin Martyr* toute en vers. Quelques années plus paraissent les titres : *Notes sur les Paraboles de Notre Seigneur, sur les Proverbes de Salomon, sur les Miracles de Christ, sur les Béatitudes, sur les Sept Églises de l'Apocalypse*. Son aménité, sa piété, son esprit large et profond, l'élèveront finalement jusqu'au poste d'archevêque de Dublin. Ses œuvres encore citées aujourd'hui par les commentateurs de langue anglaise se caractérisent par une grande érudition, une connaissance très sûre de la littérature chrétienne des premiers siècles, et une sage sobriété dans l'exégèse. Il fut par exemple l'un des premiers à s'opposer à l'interprétation prophético-historique des sept églises de l'Apocalypse, en montrant que cette idée prenait en réalité son origine dans le mysticisme de Joachim de Flore.

Un mot sur la traduction française des *Notes sur les Paraboles* : elle a été réalisée *librement* par le pasteur suisse PAUL DUPLAN-OLIVIER (né à Montreux en 1840). *Librement* signifie que son volume fait environ la moitié de l'original anglais, qui comprend beaucoup de grandes notes, de citations d'auteurs anciens, de développements philologiques sur les mots ; on compatit sympathiquement à la pénibilité qu'aurait représenté une traduction complète et littérale. Nous avons toutefois rajouté nous-mêmes une section qui avait été supprimée par Duplan dans l'Introduction (sur les paraboles extra-bibliques), et corrigé quelques erreurs dans le reste de son texte. Les nombreuses citations latines représentant un désagrément certain pour le lecteur ordinaire, conformément au vœu de Trench, parut en 1906 une édition où elles étaient traduites. Nous les avons reprises dans cette édition numérique, et nous avons rétabli les quelques mots en caractères grecs que Duplan avait transcrits en caractères latins : il est au 21me siècle permis à un pasteur d'ignorer le latin, ou comme Sganarelle de demander à ce qu'on fasse comme s'il ne le savait pas, mais non point le grec, qui reste la langue du Nouveau Testament.

Phoenix, le 4 septembre 2013

Avant-propos du Traducteur

Nous croyons faire une œuvre utile en offrant aux théologiens et au public religieux français la traduction du beau livre du Dr Trench sur les « les Paraboles de notre Seigneur », livre qui a eu treize éditions, en Angleterre. - Les qualités qui distinguent l'auteur des « Synonymes du Nouveau Testament » se retrouvent ici ; une vaste érudition s'y associe à une intelligence profonde de l'Écriture ; cet ouvrage est plein de vues originales, qui répandent souvent une vive lumière sur les sujets que nous offrent les récits du Seigneur ; il peut être utile aux pasteurs et, en général, à tous ceux qui étudient les Écritures. Nous n'avons pas, dans notre littérature religieuse française, un livre aussi solide et aussi complet sur les paraboles.

Nous avons dû, pour le mettre à la portée du grand public chrétien, profiter de l'autorisation que nous a donnée l'auteur, de retrancher ou d'abréger certains fragments qui s'adressent exclusivement aux théologiens ; mais ces changements ne diminuent en rien la valeur pratique de l'ouvrage. C'est ainsi que nous avons retranché un chapitre de l'Introduction qui traite des paraboles en dehors de l'Écriture, et de celles que nous trouvons chez les historiens juifs et chez les Pères de l'Église. Il nous a paru que ce chapitre, ne se rattachant pas directement au sujet, pourrait, sans trop d'inconvénients, être éliminé, quoiqu'il soit très intéressant, d'ailleurs [a]. Nous avons dû aussi retrancher ou abréger plusieurs citations des Pères qui auraient trop surchargé la traduction et l'auraient rendue d'un plus difficile accès auprès des lecteurs français. Mais nous avons eu soin de résumer les notes les plus importantes et de conserver l'intégrité du texte même de l'ouvrage. Tout notre désir est que le livre du Dr Trench soit connu et apprécié comme il mérite de l'être, et que, par son moyen, beaucoup d'âmes soient éclairées et affermies dans leur foi au Sauveur !

Paul Duplan

Vallorbes, août 1878.

---

a. Ce chapitre a été rajouté par nos soins (ThéoTEX).

REMARQUES INTRODUCTIVES

I. DÉFINITION DE LA PARABOLE

Les auteurs qui ont cherché à définir la parabole ont trouvé que ce n'était point une tâche facile que de tenir compte de tous ses traits caractéristiques, en laissant de côté ce qui est superflu et purement accidentel.

[Παραβολή, de παραβάλλειν, projicere, objicere, *i. e.* τὶ τινί, mettre une chose devant une autre ou auprès, afin de les comparer ; ainsi Platon : παραβολὴ τῶν βίων et Polybe (I.2.2) : παραβολὴ καὶ σύγκρισις. *Parabole*, n'est pas un mot particulier au grec sacré, car nous le rencontrons dans Aristote et dans Longin. La notion de *comparaison* n'est pas nécessairement comprise dans le mot, cela est évident, soit par l'étymologie, soit par le fait que ce terme et tous ceux formés des mêmes éléments sont employés dans un sens différent. Exemple : *parabolos*, qui objicit se præsentissimo vite periculo, quelqu'un qui *expose sa vie*, comme ceux qui enterraient les cadavres des pestiférés à Alexandrie, et qui se nommaient *parabolani*. Les auteurs latins ne sont pas d'accord quant à leur manière de rendre *parabole*. Cicéron : *collatio* ; Sénèque : *imago* ; Quintilien : *similitudo*.]

Plutôt que d'ajouter une nouvelle définition à celles qui ont été déjà données [a], je me bornerai donc à signaler ce qui différencie la parabole évangélique de la fable, de l'allégorie et des autres modes semblables de comparaison. En cherchant à la distinguer des autres genres avec lesquels on peut facilement la confondre, et, en justifiant cette distinction, j'aurai contribué à faire ressortir ses caractères essentiels plus clairement que par tout autre moyen.

1. Quelques-uns ont identifié la parabole et la fable, ou du moins n'ont tracé qu'une légère ligne de démarcation entre les deux ; ainsi Lessing et Storr affirment que la fable raconte un événement *qui a eu lieu,* tandis que la parabole le présente uniquement comme *possible.* Mais évidemment la différence est plus grande. La parabole veut représenter une vérité spirituelle et céleste ; la fable a un tout autre but. Elle se rattache essentiellement à la terre et ne s'élève pas au-dessus d'elle. Elle n'a jamais un but plus élevé que celui d'inculquer des maximes de prudence, de diligence, de prévoyance et de morale humaines, même quelquefois aux dépens des vertus plus élevées. Elle atteint ainsi le faîte de cette moralité que le monde comprend et admire. Mais elle ne se trouve pas dans la Bible [b] et ne pourrait y avoir une place,

---

a. Tryphon, un grammairien grec du siècle d'Auguste, donne la définition suivante : « Une histoire qui grâce à une comparaison avec quelque chose de similaire rend une présentation frappante de son sujet. ». Jérôme : « Un récit instructif, sous forme de figure pertinente, contenant une leçon spirituel dans son sens caché. » Bengel :« La parabole est une forme de discours qui par le truchement d'un récit fictif mais vraisemblable, tiré des usages de la vie courante, illustre des vérités morales moins évidentes. »

b. On objectera la fable des arbres qui demandent un roi (Jug.9) et celle du chardon et du cèdre (2Rois.14) ; mais Dieu ne parle ni dans l'une ni dans l'autre, ni lui-même, ni par ses messagers. Jotham veut montrer aux

par la nature même des choses, vu le but particulier des Écritures, qui consiste à faire l'éducation spirituelle de l'homme, et non à aiguiser son esprit. La fable recommande ce genre de vertus qui constituent l'instinct chez l'animal et méritent les louanges du monde, mais elle ne fait de l'homme qu'un animal habile. Pour atteindre ce but, elle tire ses exemples du monde inférieur [a].

Ce monde-là est le domaine principal de la fable. Lorsque des hommes y jouent un rôle, c'est uniquement dans leurs rapports avec le monde inférieur. Au contraire, dans la parabole, le monde des animaux n'y occupe une place que dans ses rapports avec l'homme. Les relations des bêtes entre elles n'ayant rien de spirituel, ne peuvent offrir aucune analogie avec les vérités du royaume de Dieu. Mais la domination de l'homme sur les animaux résultant de la nature supérieure de son intelligence, qui est le don de son Créateur, peut servir, comme dans la parabole du berger et de son troupeau (Jean. 10), à illustrer les rapports de Dieu avec l'homme. Il appartient donc à la parabole de revêtir un caractère sérieux et de ne se permettre ni plaisanteries ni railleries à l'endroit des faiblesses et des fautes de l'humanité [b]. Elle peut être sévère et

---

hommes de Sichem leur folie, non leur péché, en choisissant Abimélech pour roi ; la fable ne s'élève jamais jusqu'à condamner le péché comme péché.

a. La plus importante de toutes les compositions de ce genre, *Reinecke Fuchs*, nous en fournit la preuve ; du commencement à la fin se lit la glorification de la ruse comme guide dans la vie et moyen d'échapper à tout mal.

b. Le fabuliste, au contraire, les exploite, témoin ce distique de Phèdre :
Duplex libelli dos est, quod risum movet,
Et quod prudenti vitam consilio monet.
(Ce petit livre a un double mérite : il fait rire et il donne de sages conseils pour la conduite de la vie.)

indignée, mais elle ne plaisante jamais sur les malheurs des hommes, alors même qu'ils sont mérités ; et son indignation est celle d'un saint amour, tandis que le fabuliste se livre souvent à des railleries amères [a] ; il met du sel dans les blessures de l'âme, peut-être avec le désir de les guérir, mais dans un esprit bien différent de celui du Sauveur compatissant lorsqu'il verse l'huile et le vin sur les plaies saignantes de l'humanité.

Une autre différence entre la parabole et la fable consiste en ceci : on ne peut, il est vrai, accuser le fabuliste de manquer à la vérité, puisque ce n'est pas son intention de tromper lorsqu'il attribue le langage des êtres raisonnables aux arbres, aux oiseaux et aux autres animaux, et personne ne peut s'y méprendre ; cependant, un plus grand respect pour la vérité ne permettait pas au Docteur céleste de méconnaître à ce point les lois et la constitution des êtres, même en se faisant accorder cette permission ou en la sous-entendant. A ses yeux, l'univers, tel qu'il est sorti des mains de son Auteur, est une œuvre trop parfaite, il a droit à trop de respect pour être représenté autrement qu'il existe en réalité. Le grand Docteur en paraboles ne s'est jamais permis d'altérer ou de défigurer les lois de la nature. Il ne nous présente jamais des arbres raisonnant comme des animaux, et nous trouverions mauvais qu'il le fît [b].

---

a. Ainsi dans la fable de la *Cigale et la fourmi*. On pourrait la comparer à la parabole des Dix Vierges ; le fabuliste n'a dirigé son attention que vers les besoins temporels, tandis que le Seigneur veut nous préparer pour le jour de notre rencontre avec Lui dans le ciel.

b. Klinckhart *De Hom. Div., et Laz.* p. 2.) : « La fable illustre quelque précepte de la vie de tous les jours, elle dépeint une situation simple et parfois comique, un exemple imaginaire généralement en contradiction

2. La parabole diffère du *mythe* en ce que celui-ci identifie complètement une vérité et son enveloppe. Les distinguer exige un long travail qui ne s'accomplit que dans un âge subséquent et par des hommes qui ne croient plus à la réalité du cadre. Le mythe se présente, non seulement comme le porteur de la vérité, mais comme étant la vérité elle-même ; tandis que, dans la parabole, on voit aussitôt la différence entre le fond et la forme, entre l'amande et sa coque, entre le vase précieux et le vin plus précieux encore qu'il contient.

Il y a un autre genre de mythes qui est le produit artificiel d'une génération réfléchie. On en trouve chez Platon de nombreux et remarquables exemples, qui doivent exprimer quelque importante vérité, donner une forme à une idée[a]. Telles sont encore ces vieilles légendes auxquelles on attribue un sens spirituel ; c'est alors la lettre qu'on tue pour vivifier l'esprit. Les derniers platoniciens recoururent à ce mode pour expliquer la mythologie grecque. La légende de Narcisse était à leur yeux le voile sous lequel on découvrait la folie de l'homme qui, poursuivant les biens de ce monde, est déçu dans son attente. Ils voulaient justifier cette mythologie de l'accusation d'absurdité ou d'immoralité et en montrer le sens moral, en opposition à la nouvelle vie du christianisme, ne se doutant pas qu'ils ne réussissaient qu'à détruire entièrement la foi en cette mythologie.

---

avec les lois de la nature ; la parabole, de son côté, met en lumière des vérités spirituelles plus élevées, divines, à l'aide d'une histoire qui, quoique simple, reste grave et sérieuse, un exemple qui dans sa conception respecte la nature des êtres et des choses. »

a. Ainsi Gorgias, *Phédon.*

3. La parabole se distingue facilement du *proverbe*[a], quoique ces deux mots s'emploient souvent l'un pour l'autre dans le Nouveau Testament. Ainsi : « Médecin, guéris-toi toi-même » (Luc.4.23). C'est une parabole, dit le Seigneur. Or, c'était un proverbe. Il en est de même de Luc.5.36, expression proverbiale plutôt qu'une parabole, quoiqu'il soit question de parabole : comparez 1Sam.24.13 ; 2Chr.7.20 ; Psa.44.14. Il y a en outre des proverbes, ainsi nommés par saint Jean, qui ne sont que des allégories. Exemple : Jésus-Christ assimilant ses relations avec son peuple à celles d'un berger avec son troupeau, est introduit en ces termes par l'évangéliste : « Jésus leur dit *un proverbe* » (Jean.10.6). Saint Jean ne se sert jamais du mot *parabole* et les synoptiques jamais du mot proverbe. On peut se rendre compte de cette anomalie par le fait que les Hébreux n'avaient qu'un seul mot, *maschal,* pour désigner la parabole et le proverbe. Les Septante l'ont traduit par le second de ces termes pour le titre du livre de Salomon, tandis qu'ils l'ont rendu ailleurs par le premier. Exemple : 1Sam.10.12 ; Éze.18.2. Le Sauveur met en opposition *le parler* en *proverbes* ou en *paraboles* avec le *parler ouvertement.*

Quoique tels proverbes, qui sont entrés dans le langage usuel, soient devenus parfaitement clairs, cependant ils sont souvent en eux-mêmes énigmatiques, exigeant pour être compris une certaine perspicacité. Le proverbe est très souvent parabolique, c'est-à-dire qu'il repose sur quelque comparaison explicite ou implicite ; ainsi 2Pi.2.22. Enfin le proverbe n'est souvent qu'une parabole en raccourci. Exemple : *l'aveugle*

---

a. Παροιμία, c'est-à-dire παρ' οἴμον, dicton populaire, ou une manière de parler inusitée.

conducteur d'aveugles; on pourrait en faire facilement une parabole.

4. Enfin, la parabole diffère de l'*allégorie* quant à la forme plutôt que pour le fond. Dans celle-ci, les qualités et propriétés de l'objet ou de la personne qu'on a en vue sont transférées au sujet allégorisé, et lui sont unies au point de ne pouvoir en être séparées [a] Exemple : Jésus, dans les chap. 10 et 15 de Jean, se nomme tour à tour le berger, la porte, le cep, etc. De même cette proclamation du précurseur : « Voici l'Agneau de Dieu » (Jean.1). Ainsi Ésaïe.5.1-6 est une parabole dont l'explication est donnée au v. 7 ; tandis que le psaume Psa.80.8-16, qui contient la même image, est une allégorie. L'allégorie ne réclame pas comme la parabole une interprétation qui vienne du dehors ; elle la renferme en elle-même. A mesure que l'allégorie se développe, l'explication la suit [b]. Ainsi, l'allégorie est à l'égard de la métaphore, comme figure plus développée, dans le même rapport que la parabole en regard d'une simple comparaison isolée. Et comme plusieurs proverbes sont des paraboles en raccourci, plusieurs aussi sont de courtes allégories.

---

a. Comme l'écrit Lowth : « A cela s'ajoute ce qui pourrait s'appeler la loi de la parabole, à savoir qu'elle reste cohérente dans toute ses parties, et ne tolère aucun mélange entre les différents éléments de la vérité qui constitue son sujet, et ceux destinés à illustrer cette vérité. En cela elle diffère beaucoup de la première espèce d'allégorie, qui, partant de la simple métaphore, fond progressivement la vérité illustrée avec l'objet la représentant, pour, sans plus chercher à se justifier, revenir ensuite par étapes à la vérité en elle-même.

b. Le *Voyage du pèlerin*, de Bunyan en offre l'exemple type : le personnage INTERPRÈTE apparaît lui-même dans l'allégorie. Hallam considère qu'il y a là un défaut de l'ouvrage : « Bunyan mélange trop la signification avec la fable ; et nous laisse parfois perplexes pour distinguer ce qui relève de l'imaginaire ou bien du chrétien réel » ; mais n'est-ce précisément pas là l'essence d'une fable allégorique ?

En résumé, la parabole diffère de la fable en ce qu'elle se meut dans le monde spirituel et ne renverse jamais l'ordre naturel des choses ; du mythe, qui confond le sens caché avec le symbole extérieur, tandis que les deux demeurent séparés dans la parabole ; du proverbe, en ce qu'elle est plus développée, non accidentellement et occasionnellement ; de l'allégorie, en ce qu'elle compare une chose à une autre, mais en même temps maintient leur distinction et n'attribue pas à l'une, comme le fait l'allégorie, les propriétés et qualités de l'autre.

II. L'ENSEIGNEMENT PARABOLIQUE

Quoique notre Seigneur ait en plus d'une occasion enseigné par des paraboles, avec l'intention de cacher à une partie de ses auditeurs certaines vérités, qu'ils étaient indignes ou incapables d'entendre[a], de telle sorte que, comme le dit Fuller, les paraboles étaient alors semblables à la colonne de nuée et de feu qui éclairait les Israélites, mais plongeait

---

a. Macrobe (*Somn. Scipionis*) : « Par des figures qui protègent son secret des esprits vils. » On ne peut nier, sans faire violence à de nombreuses déclarations, que Jésus-Christ ait eu ce but en vue en se servant de l'enseignement parabolique (Marc.4.11-12 ; Luc.8.9-10). Si l'on pouvait échapper à la force de ἵνα et de μήποτε qui se trouvent dans les versets cités, il resterait la citation Ésaïe.6.10. Il est évident que le prophète y parle d'un *aveuglement* qui est une peine infligée pour des péchés, et une punition telle que le peuple serait incapable d'en reconnaître le dispensateur et le caractère.

les Égyptiens dans l'obscurité, cependant nous pouvons admettre que son but général était le même que celui des autres docteurs qui ont employé cette méthode d'enseignement et qui ont voulu ainsi illustrer ou démontrer les vérités qu'ils avaient à proclamer. (Quintilien a dit : « les similitudes sont un admirable moyen d'éclairer un sujet. Sénèque les nomme : « les béquilles qui soutiennent notre infirmité. » Tertullien n'accorde pas qu'elles obscurcissent la lumière de l'Évangile.) Je dis *illustrer* ou *démontrer*, car la parabole n'est pas seulement une illustration mais aussi, en quelque mesure, une preuve. Ces analogies ne servent pas seulement à rendre la vérité intelligible ou plus frappante, comme quelques-uns le prétendent[a]. L'efficacité des paraboles gît dans l'harmonie pressentie par chacun (mais que les esprits cultivés se plaisent à constater), entre le monde matériel et le spirituel ; harmonie telle que les comparaisons tirées du premier pour faire comprendre les vérités du second sont quelque chose de plus que des images heureusement mais arbitrairement choisies. Ces deux mondes, créés par la même main, tirés du même fond et établis en vue du même but, se rendent témoignage l'un à l'autre. Les choses terrestres sont la copie des célestes. Le tabernacle d'Israël a été construit selon le modèle vu au Sinaï (Exo.25.40 ; 1Chr.28.11-12). La question que Milton met sur les lèvres de l'ange se présente forcément ici : « La terre ne serait-elle que l'ombre du ciel, et les choses qui se trouvent dans ces deux demeures se ressembleraient-elles

---

a. Stellini : « En règle générale nous sommes ainsi constitués que nous confondons la vivacité de l'impression créée par une idée avec sa preuve, nous pensons comprendre mieux ce qui frappe particulièrement notre imagination. »

plus qu'on ne le croit [a] ? »

Entre le type et la chose typifiée il existe plus qu'une correspondance recherchée, ils sont unis par la loi d'une secrète affinité. La relation du Christ avec l'Église, dont il se dit l'*époux,* nous en offre un exemple (Éph.5.23-32). Et celles du *mari* et de *la femme* en ce monde sont une forme inférieure des relations spirituelles de Jésus avec l'Église. Elles reposent sur cette dernière et n'en sont que l'expression.

Quand le Seigneur parle à Nicodème de la *nouvelle naissance* (Jean.3), ce n'est pas uniquement parce que l'introduction de l'homme dans le monde offre une figure convenable pour représenter ce qui, sans aucun acte de notre part, s'accomplit en nous lorsque nous sommes introduits dans le royaume de Dieu. Les circonstances de notre naissance naturelle ont été préordonnées pour illustrer le mystère de la régénération. Le Seigneur est Roi. Il n'a pas emprunté ce titre aux gouverneurs des États. C'est lui, au contraire, qui leur a prêté le sien. Et non seulement cela, mais il a encore ordonné toutes choses pour que tout vrai gouvernement terrestre, avec ses lois et ses jugements, ses punitions et ses grâces, sa majesté et la crainte qu'il inspire, nous parle de Celui dont le règne s'étend par-dessus tout ; en sorte que l'expression *royaume de Dieu* n'est pas figurée mais littérale. Ce sont plutôt les royaumes et les rois terrestres qui sont les figures des véritables. Il en est de même du monde de la nature. Le sol inculte, qui ne produit que des ronces, est

---

a. On trouve souvent une idée semblable chez les écrivains kabbalistes ; par exemple dans le livre du *Sohar* : « Tout ce qui existe sur la terre a sa contrepartie dans le ciel, et il n'y a rien d'insignifiant ici-bas qui ne trouve sa correspondance là-haut. »

un type permanent du cœur de l'homme, soumis à la même malédiction ; il ne produira que des épines sans une culture spirituelle vigilante. L'ivraie qui est mélangée au froment pendant un certain temps est également un type du mélange des justes et des méchants. La corruption de la semence dans la terre et son développement du sein de cette corruption est une prophétie de la résurrection ; tous ces rapprochements que nous trouvons dans l'Écriture sont des types très exacts.

Il sera toujours possible à ceux qui n'aiment pas à contempler un monde supérieur de nier cette harmonie. On dira que c'est nous qui transportons dans le ciel les images tirées de la terre ; que la terre n'est pas une ombre du ciel, mais que c'est le ciel, tel que nous l'avons imaginé, qui est une figure de la terre ; que les noms de Père et de Fils, par exemple, sont employés mal à propos quand on les applique aux personnes divines et qu'il vaudrait mieux ne jamais les employer. Mais on répondra que c'est le même Dieu qui siège dans le ciel, sur un trône éclatant, qui remplit aussi des pans de sa robe le temple de Jérusalem et que les caractères qu'il a imprimés sur la nature constituent une écriture sacrée, les hiéroglyphes du Très-Haut. L'homme est placé dans un monde visible, dont il ne doit pas être nécessairement l'esclave, mais qui peut lui servir à s'élever à la contemplation de la vérité éternelle. Il peut s'approprier cette vérité au milieu des choses les plus ordinaires et par leur moyen, en cherchant à découvrir le sens profond qu'elles renferment.

Dieu nous présente donc, outre sa *Révélation écrite,* une autre révélation plus ancienne encore, sans laquelle on ne peut comprendre celle qui lui a succédé, car la Bible lui emprunte son vocabulaire. Les rois et les sujets, les parents et les enfants, le soleil, la lune, les semailles, la moisson, la lumière et les ténèbres, le sommeil et le réveil, la naissance et la mort, forment une chaîne continue de paraboles pour l'enseignement des vérités révélées qui sont supra-sensibles ; c'est un secours pour notre foi et pour notre intelligence[a].

Il est vrai que l'homme est toujours en danger de perdre « la clef de la science » qui doit lui ouvrir les portes de ce palais ; son œil intérieur peut être obscurci, son oreille devenir pesante, en sorte qu'aucune des voix de la nature ne parvient jusqu'à lui, et c'est là, du plus ou moins, la situation de chacun. Pour aucun de nous la nature ne donne tout son enseignement d'une manière habituelle. C'est pourquoi la Bible, avec son emploi presque continuel du langage figuré, est destinée à réveiller dans nos esprits l'intelligence des choses et leur rend la clef de la connaissance obscurcie par le péché, la vraie *signatura rerum* ; ce sont surtout les paraboles qui doivent produire cet heureux résultat.

Elles ont en outre un rapport frappant avec les *miracles*. Ceux-ci appelaient l'attention sur les lois de la nature qui, par leurs fonctions journalières, perdent leur caractère merveilleux et n'attirent plus les regards. Les hommes, en effet, avaient besoin d'être stimulés à la contemplation et à l'étude des puissances énergiques qui travaillent en leur faveur. Les

---

a. Abélard dit à ce sujet : « Dieu prend tellement de plaisir dans les œuvres qu'il a créées, que fréquemment il préfère se révéler par les objets de la création, plutôt que par un langage scientifique et abstrait. Il jouit plus de la ressemblance des choses avec lui-même, que de la convenance de nos termes, et il se sert pour embellir son éloquence de comparaisons tirées de la nature, dont il est auteur, plutôt que de raisonnements appropriés au sujet. »

paraboles aussi dirigeaient les esprits vers les faits spirituels et vers les enseignements qui sont au fond de tous les procédés de la nature et de toutes les institutions sociales, et qui, quoique invisibles, servent de fondement à toutes choses. Le Christ se mouvait dans ce qui, à l'œil humain, ne semblait plus qu'un monde usé ; il le rajeunit par sa présence et son contact ; alors se révèlent à l'homme les secrets les plus cachés de son existence et de sa destinée. Les hommes durent avouer que le monde extérieur correspondait merveilleusement à un autre monde qu'ils portent au-dedans d'eux et le leur expliquait, et que ces deux mondes se réfléchissaient et projetaient l'un sur l'autre l'éclat le plus glorieux.

C'est sur une telle base que repose l'enseignement parabolique. Ce n'est donc point bâtir en l'air, peindre sur les nuages, que d'affirmer, touchant le monde sensible, qu'il est *divin,* que c'est le monde de Dieu, de ce même Dieu qui nous enseigne les vérités spirituelles et nous les approprie. Il n'est par conséquent qu'un mensonge, l'affreux rêve des gnostiques et des manichéens, qui voyaient un abîme entre le monde de la nature et celui de la grâce, et donnaient pour auteur au premier un Être imparfait et méchant, et au second un Être bon et parfait. Ce monde, étant celui de Dieu, a part à sa rédemption ; cependant, ce monde racheté, ne l'est, à certains égards, qu'en espérance (Rom.8.20) ; il soupire après l'entière délivrance. Il ne faut pas oublier que la nature, dans sa condition actuelle, de même que l'homme, ne possède encore que la *prophétie* de sa gloire future, dans l'attente de laquelle « elle gémit et est en travail, » dit saint Paul ; elle a le pressentiment de quelque chose qui doit arriver. Elle souffre de notre malédiction et en cela même elle nous offre les symboles les plus frappants de nos maux ainsi que des moyens d'y remédier. Avec ses orages et ses désolations, ses lions et ses vipères, ses catastrophes et ses fléaux, elle nous annonce la mort et nous en montre les causes, de même que ses opérations bienfaisantes nous prêchent la vie et tout ce qui tend à la restaurer et à la maintenir.

Mais la nature, dans son état actuel, ne rend pas toujours un témoignage très distinct à la vérité de Dieu et à son amour; quelquefois même elle paraît ne pas les proclamer du tout, mais parler plutôt de discorde et de guerre, et de toutes les funestes conséquences de la chute. Un jour il en sera autrement, un jour elle sera l'expression parfaite de la pensée de Dieu, le pur reflet de sa gloire. Car, sans aucun doute, à la fin des temps la nature ne sera pas détruite, mais transformée; ce qui est maintenant *nature* (natura), c'est-à-dire un *devenir*, aura atteint sa pleine réalisation. La nouvelle création sera le glorieux enfant issu des soupirs et des angoisses de l'ancienne; pareil au serpent qui rejette sa peau rugueuse et desséchée, le monde actuel déposera ses vêtements souillés pour se parer d'un vêtement saint et glorieux. Quand elle aura été délivrée de la servitude de la corruption, tout ce qu'elle renferme actuellement d'obscur et de navrant disparaîtra. La nature sera un miroir qui réfléchira parfaitement Dieu, car elle ne racontera plus que les merveilles de sa sagesse, de sa puissance et de son amour.

Mais, en attendant, le monde qui subit les conséquences de la chute, n'est plus entièrement propre à exprimer les choses du monde supérieur. Les relations humaines et toute la constitution des choses terrestres, participent à la fragilité qui distingue tout ce qui est de la terre. Sujettes au changement, souillées par le péché, enfermées dans d'étroites limites par la mort, elles sont souvent faibles et passagères ; elles contiennent un élément de péché, tandis qu'elles demeurent des symboles de ce qui est pur et céleste. Elles sont accablées sous le fardeau qui les oppresse. Le père châtie selon son bon plaisir, et non pas uniquement pour le bien de son enfant ; en cela, il n'est pas l'image du Père céleste, qu'il devrait représenter. La semence qui devrait représenter la parole de Dieu, cette parole qui demeure éternellement, finit toujours par périr. Les fêtes, qui sont souvent considérées comme l'image de la pure joie du royaume, de la communion parfaite des fidèles avec leur Seigneur et entre eux, sont mélangées de beaucoup d'éléments charnels, et ne durent que peu de temps. Il y a quelque chose d'analogue à tout cela chez les personnages typiques de l'Écriture, chez ces hommes qui doivent préfigurer l'Homme-Dieu. A cause de leurs péchés, de leurs infirmités et de leur courte durée, ils ne peuvent être des types très exacts. Salomon est un de ces types ; son règne de paix, la splendeur de sa cour, sa sagesse, le temple qu'il construisit, faisaient pressentir celui qui devait venir. Et toutefois, cette gloire de Salomon ne brille que peu de temps ; sa sagesse et la paix de son territoire ne tardent pas à disparaître (1Rois.11.14,23,26) ; ce n'était là qu'une image passagère, et non pas la vraie réalité du royaume de paix.

Nous voyons aussi, dans l'Écriture, des hommes qui ne sont des types de Christ que dans une seule époque de leur vie ; ainsi, Jonas, type de la résurrection ; d'autres qui semblent apparaître subitement comme symboliques, mais qui disparaissent aussitôt comme tels, ainsi Samson. Aucun homme ne peut représenter l'idée divine d'une manière parfaite. On peut bien dire, en parlant de la vérité de Dieu, que « nous portons ce trésor dans des vases de terre » ; le vase de terre apparaît toujours ; l'imperfection est attachée à tout ce qui est humain [a]. Nul doute que ce ne fût l'imperfection des moyens humains et des choses terrestres, pour caractériser ce qui est spirituel ou céleste, qui inspirait à saint Paul ce désir si vif de « contempler face à face » (1Cor.13.12) [b], et qui pressait les mystiques de se retirer le plus possible du présent siècle, pour pouvoir s'élever librement à la connaissance de la vérité. (Thauler « Que nous nous dépouillions et nous nous détournions de toutes les images » ; Fénelon tient le même langage). En faisant de cet isolement la condition indispensable du progrès spirituel, ils ne pouvait qu'égarer les hommes. Car, séparer dans la pensée la forme de son essence, envisager comme un clair symbole telle ou telle image, cela ne dépend pas du plus ou moins de progrès dans la connaissance spirituelle, mais de causes qui peuvent être indépendantes du développement religieux. Celui qui ne pos-

---

a. « *Maintenant nous connaissons en partie, énigmatiquement, par le moyen d'un miroir, par comparaison.* » (1Cor.13.12 ; Jean.16.25).

b. John Smith dit que les néo-platoniciens avaient trois termes pour exprimer les différents degrés de connaissance divine : κατ' ἐπιστήμην, κατὰ νόησιν, κατὰ παρουσίαν. Si nous les adoptions dans notre théologie, nous dirions que le premier se rapporte à tout homme qui a simplement entendu parler de Dieu ; le second est le privilège du croyant qui connaît réellement Dieu ; le troisième désignerait la vue de Dieu dans le ciel ; *Videre Videntem.* (voir Celui qui voit) ainsi que le formule saint Augustin. C'est ce que désirait Moïse quand il demandait à « voir la gloire de Dieu. » (Exo.33.18-20). Une tradition musulmane dit que l'Éternel, pour faire comprendre son refus à Moïse, envoya un rayon de sa gloire sur une montagne qui fut aussitôt brisée en mille fragments.

sède la vérité que sous l'enveloppe d'un symbole, peut la saisir bien plus fortement, en subir l'influence d'une manière bien plus profonde que tel autre, proclamé très supérieur par les mystiques. Il est vrai cependant, que ceux qui doivent dispenser la vérité aux autres, les conduire aux sources de la vie spirituelle, doivent s'efforcer de devenir maîtres du langage, et de distinguer la forme, l'enveloppe de ce qui est contenu, comme aussi d'être experts dans leurs rapports.

On a dit que le grain semé se débarrasse après un certain temps de son enveloppe. Celle-ci alors se détruit, tandis que le germe pousse et fructifie. De même la Parole de Dieu, déposée dans un cœur d'homme, se dégage de son enveloppe littérale, et produit ses effets sanctifiants. Mais l'image n'est pas très exacte ; elle pourrait facilement conduire au mépris de la parole écrite, sous prétexte qu'on possède la vie spirituelle. L'enveloppe extérieure ne doit pas périr, mais être glorifiée, étant pénétrée entièrement par l'esprit. L'homme est composé d'un corps et d'une âme ; la vérité a besoin également pour lui d'un corps et d'une âme ; mais il doit savoir les distinguer, sans mépriser le corps. C'est ainsi que la sagesse divine a pourvu à ce qui nous concerne ; tous nos efforts pour nous passer d'images sensibles seraient vains. Nous ne pourrions que changer d'images, abandonner les réalités vivantes dont notre cœur a besoin, pour nous plonger dans de métaphysiques abstractions. Le docteur qui voudra donc atteindre l'intelligence et le cœur de ses disciples, ne rejettera pas de ses discours l'élément parabolique ; il en fera au contraire l'usage le plus fréquent possible. Cela exige de nombreux efforts ; car, si tout langage est figuré, cependant un long usage peut facilement lui enlever son *trait*, ce qui le rendrait propre à éveiller l'attention et à produire une impression profonde, en sorte qu'il faut rechercher de nouvelles formes, comme le faisait celui qui employait habituellement les paraboles ; Il ne présenta aucune doctrine d'une manière abstraite, mais Il les rendait toutes vivantes. Il fit ce qu'il commandait à ses apôtres de faire aussi, pour être des docteurs bien instruits pour le royaume, et capables d'en instruire d'autres (Mat.13.52) ; Il tirait de son trésor des choses vieilles et des choses nouvelles ; au moyen des vieilles, Il faisait comprendre les nouvelles ; Il proclamait l'extraordinaire en se servant des choses familières ; Il aimait à s'élever du connu à l'inconnu. Par sa méthode, Il nous a confié le secret de l'enseignement vraiment utile, propre à remuer les cœurs et les esprits. Il y a un grand charme dans cette manière d'enseigner, qui s'adresse non seulement à l'intelligence, mais aussi au sentiment, à l'imagination, poussant l'homme à l'action ; les choses apprises ainsi restent gravées dans la mémoire[a].

Si notre Seigneur avait présenté la vérité sans aucune image, plusieurs de ses enseignements auraient été perdus pour ses auditeurs ; ils n'auraient laissé aucune trace[b]. Mais, leur étant présentés sous une image frappante, ou sous la forme de quelque maxime paradoxale, ils éveillaient l'attention, excitaient l'interrogation, et si la vérité n'était pas tou-

---

a. Ainsi Jérôme dans son commentaire sur Matthieu : « Afin que ce que les auditeurs ne pourraient retenir sous forme de commandement direct, ils le retiennent grâce à des similitudes et des exemples. »

b. Les cabalistes Juifs disaient : « Jamais une vérité supérieure ne descend sans être revêtue d'un voile ». A quoi se rapporte aussi cette sentence du pseudo Denys, souvent citée : « Il est impossible que pour nous brille un rayon divin, à moins qu'il ne soit dissimulé sous la variété des voiles sacrés. »

jours immédiatement comprise, les paroles restaient cependant gravées dans la mémoire. (Saint Bernard dit : « Ne faut-il pas tenir voilé ce que tu ne comprends pas dans sa nudité ? ») Les paroles du Sauveur, conservées dans le souvenir des siens, furent pour eux comme une monnaie étrangère qui ne peut être employée que plus tard et dans le pays où elle peut être échangée, mais qui cependant garde toute sa valeur. Lorsque le saint Esprit descendit sur les apôtres, il leur remit en mémoire ce qu'ils avaient vu et entendu, il donna un corps aux enseignements du Maître et les vivifia. Ils ne comprirent pas tout à coup, mais graduellement, à mesure qu'ils croissaient dans la vie spirituelle. Il en est ainsi de toute vraie connaissance, qui ouvre des sources vives dans le cœur, répand des semences de vérité, qui germeront dans ce nouveau sol, et deviendront un grand arbre.

En dehors des paraboles *prononcées,* il y a eu la parabole *en action ;* car tout type est une véritable parabole. La constitution lévitique, avec son temple, ses prêtres et ses sacrifices, est appelée de ce nom dans Hébreux.9.9. Le voyage des enfants d'Israël est un type de la vie du chrétien. Dans l'Ancien Testament, on rencontre des personnages qui ne se doutaient point que, dans certains actes de leur vie, ils représentaient un personnage bien plus grand qu'eux et des événements d'une portée infiniment supérieure. Ex. : Abraham chassant Agar et Ismaël (Ga.4.30), David à l'heure du péril et de la détresse (Psa.22), Jonas dans le ventre de la baleine. Dieu a voulu que ses serviteurs enseignassent, quelquefois par une parabole en action, plutôt que d'une autre manière, afin de produire une impression plus profonde. Ainsi, Jérémie brise un vase de potier, pour annoncer la destruction complète de son peuple (Jér.19.1-11) ; il porte un joug, pour représenter l'esclavage prochain d'Israël (Jér.27.2 ; 28.10) ; on pourrait multiplier ces exemples. Dieu enseigne continuellement ses serviteurs par ces mêmes signes. Les grandes vérités du royaume de Dieu passent quelquefois sous les yeux des prophètes en *symboles* plutôt qu'en paroles. De là leur nom de *voyants*. Dans le Nouveau Testament, nous en avons des exemples : la vision de Pierre (Act.10.9,16), et toutes les visions de l'Apocalypse. Il en fut ainsi de la manifestation de Dieu en chair, qui rendait l'invisible visible, en montrant la vie divine.

Quant aux paraboles de Jésus-Christ, il y aurait une intéressante étude à faire en caractérisant chacun de nos Évangiles selon les paraboles particulières qu'il contient, et en indiquant, lorsque les mêmes paraboles sont rapportées par plusieurs évangélistes, les traits spéciaux de chaque récit. En essayant une comparaison entre les synoptiques, on dira que les paraboles de Matthieu sont plus *théocratiques* et celles de Luc plus *éthiques*, que celles du premier sont plus de *jugement* et celle du second plus de *miséricorde*. En conséquence, les premières sont plus majestueuses et les secondes plus touchantes. Matthieu introduit souvent ses paraboles pour expliquer les mystères du royaume de Dieu. C'est un langage inconnu à Luc. Dans les paraboles de Matthieu, Dieu apparaît comme le Roi qui, assis sur le trône, a le mal en horreur, et se tient prêt à punir toute désobéissance des hommes ; plusieurs d'entre elles se terminent par des actes de jugement plus ou moins sévères (Matt.13.42,49 ; 18.34 ; 20.14 ; 21.41 ; 22.7,13 ; 25.12,30). De tels actes de jugement se retrouvent aussi dans les paraboles de Luc, mais moins souvent ; ce dernier proclame surtout la grâce. Telles sont les paraboles de l'arbre épargné par le cultivateur, du Samaritain qui verse l'huile et le vin sur les plaies du voyageur, du père qui tend ses bras à son fils repentant. Même celle de Lazare et du mauvais riche offre aussi un point de vue miséricordieux. On peut donc affirmer qu'à cet égard surtout, les traits caractéristiques des deux évangélistes apparaissent dans toute leur force. Les différences que présentent dans les synoptiques les paraboles du même genre le prouvent encore. Comparez le mariage du fils du roi (Mat.22) et le grand souper (Lu.14). Il y a des rapports entre eux et aussi de notables différences. Comme rien n'est plus ductile que l'or fin, ainsi en était-il de l'enseignement du Christ. Il se prêtait à être diversement moulé et façonné selon les personnes et les besoins des temps. Les évangélistes ont donc diversement reproduit ce qui correspondait le mieux à leurs dispositions d'esprit et au but qu'ils se proposaient. Exemple : dans Matthieu nous avons un roi pour personnage principal, puis un prince royal dont on célèbre les noces. Tout y porte une empreinte monarchique et procède de l'Ancien Testament. Ensuite il y a une double condamnation : celle des ennemis et celle des faux amis. Dans Luc, c'est tout simplement un riche qui donne un festin. Les deux actes de jugement sont sur l'arrière-plan, tandis que la grâce et la compassion de celui qui célèbre la fête sont les motifs qui le pressent d'envoyer à diverses reprises des messagers pour rassembler autour de sa table les plus pauvres et les plus misérables du pays.

    Ce sont là quelques directions destinées à encourager les

lecteurs de l'Écriture à étudier les paraboles et à tirer un nouveau parti de leur contenu [a].

III. L'INTERPRÉTATION DES PARABOLES

Belles dans leur forme, les paraboles le sont encore plus dans le fond. « Pommes d'or dans des paniers d'argent », elles brillent à la fois par le contenant et le contenu [b]. En recueillir tout le fruit sans en rien perdre est donc de la plus haute importance. Mais, tout d'abord on se demande : que faut-il envisager dans les paraboles comme ayant une signification utile ? Sur ce point, les opinions les plus diverses se sont produites. Quelques interprètes y cherchent uniquement un rapport général entre le signe et la chose signifiée. D'autres veulent trouver une application aux détails les plus minutieux. D'autres enfin prennent une position intermédiaire. On a prétendu que tel détail n'était qu'un ornement et non l'enveloppe d'une vérité, que tel autre ne servait qu'à donner de la vie, ou un air de vraisemblance au récit, en en reliant les diverses parties. On les a comparées à une harpe, qui ne consiste pas seulement dans un assemblage de cordes ; aux plumes, qui implantées dans la flèche, semblent lui être

---

a. Papias, disciple de saint Jean, dit avoir reçu de la tradition quelques autres paraboles de notre Seigneur, que celles qui sont contenues dans les Évangiles.

b. Saint Bernard : « Vue de l'extérieur (la parabole) est en elle-même très belle ; celui qui en brise la coquille trouve une amande encore plus agréable et délicieuse au goûter. »

inutiles et lui sont toutefois indispensables pour atteindre le but. « C'est avec le soc de la charrue, dit saint Augustin, que le sillon est tracé, mais, à cet effet, il faut que les autres parties de l'instrument concourent. Les cordes de la lyre rendent des sons, mais pour cela il faut qu'elles soient montées sur le bois. »

Chrysostome met en garde ses lecteurs contre le danger de trop presser les détails d'une parabole. C'est pourquoi il termine quelquefois l'interprétation qu'il en donne par ces mots : « Ne soyez pas curieux de connaître le reste. » Théophylacte et plusieurs autres interprètes demeurent fidèles au principe qui vient d'être posé. Pareillement Origène, qui exprime ainsi son opinion : « On sait que les ressemblances données par les portraits et les statues ne sont jamais parfaites. L'image peinte sur une surface plane représente bien l'extérieur et le teint d'une personne ou d'un objet, mais n'en donne pas le moule. De son côté, la statue indique les proéminences et les cavités, elle moule mais ne donne pas le coloris ; de même les paraboles, quand elles comparent le royaume des cieux à un objet quelconque, ne font pas porter la comparaison sur toutes les parties de l'image, mais seulement sur certains points que le sujet indique [a]. » Tillotson, parmi les modernes, a dit avec raison que les paraboles et leur application ne sont pas deux plans qui se rencontrent sur tous les points, mais plutôt une surface plane et un globe qui, mis en contact, ne se touchent que sur un point.

Saint Augustin, d'autre part, qui adopte souvent le même principe, étend néanmoins l'interprétation des paraboles jus-

---

a. Commentaire sur Mat. 13.47.

qu'à leurs moindres détails[a]. Origène aussi, malgré ce qu'il a dit plus haut, tombe dans le même défaut. Dans les temps postérieurs, Cocceius et ses disciples ont voulu prouver que toutes les parties d'une parabole avaient un sens spécial[b]. Edouard Irving décrit dans un de ses ouvrages le soin laborieux qu'il a pris de se rendre maître du sens littéral de chaque mot dans les paraboles, afin d'en épuiser toutes les richesses de vérité qu'il contient ; il ajoute : « J'ai été comme un voyageur qui, après avoir franchi les colonnes d'Hercule, entrerait à pleines voiles dans la Méditerranée. Il a vogué entre des rochers hérissés d'écueils, dans des courants impétueux qui exigeaient beaucoup de prudence et d'habileté dans la manœuvre, maintenant l'accès lui est ouvert dans un océan entouré des plus riches et des plus fertiles contrées, où apparaissent des colonies populeuses et des cités splendides. Aussi, le plaisir dont il jouit en face d'un tel spectacle est-il inexprimable et lui fait-il oublier toutes les peines passées. » Ce même auteur proteste, avec d'autres commentateurs, contre la tendance à dépouiller les Écritures de leur sens profond et à répéter : ceci ne sert à rien, cela ne doit pas être pressé, etc., tendance qui empêche de retirer des paraboles les trésors qu'elles contiennent ou de reconnaître cette admirable sagesse avec laquelle les réalités correspondent aux images. Cette classe d'interprètes a observé que, parmi les commentateurs affirmant qu'il faut négliger les détails, il s'en trouve à peine deux qui soient d'accord entre eux ; ce que l'un rejette, l'autre le conserve. « Bien plus, disent-ils, il est évident que

---

    a. Voyez son commentaire sur l'enfant prodigue.
    b. Teelman soutient la même opinion fort au long et avec beaucoup d'habileté. Comm. sur Luc. 16

plus on pousse loin cette prétention, plus les beautés de la parabole disparaissent. » Par exemple, lorsque Calvin n'admet pas que l'huile des vierges (Mat.25) ait une signification particulière, ni même les vases, ni les lampes [a], ou que Storr (qui, pour le dire en passant, ne veut laisser aux paraboles qu'un tronc dépouillé de branchages et de verdure) refuse d'admettre que l'enfant prodigue puisse représenter l'homme qui s'éloigne de son Dieu, l'un et l'autre nous privent à la fois de rapports intéressants et d'analogies instructives. Pour justifier leurs assertions, ils s'appuient sur le fait que notre Seigneur, en interprétant les deux paraboles du semeur et de l'ivraie, nous a donné la règle de l'interprétation de toutes ses paraboles. Or, l'application y descend jusques aux détails minutieux du récit. Les oiseaux qui enlèvent la semence représentent Satan qui ravit du cœur la parole (Mat.13.19), les épines correspondent aux soucis et aux convoitises (Mat.13.22), etc.

En réfléchissant à cette controverse, on s'aperçoit bientôt que des deux parts il y a exagération. Les avocats de l'interprétation sommaire s'attachent trop à leur adage favori : *omne simile claudicat* (toute comparaison est boiteuse). Leur assertion que si la correspondance entre la parabole et son objet était parfaite, il n'y aurait plus comparaison, mais identité, est sans valeur : deux lignes n'en forment pas une seule, lors même qu'elles se prolongent parallèlement. Dans le système opposé, on court le risque d'introduire dans

---

a. Quelques-uns se tourment pour savoir ce que signifient les lampes, les vases et l'huile ; mais la leçon importante est simple et naturelle, à savoir qu'un grand enthousiasme passager est insuffisant si la persévérance n'y es pas ajoutée.

l'explication des Écritures des jeux d'esprit, des recherches subtiles, plus ingénieuses que solides, qui fassent oublier qu'en définitive *la sanctification du cœur par la vérité* est le but des écrivains sacrés. A cela on ajoute que presque tous les sectaires pressent le sens des paraboles pour leur faire dire ce qui leur plaît.

    Peut-on donner ici une règle absolue ? Cela est difficile. Il faut laisser une certaine latitude au bon sens de l'interprète et à son respect pour la Parole de Dieu. Ils l'empêcheront de se livrer à des recherches curieuses et feront trouver la vraie application spirituelle. La règle qui nous paraît la plus juste a été posée par Tholuck, en ces termes : « Il faut reconnaître que plus une parabole est riche en applications, plus elle est parfaite. Le commentateur doit donc partir de l'hypothèse que chaque point est important. Il ne cessera de s'efforcer d'en faire sortir des enseignements que lorsqu'il ne pourra plus en obtenir qu'en forçant le sens naturel et évident, ou lorsqu'il s'apercevra que tel ou tel détail a été ajouté pour donner du relief au récit et le coordonner. Nous ne devons jamais présumer qu'un trait soit indifférent, à moins qu'en lui accordant de l'importance on ne dérange l'harmonie ou l'unité de la parabole. » Une statue approche le plus de la perfection dans la mesure où l'idée du sculpteur ressort de la disposition et du fini de chaque membre. De même, plus la parabole laisse voir dans toutes ses parties la vérité divine qu'elle recouvre, plus elle ressemble aux vêtements du Christ glorifié, plus aussi elle est belle et profonde, et il faut prendre garde de la dénaturer. « J'aime, dit Vitringa, les auteurs qui retirent des paraboles évangéliques plus que quelques préceptes moraux illustrés. Non que je m'enhardisse à soutenir que, s'il a plu au Seigneur d'employer ce mode d'instruction morale, cela ne s'accorde avec sa parfaite sagesse. Je prétends seulement qu'il me paraît en harmonie avec cette même sagesse d'expliquer ses paraboles de telle sorte que chaque partie reçoive, sans en torturer le sens, une application facile pour l'édification de l'Église. Plus nous extrairons de la divine Parole de solides vérités, lorsque rien dans le texte ne s'y oppose, et plus aussi nous glorifierons la parfaite sagesse. »

Profitant de toutes ces remarques, on posera comme première condition d'une saine interprétation des paraboles, celle d'en saisir fortement la vérité centrale avant d'entreprendre l'explication des détails. Il faudra même savoir la distinguer des vérités sœurs ou secondaires. « On peut comparer la parabole, écrit un auteur moderne[a], à un *cercle* dont le centre est une vérité d'ordre spirituel et les rayons sont les circonstances du récit. Aussi longtemps qu'on ne se place pas au centre, on ne peut embrasser le cercle dans toute son étendue, ni la belle unité qui relie tous les rayons convergeant vers un seul but. C'est ainsi qu'après avoir reconnu avec certitude, dans une parabole, l'enseignement spécial qu'elle donne, la vraie signification de tous les détails et leur degré d'importance se manifesteront. Alors nous n'insisterons sur ces points secondaires que dans la mesure où ils font ressortir la vérité centrale. »

Deuxième condition. Expliquer les paraboles en tenant compte du contexte. Comme dans l'interprétation de la fable, l'introduction (προμύθιον) et l'application (ἐπιμύθιον) doivent

---

a. Lisco, *Die Parabeln Jesu.*

être étudiées avec soin ; ici ce qu'on a appelé *pro-parabola* et *épi-parabola* fournit le plus souvent la clef de l'intelligence du sujet. Combien d'explications de la parabole des ouvriers et de la vigne n'auraient jamais été proposées si on l'avait interprétée dans son harmonie avec ce qui précède et ce qui suit. Ce secours, qui manque rarement à l'interprète, n'est pas toujours donné d'une manière identique et formelle. Tantôt c'est le Seigneur lui-même qui le fournit (Mat.22.14 ; 25.13), tantôt c'est l'évangéliste (Luc.15.1-2 ; 18.1), par quelques mots, avant ou après le récit. Quelquefois cette clé donnée avant et après, comme dans la parabole du débiteur insolvable (Mat.18.23. Voyez Mat.20.1-15, et Luc.12.16-20).

Troisième condition. Faire concorder l'explication avec le texte, facilement et sans violenter celui-ci. Il en est ici de même que pour les lois de la nature. C'est le génie qui les découvre ; mais une fois posées, elles s'éclairent elles-mêmes et se recommandent à tous les esprits. De plus, la preuve qu'on a réellement découvert une loi de la nature se trouve dans le fait qu'elle explique tous les phénomènes qui s'y rapportent et que tôt ou tard elle les range tous sous son obéissance. C'est aussi une preuve de la vraie interprétation d'une parabole lorsqu'elle ne laisse sans explication aucun détail, quelque peu important qu'il soit. « Que l'explication (dit Teelman) ne soit pas incomplète, ni difficile, ni ridicule. Qu'elle soit respectueuse pour le texte et pénétrant agréablement à la fois dans les oreilles et dans l'esprit du lecteur, comme une onde qui s'épanche doucement et s'insinue sans bruit » Si nous possédons la bonne clef, non seulement elle ouvrira, mais encore elle tournera sans grincement, sans effort. Cette interprétation-là n'aura pas besoin de s'appuyer sur un grand savoir ou sur des allusions à la littérature rabbinique ou profane.

Une quatrième et dernière condition : ne pas donner les paraboles comme sources ou bases des dogmes chrétiens. Qu'on s'en serve pour illustrer ou confirmer une doctrine déjà établie, à la bonne heure. Elles peuvent être la frange du vêtement, son ornement, mais non le tissu. Autrement, on en faussera le sens et l'application. Cette règle est exprimée par l'axiome reconnu : « Theologica parabolica non est argumentativa », en théologie les paraboles n'ont pas valeur d'argument ; et dans cet autre : « Ex solo sensu litterali peti possunt argumenta efficacia. », seulement du sens littéral peuvent être déduits des arguments de poids. [a] Les controversistes, en cherche d'arguments qu'ils ne trouvaient pas dans la Bible, ont trop souvent appuyé sur des paraboles leurs thèses favorites. Bellarmin presse le sens de la parabole du Samaritain au point d'y trouver des doctrines de l'église romaine sur la chute de l'homme, dans le dépouillement du voyageur précédant les coups des brigands, il voit la perte des dons célestes, de la robe de justice, suivis de la blessure qui atteint l'âme. En suivant les mêmes spéculations, Faust Socin, s'étayant de la parabole du débiteur insolvable, dit que la maître ayant pardonné à son serviteur uniquement sur sa demande et non à cause d'une satisfaction à lui rendue ou d'aucune médiation, Dieu n'exige de notre part ni sacrifice, ni intercesseur. Il pardonne aux débiteurs de sa justice

---

a. Voyez aussi un passage intéressant dans Anselme, *Cur Deus Homo*, liv. I, 44.

uniquement à cause de leurs prières[a].

Les gnostiques et les manichéens se sont tout particulièrement écartés de cette règle. Toute la doctrine des premiers, rattachée en apparence aux saints Livres, en était indépendante en réalité. Leur théologie avait son origine propre et n'allait aux Saintes Écritures que pour y trouver un vernis et un coloris chrétiens. Ces docteurs s'approchèrent de la Bible non pour parler son langage, mais pour lui faire parler le leur. Les paraboles, mieux qu'aucune autre portion des Écritures, favorisaient leurs desseins. Ils s'appuient continuellement sur elles pour les tordre autant qu'ils le peuvent. Irénée doit fréquemment venger les paraboles du tort qu'ils leur font. Il leur reproche de ne pas se borner à les *détourner* de leur véritable sens, mais encore de leur faire dire le contraire de ce qu'elles signifient. « C'est comme le portrait d'un roi en mosaïque qui, ayant été brisé intentionnellement, fournirait des matériaux pour représenter un monstre ! [b] »

Tertullien a eu la même lutte à soutenir. « Tout l'enseignement des gnostiques, dit-il, n'est qu'un palais flottant dans les nuages ; c'est le produit de leur cerveau sans base aucune dans le monde des vérités spirituelles. Ils le moulaient et façonnaient à leur guise et forçaient les paraboles à leur prêter appui. » « Nous sommes, ajoutait-il, retenu dans de certaines limites en expliquant les Écritures parce que nous recevons tous leurs enseignements comme règle de la vérité et de l'interprétation. Il en est tout autrement chez eux. Leur doctrine

---

a. Socin oublie tous les passages qui parlent de la nécessité d'une satisfaction.
b. *Adv. Hær.* I, 8.

ne procédant que d'eux-mêmes, ils l'adaptent adroitement aux paraboles, puis se servent de cet ajustement comme d'un témoignage en faveur de leurs opinions. »

S'il en fut ainsi des gnostiques de l'Église primitive, il en a été de même chez leurs successeurs spirituels, tels que les cathares et les bogomilles. Eux aussi ne voyait dans les Livres saints aucun enseignement relatif au péché, à la grâce et au royaume de Dieu. Ils y découvraient plutôt des spéculations sur la création, l'origine du mal, la chute des anges, conceptions nuageuses qui flottaient déjà dans leurs esprits. Exemple : le serviteur insolvable, c'est Satan ou le Démiurge. La femme et les enfants qui doivent être vendus sont : la première, la sagesse et l'intelligence, et les seconds, les anges qui leur sont assujettis. Mais Dieu a eu pitié de lui, et ne l'a pas dépouillé de sa haute intelligence, ni de ses sujets, ni de ses biens. De son côté il a promis que, si Dieu l'épargnait, il créerait une multitude d'hommes qui occuperaient la place des anges déchus.

Dans les temps plus rapprochés de nous, Cocceius et ses disciples ont créé ce qu'ils nomment l'école *historico-prophétique*. « C'est au moyen des paraboles, disent-ils (et en cela ils n'ont pas tort), que sont proclamés les mystères du royaume de Dieu. » Mais, interprétant ensuite ce *royaume* dans un sens beaucoup trop restreint, ils en sont arrivés à découvrir, dans chaque parabole, une portion de l'histoire du développement progressif du christianisme jusqu'à la fin des temps. Ils n'accordent pas qu'aucune d'elles ait un sens directement *moral*. Ils les ramènent toutes dans le cercle historico-prophétique. Krummacher (le père de l'auteur *d'Élie le Thisbite*), l'un des plus distingués de cette école, dit : « Les paraboles de Jésus n'ont point en premier lieu un but moral, mais plutôt un but politico-religieux ou théocratique. Elles appartiennent essentiellement à l'Évangile du royaume, contenant, outre sa doctrine, l'histoire de son développement progressif. Elles se rattachent à certaines périodes déterminées, et à mesure que ces périodes prennent fin, leur emploi est achevé. »

Boyle appuie cette opinion, mais modérément : « Quelques paraboles, dit-il, sinon la plupart, ressemblent à ces coquillages qui, outre l'élément nutritif, contiennent des perles. Ainsi, elles renferment d'excellents préceptes de morale, et d'importantes prophéties. » Pour Vitringa, le débiteur insolvable c'est le pape revêtu de la plus haute dignité dans l'église. Le pontife a oublié que cette puissance lui était seulement confiée, il en a mésusé. Averti plus tard par l'invasion des Goths et les Lombards, il n'a pas vu que le Juge était à la porte, etc. Pour lui encore, la perle de grand prix c'est l'église de Genève et la doctrine de Calvin.

Deyling prononce sur cette classe d'interprètes un jugement sévère. Assurément les paraboles peuvent être prophétiques, en ce qu'elles nous révèlent ce nouvel élément de vie que le Seigneur a introduit dans le cœur de l'homme et dans le monde. Mais elles révèlent moins les *faits* que les *lois* du royaume de Dieu, et quand elles proclament des faits, c'est pour autant que ceux-ci font pénétrer dans l'intelligence des lois du royaume. Des paraboles historico-prophétiques proprement dites, il y en a fort peu ; mais on peut accorder ce titre, positivement, à la parabole des méchants vignerons, où se lit une prédiction évidente de la mort de Jésus, et à celle des noces du fils du roi, où la destruction de Jérusalem et le transfert aux gentils des privilèges du royaume de Dieu sont très clairement prophétisés. Mais nous reviendrons sur ce sujet, à propos de l'étude des sept paraboles du treizième chapitre de saint Matthieu.

IV. Les paraboles en dehors de la Bible

Si c'est bien dans la Bible que l'on doit chercher les plus parfaites paraboles, lesquelles permettent d'évaluer toutes les autres, cette forme de composition se retrouve fréquemment dans la littérature orientale. C'est pourquoi il nous faut dire quelques mots sur les paraboles antérieures à Jésus-Christ, à savoir les paraboles de la tradition juive, qui ne lui ont d'ailleurs pas pour autant servi de modèles, et les paraboles postérieures à Jésus-Christ, imitées des siennes, à savoir les paraboles chez les premiers écrivains chrétiens.

Certains ont voulu nier que l'enseignement parabolique ait été une méthode courante de la tradition juive, de peur que la gloire et l'originalité de Jésus en soit ici diminuée ; un tel souci, aussi déplacé que celui qui prétend effacer toute trace de législation en Egypte avant Moïse, est complètement inutile. Religion universelle le Christianisme, ne se plie pas à ce qui lui est étranger, mais il rassemble en un seul faisceau lumineux les rayons de vérité éparpillés dans le monde. Le

Seigneur Jésus lui-même, rendit accessible son enseignement à ses concitoyens, en citant leurs proverbes, en usant du vocabulaire théologique de leurs écoles, lorsqu'il convenait aux révélations qu'il apportait. Par exemple, les Juifs appelait le nouveau converti « une nouvelle création », son entrée dans le judaïsme était « une nouvelle naissance », bien que ces termes ne correspondaient qu'à un changement tout extérieur ; mais il appartenait à Christ de les reprendre, pour les élever plus haut, jusqu'au niveau du royaume des cieux. Aussi ne fait-il aucun doute que les paraboles étaient monnaie courante dans la pédagogie des rabbins : rien que les formules d'introduction du discours parabolique sont semblables à celles des Evangiles (A quoi comparerons-nous...? etc.) Qu'importe, la gloire et la suprématie de Christ n'a pas consisté dans une nouveauté de forme, mais d'esprit.

Pour éclairer les lecteurs désirant savoir à quoi ressemblaient les paraboles juives, je citerai non les pires, comme font certains commentateurs, désireux de les différencier, mais au contraire les meilleures que j'ai pu trouver.

Notamment celle-ci, inventée pour répondre à la question : Pourquoi les hommes pieux meurent-ils souvent jeunes ? « A quoi cela est-il semblable ? A un roi qui, se promenant dans son jardin, aperçoit des roses encore en boutons, mais déjà ineffablement parfumées. Il se dit en lui-même : Si ces fleurs répandent une aussi douce odeur tandis qu'elles ne sont qu'en bourgeons, que donneront-elles une fois épanouies ? Quelque temps plus tard, le roi vient à nouveau dans son jardin, dans l'espoir de découvrir les roses ouvertes, et se délecter de leur arôme ; mais arrivé à la place, il les trouve pâles, fanées, inodores. Il s'écrie à regret : Si seulement je les avais cueillies quand elles étaient encore tendres et odorantes, j'aurais pu encore m'en réjouir, mais à présent elles ne me procurent aucune joie. L'année suivante, le roi marchant dans son jardin, trouve à nouveau ses roses en boutons qui embaument. Il appelle ses serviteurs et leur commande : cueillez ces fleurs, que je puisse en jouir avant qu'elles ne se flétrissent, comme elles firent l'an passé. »

La parabole suivante, bien qu'ingénieuse, est un bon échantillon de la propre justice des pharisiens : « Un homme avait trois amis. Sommé de comparaître devant le roi, il était dans l'angoisse et se cherchait un avocat. Le premier ami, sur lequel il comptait le plus, refusa de l'accompagner. Le second voulait bien aller avec lui jusque devant la porte du roi, mais il ne dirait pas un mot en sa faveur. Le troisième, sur lequel il comptait le moins, vint avec lui, et plaida si bien sa cause que notre homme fut acquitté. Ainsi tout homme a trois amis, lorsque la mort le convoque devant Dieu, le grand Juge : le premier, qu'il estime tant, c'est son argent, qui ne fera pas un pas avec lui ; le second, ce sont les relations et la famille, qui l'accompagneront jusqu'à la tombe, mais pas plus loin ; le troisième, celui dont il ne faisait pas grand cas, c'est la Loi et les bonnes œuvres, qui paraissant à son côté devant le roi, le feront échapper à la condamnation. »

En voici une plus noble, dérivée de la parole : « Par Ta lumière nous verrons la lumière. » « Un homme voyageant de nuit alluma sa torche ; mais elle s'éteignit. Il la rallume ; elle s'éteint encore ; et ainsi de suite un certain nombre de fois. Il s'écrie alors : Combien de temps me fatiguerai-je encore par mes propres efforts ? Autant attendre le lever du soleil ; et alors je poursuivrai ma route. Pareillement, les Israélites furent opprimés en Egypte, et délivrés par Moïse et Aaron. Ensuite, ce fut au tour des Babyloniens de les tyranniser ; à celui de Chananiah, de Misael et d'Azariah de les sauver. Mais l'oppression recommença avec les Grecs ; Mattathias Maccabée et ses fils les délivrèrent. Nous sommes fatigués de cette continuelle alternance de servitudes suivies de délivrances. Nous n'attendons plus d'être sauvés par un homme, mais par le Dieu saint, qui est béni éternellement. »

Une autre, assez plaisante, met en scène un renard, qui observant des poissons sautant dans tous les sens pour échapper au filet tiré le long du fleuve, leur conseille de sauter plutôt sur la terre ferme, pour se mettre à l'abri. Un Rabbin emploie cette parabole à propos des rois gréco-syriens menaçant de mort les juifs qui persévéraient dans leur Loi ; des amis leur conseillaient plutôt d'abandonner la Loi. Le Rabbin répond : « Semblables aux poissons, nous sommes en danger dans le fleuve ; toutefois tant que nous continuons à obéir à Dieu, nous restons dans notre propre élément ; mais si pour échapper à la menace, nous sortons de notre élément, nous périrons à coup sûr. »

Une autre, bien douce, explique pourquoi un prosélyte est plus tendrement chéri du Seigneur qu'un Lévite même. Le nouveau converti est comparé à une chèvre sauvage née dans le désert, et qui se joint volontairement au troupeau du berger ; elle lui est plus spéciale que les autres chèvres qui sont avec lui depuis toujours.

A côté de ces historiettes il en existe une multitude de si

courtes, qu'il convient de parler de similitudes plutôt que de paraboles. Par exemple, celle qui nous exhorte à avoir l'esprit concentré lorsqu'on prie : « Si un homme se présente avec une requête devant le roi, mais plutôt que de lui adresser sa supplique, se tourne vers le voisin, et converse avec ce dernier, le roi n'en sera-t-il pas très offensé ? » Dans une similitude la mort est comparée à une porte, par laquelle tous les membres de la cour du roi, sans distinction, doivent passer ; il est ajouté qu'ensuite, le roi donnera à chacun des demeures différentes, selon leurs dignités respectives.

Sauf quelques autres, nous avons fait le tour des paraboles juives qui soutiennent une certaine ressemblance avec celles du Nouveau Testament. Cependant il apparaît évident qu'il ne s'agit là que d'un rapprochement superficiel, sans véritable fond commun, contrairement à ce qui est souvent prétendu. Plusieurs ont supposé que le Seigneur aurait remanié ces histoires pour les adpater à son message ; d'autres, au contraire, que ces paraboles judaïques seraient apparues bien plus tard, par emprunt et imitation du Nouveau Testament. Mais sans entrer dans ces considérations, il est inévitable que des illustrations provenant d'un même milieu culturel portent entre elles un air de ressemblance extérieure, tandis que leurs leçons morales ne sont pas obligatoirement identiques. Par exemple sur le verset Ecc.12.7 (« L'esprit retourne à Dieu qui l'a donné »), les rabbins ont forgé ceci : « Dieu est comme un roi qui a distribué des vêtements de prix à ses serviteurs. Ceux qui étaient sages les ont pliés et rangés soigneusement dans leur garde-robe ; mais les fous s'en sont revêtus pour se livrer à leurs occupations ordinaires. Au bout d'un certain temps le roi réclame les vêtements qu'il a prêtés. Les sages les lui retournent, aussi immaculés qu'au début ; mais les fous ne peuvent qu'en produire de sales et de souillés. Le roi dit avec satisfaction aux serviteurs sages : gardez ces vêtements pour vous, et allez en paix. Mais il est en colère contre les serviteurs insensés : Que leurs vêtements soient lavés, et que ces serviteurs-là soient jetés en prison ! Ainsi agira Dieu vis-à-vis des corps et des âmes, au moment du jugement, selon que chacun en aura pris soin. » Que l'on compare maintenant cette histoire avec la parabole de Jésus, sur le mariage du fils du Roi. On relève bien sûr des points communs : un roi, des subalternes, des habits précieux ; mais hormis cette question de décor, la parabole de Jésus est incomparablement supérieure, en pertinence et en sérieux, à celle du Talmud, où le roi capricieux donne et reprend selon son humeur.

Parmi les pères de l'Église certains ont délibérément cherché à construire des paraboles, pour imiter la méthode de Jésus. Il s'en trouve dans le *Pasteur* d'Hermas ; tout son troisième livre est parabolique. Ephraem le Syrien en a quelques-unes assez bizarres, du moins dans leur traduction latine. Origène en imagine une belle comme introduction de son commentaire sur l'épître aux Romains, où il compare Paul à un intendant des trésors du Roi. Deux sont connues de François d'Assises, assez insipides toutefois ; celles de Jean de Damas les surpassent de beaucoup dans son *Barlaam et Josaphat*. Quant aux illustrations rencontrées dans les écrits de Bernard, ce sont plutôt des allégories que des paraboles. En réalité, si les paraboles sont peu nombreuses dans les écrits exégétiques des anciens commentateurs chrétiens, ils en usaient beaucoup plus dans leurs sermons et homélies. Augustin et Chrysostome notamment, en produisaient couramment d'une belle richesse et d'une grande diversité.

LES PARABOLES

I.

LE SEMEUR

Matthieu.13.3-8 ; 13.18-23 ;
Marc.4.4-8 ; 4.14-21 ; Luc.8.5-8 ;
8.11-15.

Il sera nécessaire de dire quelque chose du rapport qui existe entre les sept paraboles du chapitre treize de saint Matthieu ; mais il vaut mieux attendre pour cela d'avoir traité de chacune séparément.

L'évangéliste a évidemment l'intention de présenter ces paraboles comme étant les premières que le Seigneur prononça, celle du semeur introduisant ce nouveau mode d'enseignement. C'est ce qui nous est indiqué par la question des disciples : « Pourquoi leur parles-tu en paraboles ? » (v. 10), et par la réponse du Seigneur (v. 11-17), dans laquelle Il justifie sa manière d'agir et fait connaître son but; Il donne à entendre qu'il est absolument nécessaire de bien comprendre la parabole du semeur, pour avoir la clef de toutes les autres : « *N'entendez-vous pas cette parabole ? Et comment connaîtrez-vous toutes les paraboles ?* » (Marc.4.13). Nulle part ailleurs dans les Évangiles nous n'avons un aussi riche assemblage de paraboles.

Il ne sera pas inutile de nous représenter la nature extérieure, au sein de laquelle se trouvaient Jésus et les multitudes lorsque les paraboles furent prononcées. « *Jésus sortit de la maison* : » probablement à Capernaüm, ville où il demeurait ordinairement depuis le commencement de son ministère (Mat.4.13), « *sa ville* » (Mat.9.1), « *qui est proche de la mer*[a] » ; et, étant sorti, Il « *s'assit près de la mer* » c'est-à-dire du lac de Génésareth. Ce lac, appelé dans l'Ancien Testament « la mer de Chinnereth » (No.34.11; Jos.12.3; 13.27), à cause d'une ville de ce nom située sur ses bords (Jos. 19.35), reçoit divers noms dans les Évangiles. Il est appelé simplement « *la mer* » (Mat.4.15; Marc.4.1), ou « *la mer de Galilée* » (Mat.15.29; Jean.6.1) ; ou « *le lac* » (Luc.8.22), ou « *le lac de Génésareth* » (Luc.5.1) ; quelquefois, mais seulement dans saint Jean : « *la mer de Tibériade* » ; cette mer n'est pas très étendue, mais sa beauté est remarquable. Les auteurs juifs prétendent qu'elle était aimée de Dieu plus que toutes les eaux de Canaan ; tous les auteurs anciens qui en parlent, sont dans l'admiration de la fertilité de ses bords. De là, son nom de Génésareth, ou « jardin des richesses ».

---

a. τὴν παραθαλασσίαν (Matt.4.13), probablement pour la distinguer d'une autre Capernaüm, située sur le torrent du Kishon.

Maintenant encore, même sous la mauvaise administration des Turcs, il reste bien des traces de sa beauté passée, de la fertilité de ses rivages. Il est vrai que les jardins d'oliviers et les vignobles qui surmontaient les collines romantiques de l'Est et de l'Ouest ont disparu ; mais on trouve encore en abondance les orangers, les citronniers et les dattiers ; dans les régions plus élevées, on rencontre les produits d'une zone plus tempérée ; les bords du lac sont toujours couverts de plantes aromatiques, et ses eaux sont encore douces et saines. Les multitudes étaient assemblées sur les bords de ce lac magnifique, et le lieu était très propice à une telle réunion. Quelquefois la foule était si nombreuse, que Jésus était obligé de monter sur une barque, et de s'éloigner du rivage, pour prononcer ses discours et surtout ses paraboles.

Celle du semeur est donc la première, et elle se trouve dans les trois Évangiles synoptiques, ainsi que celle des vignerons. Elle repose, comme beaucoup d'autres, sur un acte très simple de la vie ordinaire. Jésus-Christ, en levant les yeux, peut avoir aperçu à une petite distance un cultivateur qui répandait de la semence dans son champ et avoir emprunté à ce fait l'idée de sa parabole. De même qu'il appartient au caractère populaire des Évangiles de renfermer des paraboles, tandis qu'il ne s'en trouve pas dans les Épîtres, ainsi, il convient au caractère familier de la parabole de faire allusion aux actes ordinaires de la vie.

Le Seigneur, en les employant pour faire comprendre des vérités de l'ordre spirituel et éternel, les ennoblit. L'analogie établie entre celui qui enseigne et ceux qui sont enseignés, le semeur et le terrain, la vérité proclamée étant la semence répandue, repose sur de profondes relations entre le monde de la nature et celui de l'esprit ; ces rapports sont signalés, non seulement dans l'Écriture, mais chez beaucoup d'auteurs anciens. Toutes les paroles humaines sont semblables à des semences, qui peuvent germer dans les esprits et les cœurs des auditeurs ; cela est d'autant plus vrai des paroles de Dieu, et de celles qui furent prononcées par Celui qui était lui-même la Parole, dont les enseignements transformaient les cœurs et les engendraient pour la vie éternelle. Je ne doute pas que le Seigneur ne voulût se présenter comme étant lui-même le *Semeur* par excellence (toutefois, non pas à l'exclusion des apôtres et de leurs successeurs). Sa venue dans le monde avait pour but de semer ; la parole du royaume qu'il prêcha, était la semence ; les cœurs des hommes étaient son terrain ; les autres semeurs n'ont fait que continuer l'œuvre qu'il avait commencée.

« *Et comme il semait, une partie tomba le long du chemin (et elle fut foulée,* Luc.8.5*), et les oiseaux vinrent et la mangèrent toute.* » Elle tomba sur le chemin, de telle sorte qu'elle ne put pénétrer dans le sol, mais fut exposée à être foulée par les pieds des passants, jusqu'à ce qu'enfin elle devînt une proie facile pour les oiseaux, qui, en Orient, suivent en bandes nombreuses le cultivateur, pour tâcher de recueillir une partie de la semence. Cette parabole est une de celles que le Seigneur lui-même a expliquées, et voici son interprétation : « *Quand une personne quelconque entend la parole du royaume et ne la comprend pas, le méchant vient et ravit ce qui avait été semé dans son cœur* ». Dans l'Évangile de Luc, Satan apparaît encore plus clairement comme l'adversaire du royaume de Dieu ; et voici la raison pour laquelle il ravit la parole : « *de peur qu'ayant cru, ils ne soient sauvés* ». Il aurait semblé naturel de voir dans ces « *oiseaux* » les influences mondaines hostiles à la vérité. Mais le Seigneur personnifie dans « *le méchant*[a] » le royaume du mal qui s'oppose au royaume de Dieu.

Les mots particuliers à saint Matthieu : « *et ne la comprend pas* », nous montrent pourquoi la parole de Dieu ne produit pas même une impression passagère sur certains esprits. L'homme « *ne la comprend pas* » ; il ne reconnaît pas le rapport dans lequel il se trouve avec la parole qu'il entend, ou avec le royaume de grâce que cette parole proclame. Tout ce qui concerne ses relations avec un monde supérieur invisible, tout ce qui lui parle de péché, de rédemption, de sainteté, est pour lui sans aucune signification. Il s'est lui-même rendu incapable de comprendre, en livrant son cœur à toutes les mauvaises influences du monde, jusqu'à ce qu'il soit devenu aussi dur qu'un roc, au lieu de le soumettre à l'action de la loi qui l'aurait rendu propre à recevoir la semence de l'Évangile. Mais ce qui rend son cas encore plus désespéré, et empêche la semence de germer en lui, outre le mauvais état du sol, c'est que quelqu'un cherche à profiter de ce mauvais état pour s'opposer à son salut ; « *de peur qu'un tel auditeur, ayant cru, ne soit sauvé* », il fait agir ses ministres sous la forme de mauvaises pensées, de désirs mondains, de convoitises charnelles ; et ainsi, comme le dit saint Marc : « *il enlève la parole semée dans les cœurs. C'est celle qui est le long du chemin* ».

---

a. Ὁ πονηρός dit Matthieu ; ὁ Σατανᾶς, Marc ; ὁ διάβολος, Luc.

Une autre partie de la semence promettait tout d'abord de mieux réussir, mais finalement n'eut aucun succès. « *Une autre partie tomba sur les endroits pierreux, où elle n'avait pas beaucoup de terre, et aussitôt elle leva parce qu'elle n'avait pas une terre profonde ; mais le soleil s'étant levé, elle fut brûlée ; et parce qu'elle n'avait point de racine, elle sécha.* » Ces « endroits pierreux » sont expliqués par le « roc » dans St-Luc. Il ne s'agit pas d'un sol mélangé de pierres : celles-ci n'empêcheraient pas la semence de pénétrer ; les racines trouveraient malgré cela leur chemin, en s'insinuant dans les interstices des pierres. Mais il est question d'un terrain tel qu'est en général celui de la Palestine, où une légère couche de terre recouvre la surface d'un roc, qui oppose aux racines une barrière infranchissable. La semence lève rapidement, mais n'a point de racines. Tout est dans la tige ; il n'y a rien de profond. Parce que la semence « *manquait d'humidité* », elle ne put résister à l'ardeur du soleil, et finit par sécher.

Voyons maintenant l'explication donnée par le Seigneur : « Celui qui a reçu la semence dans des endroits pierreux, c'est celui qui entend la parole et la reçoit aussitôt avec joie ». Bien différente de cette classe d'auditeurs qui ne peuvent recevoir la vérité, celle-ci reçoit les bonnes nouvelles du royaume avec joie, et cette joie est naturelle. Comment ne serait-il pas joyeux, celui qui reçoit de bonnes nouvelles ? (Act.8.8 ; 16.34 ; Gal.5.22 ; 1Pi.1.6). Mais, hélas, cette joie ne résulte pas de la pensée d'un grand bienfait reçu, après que tous les sacrifices nécessaires ont été mûrement pesés, mais c'est une joie qui ne tient aucun compte de ces exigences. C'est là ce qui fait la différence entre la joie de cette classe d'auditeurs et celle de l'homme qui trouve le trésor (Mat.13.44), et « de la joie qu'il en a », va et « *vend tout ce qu'il a* » pour acheter le champ qui contient le trésor, c'est-à-dire est disposé à renoncer à tout, à tout souffrir, pour gagner Christ. Nous avons ici un cœur qui ne repousse pas obstinément la vérité, mais qui manque d'attention sérieuse ; c'était le cas des multitudes qui suivaient Jésus, ne se doutant pas des conditions qu'il réclamait de ses disciples, auxquels Il fit connaître ces conditions (Luc.14.25-33 ; Jos.24.19). L'auditeur, dont il est question dans la parabole, a été attiré par la beauté du christianisme, par ses douces promesses, mais non par le fait qu'il répond aux besoins les plus profonds du cœur humain ; en recevant la parole avec joie, il n'a pas pensé à la nécessité de combattre Satan et le monde ; « *il n'a pas de racine en lui-même, mais il n'est que pour un temps ; et quand vient une tribulation ou une persécution à cause de la parole, il en est aussitôt scandalisé* ». La parole a trouvé un certain accès en lui, et il faut que Satan emploie des influences particulières pour la combattre. Ce qu'il emploie alors, ce sont les épreuves matérielles ou morales, qui sont comparées à l'ardeur du soleil. Il est vrai que la lumière et la chaleur du soleil désignent le plus souvent les opérations bienfaisantes de la grâce de Dieu (Mal.4.2 ; Mat.5.45 ; Esa.60.19-20) ; mais pas toujours cependant (Psa.121.6 ; Esa.49.10). Si la plante avait eu de profondes racines, la chaleur aurait contribué à son développement, hâté sa maturité ; de même, ces tribulations auraient hâté, pour le vrai chrétien, sa croissance dans la grâce, et l'auraient mûri pour le ciel. Mais de même que l'ardeur du soleil brûle la tige qui ne pénètre pas à une certaine profondeur dans la terre, de même les afflictions, qui auraient fortifié une foi sincère, sont une cause de naufrage pour la foi d'un moment. Lorsque ces afflictions à cause de la vérité surviennent, « *il est scandalisé,* » comme si quelque chose d'extraordinaire lui arrivait ; c'est pourquoi, comme le dit Matthieu, quiconque « *n'a pas de racine en lui-même*[a] » n'est que pour un temps.

Avoir une racine en soi-même équivaut à bâtir sa maison sur le roc, ou avoir de l'huile dans ses vaisseaux (Mat.7.25 ; 25.4). C'est là une image assez fréquente dans l'Écriture (Éph.3.17 ; Col.2.7 ; Jér.17.8 ; Osée.9.16 ; Job.19.28) ; cette image est d'une grande beauté ; de même que les racines d'un arbre, qui sont invisibles, lui donnent sa fermeté et sa durée, ainsi la fermeté, la sûreté du chrétien dépendent de sa vie cachée ; et de même que la sève se répand des racines dans le tronc et les branches, en sorte que l'arbre se couvre de feuilles et produit du fruit, ainsi la source de la vigueur et de la santé spirituelle du chrétien se trouve dans sa « vie cachée avec Christ en Dieu ». Pierre avait une « racine en lui-même », lui qui, tandis que les autres étaient scandalisés et se retiraient, s'écriait : « *A qui irions-nous ? Tu as les paroles de la vie éternelle.* » (Jean.6.68). De même ces Hébreux qui acceptaient avec joie l'enlèvement de leurs biens, « sachant qu'ils avaient en eux-mêmes des biens dans les cieux, meilleurs et permanents » (Héb.10.34) ; cette connaissance, cette conviction d'un héritage invisible, était la racine qui les rendait capables de supporter cet enlèvement avec joie, au lieu de se retirer pour leur perdition, comme tant d'autres. Comparer 2Co.4.17-18, où la foi aux choses invisibles est la racine qui rend saint Paul

---

a. Dans le grec des pères de l'Église, les hommes de foi sont appelés βαθύρριζοι, πολύρριζοι, par allusion à ce passage. Comparez avec la parabole du *Berger* de Hermas.

capable de regarder la tribulation du temps présent comme légère et de persévérer jusqu'à la fin (Héb.11.26). Démas manquait de cette racine. Le motif de son retour en arrière, était la persécution à cause de la parole.

Mais, il y a une autre partie de la semence, dont il faut encore dire le sort. « *Une partie tomba parmi les épines* » ; comme les champs étaient souvent séparés par des haies d'épines (Exo.22.6 ; Mic.7.4), cela pouvait facilement arriver (Jér.4.3 ; Job.5.5) ; « et les épines montèrent et l'étouffèrent » ; de telle sorte, dit saint Marc, « *qu'elle ne donna point de fruit* ». Cette partie de la semence ne tomba pas précisément sur des buissons d'épines, mais sur un terrain dont on n'avait pas complètement extirpé les épines, sur un terrain qui n'était pas suffisamment expurgé et nettoyé ; autrement on ne pourrait pas dire que « *les épines crurent avec elle* » (Luc.8.7). Elles crurent ensemble ; seulement, les épines enveloppèrent la semence, lui interceptèrent l'air et la lumière, enlevèrent à ses racines l'humidité et la terre nécessaires à sa croissance. Il n'y a rien d'étonnant alors qu'elle ne pût prospérer et porter aucun fruit. Le terrain ne manquait pas ici, comme dans le premier cas, et il n'était pas non plus insuffisant. Ce qui manquait c'était un soin diligent pour enlever les plantes nuisibles, qui empêchaient la semence de croître.

Le Seigneur explique ainsi cette portion de la parabole : « *Celui qui a semé parmi les épines, c'est celui qui entend la parole ; et les soucis de ce siècle, et la tromperie des richesses (et les convoitises à l'égard des autres choses survenant,* Marc.4.19), *étouffent ensemble la parole, et il est infruc-*

tueux, » ou, comme le dit saint Luc, « *ne porte point de fruit à maturité.* » On ne peut pas dire qu'ici la Parole de Dieu n'a produit aucun effet, ni que l'obéissance à la vérité n'ait été que passagère ; il y a toujours une profession de vie spirituelle, « un bruit de vivre ; » mais la spiritualité diminue peu à peu. A quelles désastreuses influences faut-il attribuer ces tristes effets ? A deux choses : le souci du monde et ses plaisirs ; voilà les épines et les ronces qui étouffent la vie de l'âme. Il peut sembler étrange au premier abord que deux causes si différentes en apparence soient réunies et produisent le même dommage. Mais le Seigneur nous présente ici cette vie terrestre sous ses deux aspects. Premièrement, l'aspect sombre, angoissant, la lutte pour l'existence de chaque jour, « *le souci de cette vie* » qui peut entraver dans le cœur l'action de la Parole. Mais la vie a aussi un côté lumineux ; elle a ses plaisirs comme ses soucis ; ceux qui ont reçu avec joie la Parole du royaume n'ont pas seulement l'écueil des soucis de la vie, mais ils risquent aussi d'être séduits par ses convoitises. Le vieil homme n'est pas mort en eux ; il peut sembler mort pour un temps, aussi longtemps que dure la joie d'avoir trouvé le trésor ; mais il ne tarde pas à reprendre tout son empire, s'il n'est pas tenu en échec. Si le terrain du cœur n'est pas surveillé avec soin, les épines et les ronces croîtront de nouveau et étoufferont la bonne semence. On trouve bon ce qui vient de Dieu, et bon aussi ce qui vient du monde ; on cherche alors à servir Dieu et Mammon. Or cette tentative est vaine ; ceux qui s'y livrent ne porteront point de fruit à maturité ; ils ne porteront aucun de ces fruits de l'Esprit que la Parole de Dieu voulait leur faire produire [a].

---

a. Nous pouvons rapprocher de notre parabole ce que dit Ovide de tout

Mais toute la semence répandue ne disparaît pas ainsi. Le semeur spirituel doit semer dans l'espérance, sachant qu'avec la bénédiction du Seigneur il ne travaillera pas toujours en vain, mais qu'une partie de la semence prospérera. « *Mais une autre partie tomba dans la bonne terre et donna du fruit : un (grain) cent, un autre soixante et un autre trente.* »

Saint Luc dit simplement : « *Elle produisit du fruit au centuple.* » Le rendement de cent pour un a lieu quelquefois en Orient, mais c'est toujours un fait extraordinaire ; ainsi, il est dit d'Isaac qu'il sema, « et qu'il recueillit cette année-là le centuple, car l'Éternel le bénit » (Gen.26.12) ; on a plusieurs autres exemples du même genre.

Nous apprenons que « *celui qui a reçu la semence dans une bonne terre, c'est celui qui écoute la Parole et qui la comprend, et porte du fruit, et produit, un (grain) cent, un autre soixante, un autre trente,* » ou, comme le dit saint Luc : « *Ce qui est tombé dans une bonne terre, ce sont ceux qui, ayant ouï la parole, la retiennent dans un cœur honnête et bon, et rapportent du fruit avec patience.* » Que faut-il entendre par ce « *cœur honnête et bon ?* » Comment un cœur peut-il être appelé « *bon* » avant de le devenir sous l'action de la Parole et du saint Esprit ? Et cependant ici la semence *trouve* un bon terrain et ne le rend pas tel. La même question se présente à propos de ces déclarations de Jésus : « Celui qui est de Dieu écoute les paroles de Dieu » (Jean.8.47) ; « Quiconque est de la

---

ce qui peut entraver les efforts du semeur : « Dès sa naissance, le blé expire, tantôt sous les rayons brûlants du soleil, tantôt sous des torrents de pluie. Les astres, les vents, exercent une maligne influence. Des oiseaux affamés dévorent les grains déposés dans la terre. L'ivraie, le chardon et le funeste chiendent étouffent les moissons. » *Métamorphoses* v. 483-486.

vérité entend ma voix » (Jean.18.37). De quel pécheur peut-on dire qu'il est « de la vérité ? » La doctrine constante de l'Écriture n'est-elle pas que les hommes *deviennent* « de la vérité » en écoutant les paroles de Christ ? Ce n'est pas parce qu'ils sont « de la vérité » qu'ils les écoutent ; de même, l'Écriture dit que le cœur *devient* bon en recevant la parole ; il ne la reçoit pas parce qu'il est bon. D'autre part, ces passages de Jean, et les expressions de notre parabole, témoignent qu'il y a certaines dispositions du cœur qui le rendent plus facilement accessible à la vérité que d'autres. Il faut « être de la vérité, » « être de Dieu, » « pratiquer la vérité, » « avoir *un cœur honnête et bon.* » Toutes ces expressions désignent un état qui existait avant d'entendre la Parole de Dieu ; il s'agit d'une aptitude à recevoir et à conserver la vérité. Il n'y a qu'un seul Bon (Mat.19.17), et cependant l'Écriture parle souvent d'hommes *bons* ; on peut dire d'une manière relative que les cœurs de certaines personnes sont un terrain plus apte à recevoir la semence de vie éternelle que d'autres. Ainsi, « l'enfant de paix » seul recevra le message de paix (Luc.10.6 ; Mat.10.13 ; Acte.13.48) ; mais ce n'est qu'après avoir reçu le message qu'il deviendra véritablement, et dans le sens le plus élevé du mot, « un enfant de paix. » Il était autrefois *virtuellement* un enfant de paix, mais l'Évangile l'a rendu tel réellement. Ainsi la prédication de la Parole peut être comparée à une pluie d'étincelles, qui produisent un feu partout où elles rencontrent une matière inflammable ; quand elle ne la rencontrent pas, elles disparaissent ; la parole de la vérité peut aussi être comparée à un aimant qui attire tout ce qui, dans le monde, est susceptible d'être attiré. La prédication de l'Évangile rencontre partout des cœurs qui appellent le mal bien et le bien mal, qui aiment leurs ténèbres et haïssent la lumière qui manifesterait ces ténèbres (Jean.3.20 ; Éph.5.13) ; tels étaient la plupart de scribes et des pharisiens. Mais elle rencontre aussi des pécheurs qui reconnaissent leur misère, qui ne repoussent pas la lumière, lors même qu'elle les reprend et exige un entier renouvellement du cœur ; tels étaient Matthieu et Zachée et bon nombre de pécheresses, qui confessaient leurs péchés et ne cherchaient pas à se justifier eux-mêmes. Nathanaël avait réellement un « *cœur honnête et bon,* » propre à recevoir la Parole de vie éternelle, et à rapporter du fruit avec patience ; il avait une nature droite ; il était fidèle à la lumière qu'il possédait, exact dans l'accomplissement des devoirs qu'il connaissait ; malgré tout cela, il ne prétendait pas être juste.

Le bon terrain vient de Dieu, comme la semence qui doit y pénétrer. La loi et la prédication de la repentance, la grâce secrète et prévenante de Dieu, précèdent la Parole du royaume, de telle sorte que, lorsque cette Parole retentit, elle trouve des hommes plus ou moins prompts à la recevoir telle qu'elle est réellement une parole de vie éternelle.

Il paraît difficile de déterminer exactement si ces expressions : « *un (grain) en rapporta cent, un autre soixante et un autre trente,* » désignent différents degrés de fidélité chez ceux qui reçoivent la vérité, en sorte qu'ils produisent des fruits plus ou moins abondants ; ou, si elles indiqueraient plutôt différentes sphères d'activité, plus ou moins étendues, qu'ils doivent occuper. Les paroles rapportées par Luc : « *Prenez donc garde comment vous écoutez ; car à celui qui a, il sera donné ; mais à celui qui n'a pas, cela même qu'il croit avoir, sera ôté* » (Luc.8.18), sont très importantes pour éviter tout malentendu. Les disciples auraient pu croire que ces divers états du cœur, qui empêchent de recevoir la semence, ne pouvaient être susceptibles d'aucune amélioration, en sorte que tout effort dans ce sens était inutile. L'Écriture ne connaît pas un tel fatalisme. Elle déclare que chacun est capable d'arriver à une vie supérieure ; c'est ce que prouve cet avertissement : « *Prenez garde comment vous écoutez* ; » tout dépend donc de la manière dont la vérité est écoutée et reçue.

Sil est vrai que le terrain qui devrait recevoir la semence de vie éternelle peut demeurer stérile, que chaque acte de péché, d'infidélité à la lumière qui est en nous, peut le rendre plus dur ou plus propre à produire des épines que du fruit, cependant, d'autre part, ceux qui se trouvent dans une telle situation peuvent en sortir ; le terrain dur peut devenir favorable, le sol léger peut devenir profond, et celui qui est couvert d'épines complètement libre. Il n'en est pas de la semence de vie éternelle comme de la semence terrestre ; elle peut agir sur le sol qui la reçoit de manière à le transformer entièrement, jusqu'à ce que le cœur de l'homme redevienne ce qu'il était avant la chute, une bonne terre propre à conserver la Parole divine, qui est une semence incorruptible de vie (1Pi.1.23-25).

Je ne puis m'empêcher de citer ici un admirable passage du Commentaire de M. Godet sur saint Luc : « Jésus discernait dans la foule ces quatre espèces de figures : des visages inintelligents et distraits, des physionomies enthousiastes et ravies, des figures à l'expression grave, mais préoccupée, enfin des regards d'une joyeuse sérénité qui annonçaient un plein abandon à la vérité enseignée... La première classe renferme ceux qui sont atteints d'une insensibilité religieuse complète ; nuls besoins de conscience, nul effroi de la condamnation, nul désir de salut ; par conséquent, nulle affinité avec l'Évangile de Christ... Les seconds sont des cœurs légers, mais inflammables, chez qui l'imagination et la sensibilité suppléent un instant à l'absence de sens moral. Les nouveautés de l'Évangile, l'opposition qu'il affiche aux idées reçues, les charment. De tels hommes forment, presque dans chaque réveil, une portion considérable des nouveaux convertis. Les troisièmes sont des cœurs sérieux, mais partagés ; il cherchent le salut et reconnaissent le prix de l'Évangile ; mais il veulent aussi le bien-être terrestre, et ne sont point décidés à tout sacrifier à la vérité... Chez les quatrièmes, les besoins spirituels dominent la vie. La conscience morale ne dort pas comme chez les premiers ; c'est elle, et non comme chez les seconds l'imagination ou la sensibilité, qui règle la volonté ; elle règne sur les préoccupations terrestres qui l'emportent chez les troisièmes. »

II.
L'IVRAIE

Matthieu. 13.24-30 ; 13.36-43.

« *Il leur proposa une autre parabole en disant : Le royaume des cieux est comparé à un homme qui sème de la bonne semence dans son champ. Mais pendant que les hommes dormaient, son ennemi vint et sema de l'ivraie parmi le blé, puis il s'en alla* ». Notre Seigneur n'a rien imaginé ici, mais il parle d'un acte de malice qui a dû être connu de ses auditeurs. La loi romaine le suppose ; et un écrivain moderne, en parlant des coutumes et des mœurs de l'Orient, affirme qu'il est également pratiqué dans l'Inde. « Voyez », dit-il, « ce coquin attentif au moment où son voisin labourera son champ ; dès que le champ est ensemencé, il s'y rend à son tour de nuit, et y répand ce que les natifs appellent *pandinellu*, c'est-à-dire de l'ivraie ; elle croît avant la bonne semence et se propage rapidement, tellement que le malheureux propriétaire du champ doit attendre des années avant de pouvoir se débarrasser de cette plante nuisible. Il y en a une autre encore, appelée *perum-pirandi*, qui est la plus nuisible de toutes ; si un homme achète un champ que quelqu'un aurait voulu posséder, ce dernier dit, pour se venger : « Je planterai le perum-pirandi dans ses « terres [a]. »

---

[a]. Roberts : *Oriental Illustrations*, p. 541. Il paraît que le même fait se passe aussi quelquefois en Irlande.

Le Seigneur a également expliqué lui-même cette parabole, et c'est fort heureux, car souvent cette explication a été nécessaire, en particulier dans la lutte que l'Église soutint contre les donatistes. Il n'y a aucun doute ici quant à celui qui sème : « *Celui qui sème la bonne semence, c'est le Fils de l'homme.* » Ce titre, par lequel le Seigneur se désigne lui-même ordinairement, ne lui est donné qu'une seule fois par un autre (Act.7.56) ; il signifie alors que le Sauveur glorifié apparut à Etienne sous une forme humaine. Ce nom, quoique emprunté à l'Ancien Testament, parut si étrange aux Juifs, qu'ils dirent, en l'entendant : « Qui est ce Fils de l'homme ? » (Jean.12.34) ; le Messie n'était pas appelé : « Fils de l'homme », mais : « Fils de David » (Mat.9.27 ; 12.23 ; 15.22 ; 20.31). Il réclame, par ce titre, sa participation à notre nature humaine. Il était « Fils de l'homme », parce qu'il réalisait pleinement lui seul la vraie humanité, comme second Adam, chef et représentant d'une race nouvelle. Il condamne ainsi toutes les erreurs qui ont surgi quant à sa personne, telles que celles des ébionites et des gnostiques.

Mais si Christ est le semeur, dans la parabole précédente et dans celle-ci, la *semence* est différente. Ce n'est plus ici « la parole de Dieu », ou, « la parole du royaume », mais : « *les enfants du royaume.* » Nous arrivons ainsi à un développement nouveau de la première parabole. La parole a produit son effet ; elle a pénétré dans les cœurs de ceux qui sont devenus, par son moyen, des enfants du royaume.

« *Le champ, c'est le monde* ». On a beaucoup disputé sur le sens de ces mots si simples. Voici comment les donatistes d'Afrique justifiaient leur séparation d'avec l'Église catholique : L'Église, disaient-ils, est un corps parfaitement saint, la sainteté est son caractère distinctif. Ils admettaient qu'il pouvait s'y trouver des hypocrites ; mais les impies, reconnus comme tels, ne doivent pas y être tolérés ; car, en les conservant, on profanerait le caractère de la vraie Église, et alors ce serait le devoir des fidèles de s'en séparer. Telle était leur position, qu'ils justifiaient en citant Esaïe.52.1 et tous les passages de l'Écriture qui parlent de la séparation future de l'Église d'avec tout mal. Ces passages, disaient-ils, doivent s'appliquer à l'Église dans son état actuel.

En ceci, comme en beaucoup d'autres points, l'Église doit à saint Augustin, non pas la formation de sa doctrine, car elle ne la doit à aucun homme, mais d'arriver à la claire conscience de ce qu'elle avait possédé jusqu'alors, sans bien s'en rendre compte. Il répliqua, d'accord en cela avec les donatistes, qu'en effet la sainteté est un caractère essentiel de l'Église ; mais il refusa d'accepter leur définition de la sainteté, et montra que ce caractère appartenait à l'Église qu'ils avaient abandonnée. L'Église catholique est, dit-il, malgré toutes les apparences contraires, un corps saint, car ses membres sont ceux-là seuls qui vivent dans une communion réelle avec Christ, et possèdent son Esprit de sainteté. Tous les autres, alors même qu'ils paraissent lui appartenir, ne sont pas ses vrais membres ; ils entourent Christ, mais ne le *touchent* pas, comme cette femme croyante, qui reçut de sa vertu la guérison. (Luc.8.45) Il y a certaines conditions extérieures sans lesquelles on ne peut appartenir à son Église, mais qui ne constituent pas à elles seules un membre de cette Église. Ceux qui sont *dans* l'Église, mais non *de* l'Église, n'en souillent pas les vrais membres, aussi longtemps que ceux-ci ne participent pas au même esprit, ni à leurs mauvaises œuvres. Ils sont comme les animaux impurs qui se trouvaient aussi dans l'arche (Gen.7.2), comme des boucs avec les brebis (Mat.25.32), comme du mauvais poisson dans un même filet avec le bon (Mat.13.47) ; ce sont des vases à déshonneur qui se trouvent dans une même maison avec des vases à honneur (2Ti.2.20), ou de l'ivraie croissant dans le même champ avec le blé, et qui doit à la fin en être séparée pour toujours.

Les donatistes confondaient l'Église visible avec la vraie Église, que le Seigneur seul connaît. Saint Augustin ne faisait pas cette confusion. Il affirmait deux états différents de la même Église : l'état présent, dans lequel le mal y est toléré, et l'état futur, dans lequel elle sera affranchie de tout mal. Il concluait de notre parabole et de celle du filet que le mélange des justes avec les injustes, comme celui de l'ivraie avec le blé, doit subsister jusqu'à la fin de l'économie présente. Les donatistes agissaient comme des serviteurs qui, malgré la défense du maître, seraient allés pour enlever l'ivraie, et accomplir ainsi la séparation avant le temps.

Les donatistes cherchèrent toutes sortes d'expédients pour échapper à ces conclusions. Ils répondirent : Christ a montré que le *champ*, ce n'est pas l'Église, mais le *monde* ; par conséquent, on ne saurait faire valoir la parabole contre nous ; car il ne s'agit pas de savoir si les méchants doivent être tolérés *dans le monde* (ce que nous reconnaissons tous), mais s'ils doivent être tolérés *dans l'Église*. Cependant, il faut bien reconnaître que la parabole concerne « le royaume des cieux » ou l'Église. Il n'était pas besoin d'un enseignement spécial pour faire savoir aux disciples qu'il y aurait toujours un mélange dans le monde ; mais il était nécessaire de leur montrer ce mélange aussi dans l'Église, de peur qu'ils ne fussent scandalisés. L'expression : « *monde* » ne doit pas nous embarrasser. Aucune autre n'aurait suffit à Celui qui voyait d'avance l'Évangile prêché à toutes les nations, comme une semence qui devait être répandue jusqu'aux extrémités de la terre.

« *Pendant que les hommes dormaient* », l'ennemi sema l'ivraie parmi le blé. Plusieurs interprètes ont pensé que ce sommeil représente ici le manque de vigilance de la part de ceux qui sont chargés de diriger l'Église, en sorte que les impies y pénètrent facilement, pour y semer des erreurs, soit dans la doctrine, soit dans la pratique[a] (Act.20.29-30 ; Jud.1.4 ; 2Pi.2.1,2,19) ; on a aussi expliqué dans le même sens le sommeil des vierges sages et des folles (Mat.25.5). Je ne crois pas que cette interprétation soit juste. Ceux qui doivent veiller, ce sont « *les serviteurs* », en général. Ici, il s'agit simplement du fait que l'ennemi vint « *de nuit* », dans un moment où l'on est ordinairement plongé dans le sommeil (Job.33.15 ; Marc.4.27).

« *L'ennemi qui l'a semée, c'est le diable.* » Satan nous apparaît donc ici dans ses efforts pour ruiner l'œuvre de Christ ; Chrysostome dit : « Après les prophètes, les faux prophètes, après les apôtres, les faux apôtres, après Christ, l'antéchrist. » Tout ce qui concerne Satan et son œuvre, son hostilité à l'égard des chrétiens, est clairement révélé dans le Nouveau Testament. A mesure que les lumières deviennent plus vives, les ombres deviennent plus épaisses. Les hommes

---

a. C'est l'opinion, en particulier, d'Augustin et de Chrysostome.

n'ont connu toute l'étendue de la puissance des ténèbres que lorsque la puissance du bien leur a été révélée ; ici même, l'explication au sujet de Satan n'est donnée qu'aux disciples [a]. Il faut remarquer que Satan est représenté ici comme étant *son* ennemi, l'ennemi du Fils de l'homme ; la lutte est, ici comme ailleurs, plutôt entre Satan et le Fils de l'homme qu'entre Satan et Dieu. Il importait au plan de la rédemption que la victoire sur le mal fût un triomphe *moral*. Saint Augustin dit que le Diable devait être vaincu, non par la puissance de Dieu, mais par sa justice.

Il importait aussi, pour la même raison, que l'homme qui avait perdu la bataille, la gagnât de nouveau (1Co.15.21) ; comme le royaume des ténèbres devait être détruit par l'homme, l'inimitié du serpent fut spécialement dirigée contre la semence de la femme, le Fils de l'homme.

L'appellation de « méchant, » qui lui est donnée, le désigne comme le mal absolu, comme celui dont l'essence est le mal. « Dieu est lumière et en Lui il n'y a point de ténèbres » (1Jean.1.5 ; Jac.1.17) ; Satan est ténèbres et en lui il n'y a point de lumière, « aucune vérité » (Jean.8.44). L'homme est dans un état intermédiaire ; il retient la vérité captive dans l'injustice (Rom.1.18) ; la lumière et les ténèbres sont en guerre au dedans de lui. Une rédemption est possible pour l'homme, car sa volonté n'est que *pervertie,* mais celle de Satan est absolument et définitivement en opposition avec le bien ; aussi, une rédemption est impossible pour lui.

---

a. Bengel, à propos d'Eph.6.12, fait remarquer : « Plus un livre de l'Écriture annonce ouvertement le gouvernement et la gloire de Christ, plus il expose également son opposé, le royaume des ténèbres. »

Après avoir fait le mal, l'ennemi « *s'en alla* ; » aussi l'on ne s'aperçut pas immédiatement de son action. De même, dans l'Église, les commencements du mal ont été souvent difficiles à reconnaître ; ce qui a produit plus tard le plus mauvais fruit paraissait être à l'origine une forme particulière du bien. « *Mais après que l'herbe eut germé et eut produit du fruit, alors parut aussi l'ivraie,* » dans sa véritable nature. On a souvent remarqué la grande ressemblance qui existe entre le blé et l'ivraie pendant qu'ils sont encore en herbe. Ce n'est que plus tard qu'on peut les distinguer. « Vous les connaîtrez à leurs fruits, » dit le Seigneur. Saint Augustin remarque avec raison que c'est la présence du bien qui fait ressortir le mal : « Celui-là seul qui fait le bien, » dit-il, « peut discerner le méchant dans l'Église ; » et ailleurs : « Les erreurs n'apparaissent qu'à l'homme spirituel, qui peut juger de toutes choses. »

« *Or, les esclaves du maître de la maison s'étant approchés, lui dirent : Seigneur, n'as-tu pas semé de bonne semence dans ton champ ? d'où vient donc qu'il a cette ivraie ?* » Ces esclaves ne sont pas, comme le pense Théophylacte, les anges (qui sont « les moissonneurs »), mais plutôt les hommes zélés pour la gloire de Dieu, qui ne savent de quel esprit ils sont animés, pas plus que Jacques et Jean qui voulaient faire descendre le feu du ciel sur une bourgade des Samaritains (Luc.9.54). Leur question : « *N'as-tu pas semé de bonne semence dans ton champ ?* » exprime bien la perplexité, l'étonnement des fidèles, dans les premiers siècles, à la vue des misères que renfermait l'Église visible. Où est donc « l'Église glorieuse, n'ayant ni tache, ni ride, ni rien de semblable ? » N'as-tu pas voulu que ton Église fût une communion pure et sainte ? La doctrine ne doit-elle pas nécessairement produire des fruits de justice ? Pourquoi y a-t-il donc parmi nous tant de personnes qui se livrent au péché et y entraînent les autres ?

Le maître répond : « *Un ennemi a fait cela,* » et il montre ainsi la source du mal ; elle n'est pas dans l'ignorance, la faiblesse, qui caractérisent tout ce qui est humain, mais dans l'œuvre du grand ennemi spirituel ; « *l'ivraie, ce sont les enfants du méchant, et l'ennemi qui l'a semée, c'est le diable.* »

La question suivante : « *Veux-tu donc que nous allions la recueillir ?* » nous rappelle la tentation fréquente d'user de moyens violents pour la suppression de l'erreur, tentation à laquelle l'Église a cédé quelquefois. Mais ceux qui parlent ainsi ne sont pas dignes de confiance en cette matière. Ils n'ont souvent que le zèle de Jéhu pour le Seigneur (2Rois.10.16), tout au plus le zèle d'Élie (Luc.9.54).

C'est pourquoi le maître dit « *non.* » Cette défense condamne toutes les mesures prises autrefois pour la condamnation des hérétiques, en sorte qu'on ne leur laissait pas le temps de se repentir. Et voici le motif de cette défense : « *De peur qu'en recueillant l'ivraie vous ne déraciniez le blé en même temps.* » Cela pouvait avoir lieu soit en déracinant ce qui paraissait être de l'ivraie, mais qui plus tard deviendrait du blé : « *les enfants du méchant* » qui, par la repentance et la foi, deviendraient des « *enfants du royaume ;* » soit par l'erreur des serviteurs qui, avec les meilleures intentions, ne pourraient distinguer l'ivraie du blé et envelopperaient tous dans une même condamnation. Le Seigneur seul, qui sonde les cœurs, connaît d'une manière certaine « ceux qui sont siens. » Les catholiques ont prétendu que le pape, étant le représentant du Maître, doit seul répondre à la question : « *Veux-tu que nous allions recueillir l'ivraie ?* »

La réponse : « *non,* » n'implique pas que l'ivraie ne sera jamais recueillie mais seulement que le temps n'est pas encore venu de l'arracher et que ce n'est pas leur affaire ; le maître ajoute : « *Laissez-les croître tous deux ensemble jusqu'à la moisson.* » Paroles solennelles, qui nous enseignent que le mal ne doit pas disparaître peu à peu, mais progresser toujours, jusqu'à ce qu'il atteigne sa plus haute manifestation dans la personne de l'antéchrist. Le bien et le mal doivent croître ensemble « *jusqu'à la moisson,* » jusqu'à ce qu'ils soient mûrs, l'un pour la destruction, l'autre pour la pleine délivrance.

Ils doivent croître « *ensemble* ; » l'Église visible doit être mélangée jusqu'à la fin : ce n'est pas une raison pour s'en séparer et fonder une autre petite Église selon nos vues particulières. Ceux qui le font transgressent un commandement positif et tombent dans le piège de l'orgueil, Même chez les meilleurs, il y a toujours un mélange de bien et de mal, comme dans l'Église visible. Saint Augustin fait souvent remarquer que les donatistes n'ont pas réussi à former une Église pure ; ils avouent eux-mêmes qu'il pouvait se trouver parmi eux des hypocrites ; malgré cela, ils montraient un esprit d'orgueil et un manque absolu de charité vis-à-vis de l'Église dont ils s'étaient séparés. Ce même orgueil caractérise plus ou moins tous les schismatiques qui ont voulu fonder de petites congrégations, sous prétexte de se séparer du mal. Chaque jeune chrétien, dans le temps de son premier amour, a la tentation d'être quelque peu donatiste. Il serait sans doute étrange qu'il ne désirât pas de voir l'Église de son Sauveur être une Église glorieuse, sans tache, ni ride. Mais il doit apprendre que ce désir, quelque légitime qu'il soit, ne peut se réaliser maintenant ; plus il souffre de la part des faux frères, plus il doit demander avec ardeur que le règne de Dieu vienne.

Il doit se rappeler que tous les essais qui ont été faits de vouloir réaliser avant le temps la parfaite communion des saints, sont des œuvres de la chair ; qu'aucune bénédiction ne peut reposer sur eux, et que, par conséquent, ils ne pourront jamais être couronnés de succès.

Fuller (*Holy State*, v. 2) énumère les six raisons pour lesquelles, dans le royaume de la grâce, les impies doivent être mélangés avec les croyants : « Premièrement, » dit-il, « parce que les hypocrites ne peuvent être retranchés que par Celui qui sonde le cœur ; en second lieu, parce que si les hommes opéraient eux-mêmes la séparation, les chrétiens faibles seraient considérés comme n'étant pas chrétiens et traités comme des réprouvés ; en troisième lieu, parce que les élus de Dieu qui vivent encore dans le péché seraient rejetés ; en quatrième lieu, parce que Dieu, par le mélange des justes et des injustes, veut éprouver la vigilance et la patience de ses serviteurs ; en cinquième lieu, parce qu'il veut épuiser ses faveurs sur les injustes, afin de les rendre d'autant plus inexcusables ; enfin parce que les justes qui souffrent de la part des méchants réclameront avec d'autant plus d'ardeur le jour du jugement. »

Quelques interprètes modernes, craignant qu'on ne se servît de notre parabole pour empêcher une stricte discipline dans l'Église, ont fait remarquer qu'il n'est pas tenu compte, dans l'explication du Seigneur, de la proposition des serviteurs (v. 28), ni de la réponse du maître (v. 29). Ils en concluent que la parabole n'a pas pour but de nous enseigner ce que *doit* être la tâche des serviteurs du Seigneur, mais ce qu'elle *sera* ; que la proposition des serviteurs n'est amenée que pour fournir une occasion à la réponse du maître et que la dernière partie de cette réponse est la seule vraiment importante. Mais lorsque Christ affirme que son dessein est d'opérer une complète séparation à la fin des temps, il défend implicitement, non pas l'exercice d'une juste discipline, en attendant, ni une exclusion de l'assemblée visible, si elle est nécessaire, mais toute tentative d'anticiper sur la séparation finale, qui lui appartient en propre.

« *Au temps de la moisson, je dirai aux moissonneurs : Recueillez premièrement l'ivraie et liez-la en faisceaux pour la brûler entièrement, mais amassez le blé dans mon grenier.* » La séparation aura donc lieu, non pas maintenant, mais « *au temps de la moisson,* » et ce sont « les moissonneurs » qui l'opéreront. Ce « *temps de la moisson* » est, selon la parole du Seigneur, « *la fin du monde,* » et « *les moissonneurs, ce sont les anges,* » qui accompagneront le Seigneur quand il reviendra pour exercer le jugement (Mat.16.27 ; 24.31 ; 2Th.1.7 ; Apo.19.14) et accompliront sa volonté à l'égard de ceux qui l'ont servi (Mat.24.31) et à l'égard des rebelles (Mat.13.49 ; 22.13).

« *Comme donc on recueille l'ivraie et qu'on la brûle entièrement au feu, il en sera de même à la fin du monde. Le Fils de l'homme enverra ses anges, et ils recueilleront hors de son royaume tous les scandales et ceux qui pratiquent l'iniquité.* »

Le châtiment des impies est souvent comparé, dans l'Écriture, à un feu qui consume les épines, les mauvaises herbes, la balle, les branches mortes. (2Sam.23.6-7; Mat.3.10,12; 7.19; Jean.15.6; Héb.6.8; 10.26; Esa.5.24; 9.18-19; 10.16-17; 33.11-12; 66.24) Mais n'est-ce là qu'une image? Le feu reparaît également dans l'interprétation de notre parabole : « *Les anges jetteront dans la fournaise de feu ceux qui pratiquent l'iniquité.* » Paroles terribles! Si c'est là une image, elle est empruntée en tout cas au supplice le plus affreux que les hommes aient inventé. Il était en usage chez les Chaldéens (Jér.29.22; Dan.3.6); la tradition juive raconte que Nemrod fit jeter Abraham dans une fournaise de feu pour avoir refusé de se prosterner devant les idoles. Antiochus Epiphane employa le feu pour vaincre la constance des confesseurs juifs au temps des Macchabées; Néron s'en servit également contre les chrétiens.

Quelle que soit l'interprétation qu'on donne de ces expressions : « *fournaise de feu,* » ou « lac de feu, » (Apo.19.20; 21.10), « feu qui ne s'éteint point » (Marc.9.44) « feu éternel, » (Mat.25.41), ce qui est certain, c'est qu'elles font allusion à un supplice si terrible, que le Fils de Dieu est venu du ciel et a subi la mort pour nous délivrer des angoisses exprimées par les mots de « *pleurs et grincements de dents.* »

« *Alors les justes brilleront comme le soleil dans le royaume de leur Père*[a] » Comme *le feu* est l'élément naturel du royaume

---

a. Dans le *Berger d'Hermas* deux paraboles présentent la même vérité sous des images différentes. Dans la première, le voyant contemple des arbres tels qu'ils sont en hiver, sans feuilles; tous, les stériles et les autres, paraissent également morts. On lui dit qu'il n'est également pas possible de distinguer maintenant les justes des pécheurs. Dans la seconde pades enfers, la *lumière* est celui du royaume céleste.

Lorsque tout élément de ténèbres aura disparu, la lumière apparaîtra dans tout son éclat (Col.3.4 ; Rom.8.18 ; Prov.4.18 ; 25.4-5).

La gloire sera manifestée dans les saints, une gloire qui résidait en eux, mais qui attendait l'heure de sa pleine réalisation. Ce sera le jour de la « manifestation des enfants de Dieu ; » « *ils brilleront comme le soleil* » quand les nuages ont disparu (Dan.12.3) ; ils seront reconnus par tous comme « les enfants de lumière » de ce Dieu qui est « le Père des lumières » (Jac.1.17), qui est lumière, et en Lui il n'y a point de ténèbres (1Jean.1.5).

Alors seront accomplies ces prophéties de L'Ancien Testament : « L'incirconcis et le souillé ne passeront plus désormais parmi toi » (Esa.52.1) ; « Il n'y aura plus, en ce jour-là, de Cananéens dans la maison de l'Éternel des armées » (Zac.14.21) ; « Quant à ton peuple, ils seront tous justes » (Esa.60.21 ; 35.8 ; Joël.3.17 ; Éze.37.21-27 ; Soph.3.13).

---

rabole, il voit encore des arbres, dont les uns se couvrent de feuilles, et les autres restent dépouillés. Il en sera ainsi dans la vie future, qui sera un été pour les justes, mais toujours un hiver pour les injustes qui, ne portant pas de fruit, seront coupés et jetés au feu.

III.
Le grain de sénevé

Matthieu.13.31-32 ; Marc.4.30-32 ;
Luc.13.18-19

Les quatre paraboles qui suivent forment deux groupes bien distincts. Celles du grain de sénevé et du levain forment le premier groupe, et peuvent sembler, à première vue, être une répétition de la même vérité ; mais quand on les examine de près, on ne tarde pas à reconnaître la différence qui existe entre elles. Toutes deux décrivent les petits commencements, les progrès et le développement complet de l'Église, ou, pour employer une autre image, nous y voyons comment la pierre devient une grande montagne et finit par remplir la terre (Dan.2.34-35 ; Ézé.47.1-5). Mais chacune a son caractère particulier. L'une se rapporte au royaume de Dieu encore caché, l'autre à ce même royaume dans sa manifestation extérieure. L'une montre la puissance de la vérité sur le monde ; l'autre la force expansive de cette même vérité.

Chrysostome établit très bien le rapport entre notre parabole et celles qui précèdent. Les disciples devaient apprendre par celle du semeur que la plus grande partie de la semence qu'ils répandraient serait perdue ; celle de l'ivraie leur faisait connaître les obstacles qui s'opposeraient au développement de la semence tombée dans une bonne terre ; et maintenant, pour les préserver du découragement, Jésus prononce les deux paraboles suivantes. Il semble leur dire : « Mon royaume surmontera tous ces obstacles ; il deviendra semblable à un arbre vigoureux, qui couvrira la terre de ses branches ; comme un levain puissant, il exercera son influence sur le monde entier. » Ce n'est pas la première fois que le développement d'un grand royaume est comparé à celui d'un arbre. Il en est parlé aussi dans l'Ancien Testament (Dan.4.10-12 ; Ézé.31.3-9 ; 17.22-24 ; Psa.80.8).

Mais pourquoi le Seigneur choisit-il ici, comme emblème, la plante qui sort du grain de sénevé ?[a] Il aurait pu parler d'autres plantes, telles que la vigne, ou d'arbres plus élevés, tels que le cèdre (1Rois.4.33 ; Ézé.17.3). Il a probablement choisi le grain de sénevé pour faire ressortir le contraste entre la petitesse de la semence et la grandeur de l'arbre auquel elle donne naissance. Il voulait enseigner à ses disciples que son royaume serait glorieux, malgré ses chétifs commencements. Le grain de sénevé, d'ailleurs, avait une valeur particulière dans l'antiquité. Les Pythagoriciens en parlent souvent ; on pensait qu'il possédait des vertus médicinales utiles contre la morsure des reptiles et contre les poisons. Les propriétés et qualités diverses de cette semence peuvent bien avoir déterminé le Seigneur à la choisir pour faire connaître les destinées de la parole du royaume, de la doctrine d'un Rédempteur crucifié, folie pour les Grecs, scandale pour les Juifs, mais puissance pour le salut. Christ est lui-même à la fois le grain de sénevé et celui qui le sème. Il est ce grain, car l'Église était renfermée en Lui et elle est sortie de Lui, étant

---

a. Quelques interprètes modernes pensent qu'il s'agit ici du Salvadora Persica, appelé par les Syriens : Khardal. Cette plante a une saveur très aromatique, semblable à celle de la moutarde.

dans une relation aussi étroite avec Lui que l'arbre avec la semence qui le produit ; Il est aussi le semeur de ce grain, car il s'est livré volontairement à là mort, par laquelle il devient une source de vie pour un grand nombre[a]. Il a dit Lui-même : « Si le grain de blé tombé dans la terre ne meurt pas, il demeure seul ; mais s'il meurt, il porte beaucoup de fruit » (Jean.12.24). Le champ dans lequel Il a répandu cette semence est le monde, « son champ », ou, selon saint Luc : « son jardin » (Luc.13.19), car le monde a été fait par Lui ; en y descendant, « Il est venu chez les siens. » Cette semence est « la plus petite de toutes ; » ces paroles ont souvent embarrassé les interprètes, car il existe d'autres plus petites encore, ainsi celle du pavot. Mais cette difficulté ne doit pas nous arrêter ; il suffit de savoir que « petit comme un grain de sénevé » était une expression proverbiale parmi les Juifs pour désigner une chose presque imperceptible[b] (Luc.17.6) Le Seigneur tenait compte du langage populaire dans son enseignement. Tel était le grain de sénevé, tel son royaume. Que pouvait-il y avoir, aux yeux de la chair, de moins éclatant que les commencements de ce royaume dans sa personne ?

Il a vécu dans une contrée méprisée jusqu'à l'âge de trente ans ; ensuite, Il a enseigné pendant trois ans dans les villes et villages environnants, et quelquefois à Jérusalem ; Il a fait quelques disciples, surtout parmi les pauvres et les ignorants ;

---

a. Didron (*Iconographie chrétienne*, p. 208) parle d'un symbole fréquent chez les premiers chrétiens : le Christ dans un tombeau ; de sa bouche sort un arbre, sur les branches duquel sont les apôtres.

b. Le Coran dit : « O mon fils, Dieu amènera à la lumière tout ce qui est caché, bon ou mauvais, quand même il serait aussi petit qu'un grain de sénevé, et qu'il serait caché dans les rochers, ou dans les cieux, ou dans la terre. »

enfin, tombant entre les mains de ses ennemis, Il mourut comme un malfaiteur, sur la croix. Tel fut le commencement du royaume universel de Dieu, bien différent de ceux du monde, qui ont souvent une fière origine et deviennent à la fin misérables, semblables à la tour de Babel. L'Église a une origine obscure, mais elle se développe rapidement et son couronnement sera glorieux. Il en est ainsi du royaume de Dieu dans le monde, dans chaque cœur ; là aussi, la parole de Christ est répandue comme une petite graine de sénevé, qui produit ensuite de merveilleux effets.

« C'est là, il est vrai, la plus petite de toutes les semences ; mais lorsqu'elle a poussé, elle est plus grande que les légumes et devient un arbre, de sorte que les oiseaux du ciel viennent et s'abritent dans ses branches. » Il n'y a ici aucune exagération. Dans les pays chauds, comme la Judée, la plante de sénevé atteint une grande hauteur ; un homme peut monter sur ses branches. Maldonat affirme qu'en Espagne on chauffe de grands fours avec ces branches ; il a souvent observé aussi que d'immenses vols d'oiseaux s'y rassemblent. Tout cela était probablement connu des auditeurs de Jésus.

Ces paroles sont aussi prophétiques. Ézéchiel, en annonçant le royaume de Dieu, (Ézé.17.22,24) dit, en parlant du tendre rameau que le Seigneur plantera, « qu'il produira des branches et fera du fruit, et il deviendra un excellent cèdre, et des oiseaux de tout plumage demeureront sous lui, et habiteront sous l'ombre de ses branches » ; ces derniers mots annoncent le refuge que les hommes trouveront dans l'Église de Dieu ; c'est aussi le sens de notre parabole. Le royaume de Christ attirera les multitudes par la protection qu'il leur offre; là, elles trouveront un refuge contre les attaques du monde, contre le pouvoir du diable. Il sera l'arbre de vie dont les feuilles sont pour la guérison et dont le fruit sert de nourriture (Apo.22.2); tous ceux qui désirent la guérison de leurs plaies et la satisfaction de leurs besoins spirituels s'y rassembleront.

IV.

LE LEVAIN

Matthieu.13.33 ; Luc.13.20,21

« *Il leur dit une autre parabole : Le royaume des cieux est semblable à du levain qu'une femme a pris et caché dans trois mesures de farine, jusqu'à ce que le tout soit levé.* »

Cette parabole se rapporte aussi au merveilleux développement du royaume de Dieu ; elle en montre l'influence cachée sur le monde dans lequel il se trouve. Le grain de sénevé n'attire pas les regards pendant un certain temps, les oiseaux ne se réfugient pas dans ses branches avant qu'il ait atteint une croissance suffisante ; mais le levain agit dès qu'on le met dans la pâte. Gurtler, Teelman, et quelques sectaires, tels que Darby, prétendent que notre parabole ne concerne nullement les glorieux progrès du royaume de Dieu. Ils l'envisagent plutôt comme une prophétie des hérésies et des souillures qui altéreront la pure doctrine de l'Évangile. La femme qui cache le levain dans la farine est, selon eux, l'Église apostate ; ils font remarquer qu'elle est souvent désignée par cette image (Pro.9.13 ; Apo.17.1 ; Zac.5.7-11). L'argument dont ils font surtout usage, est le fait que l'Écriture considère le plus souvent le levain comme le symbole du mal (1Cor.5.7 ; Luc.12.1 ; Gal.5.9). Cela est vrai. Aussi la loi interdisait de l'employer dans les offrandes à l'Éternel (Exo.13.3 ; Lév.2.11 ; Amos.4.5). Les enfants d'Israël avaient reçu l'ordre de ne conserver aucun levain dans leurs maisons pendant la semaine de la Pâque ; pour célébrer convenablement la fête, ils devaient purifier leurs cœurs de tout levain de malice [a]. Mais, même en admettant tout cela, il reste toujours impossible d'accepter leur interprétation. La parabole du Seigneur est celle du « royaume des cieux » ; elle ne peut donc être en même temps la parabole d'un autre royaume. S'il avait voulu dire que quelqu'un placerait un levain de mensonge et de corruption dans le royaume des cieux, il aurait déclaré par là même que les portes de l'enfer prévaudraient contre ce royaume ; il aurait prophétisé la ruine de son œuvre.

Si le levain est souvent, dans l'Écriture, le type de la corruption, il peut aussi avoir un sens favorable. Le langage figuré de l'Écriture n'a pas une signification invariable. Le diable est « un lion rugissant, cherchant qui il pourra dévorer » (1Pi.5.8) ; cependant, cette même appellation est appliquée à Christ : « le Lion de la tribu de Juda » (Apo.5.5) ; seulement, dans le premier cas, il s'agit de la ruse et de la férocité du lion ; dans le second, de sa noblesse et de sa puissance, par laquelle il est roi sur tous les animaux. Dans un passage, il est question de la stupidité de la colombe (Osée.7.11) ; dans un autre de sa simplicité, (Mat.10.16). Ignace, employant l'image du levain, montre qu'elle peut avoir un sens favorable ou défavorable ; parlant des pratiques juives, il dit : « Rejetez le mauvais levain qui a vieilli, et soyez transformés en nouveau levain, savoir Jésus-Christ. » Le levain a pour effet de rendre le pain plus savoureux, plus léger, plus nourrissant, et en

---

a. Les Romains se gardaient aussi d'employer le levain dans les cérémonies du culte ; Plutarque dit : « Le levain est issu de la corruption, et corrompt la masse dans laquelle il se trouve. »

général plus sain. Nous ne devons donc pas hésiter à donner à notre parabole son sens évident, à savoir une prophétie de la diffusion de l'Évangile, et non pas de la corruption. Par le *levain*, il faut entendre la parole du royaume, parole qui était Christ lui-même ; comme le grain de sénevé, qui donne naissance à un arbre vigoureux, était « *la plus petite de toutes les semences* », de même le levain est peu de chose en apparence, mais il agit puissamment ; il représente ainsi Celui dont il est dit qu'il n'avait ni forme ni apparence ; « il n'y a rien en lui, à le voir, qui fasse que nous le désirions ; mon serviteur juste en justifiera plusieurs par la connaissance qu'ils auront de lui ; il partagera le butin avec lui puissants » (Esa.3.2,11-12) ; lorsqu'il eut communiqué de son Esprit aux Apôtres, il les rendit capables, à leur tour, quoique pauvres et ignorants, de devenir « le sel de la terre », le levain du monde.

Que faut-il penser de la « *femme* » qui cache le levain dans les trois mesures de farine ? Qui doit-elle représenter ici ? Nous pouvons admettre, en rapprochant notre passage de celui de Luc.15.8, qu'il s'agit probablement de la divine Sagesse (Pro.9.1-3), du saint Esprit, qui est la source de la sanctification pour l'humanité. L'organe du saint Esprit est l'Église, qui apparaît ici sous l'image d'une femme. L'œuvre de l'Esprit a lieu dans et par l'Église, qui devient ainsi un levain pour le monde. Le nombre « *trois* » peut désigner la diffusion de l'Évangile dans les trois parties alors connues du monde, ou, comme le pense saint Augustin, l'action du levain dans la race humaine, qui est issue des trois fils de Noé ; cela revient a peu près au même [a]. Jérôme et Ambroise y voient la

---

a. D'après les gnostiques, ces « *trois mesures* » représentent « les

sanctification de l'esprit, de l'âme et du corps (1Thess.5.23).

Mais le levain qui est mélangé à la masse et qui agit en elle, en est bien distinct ; la femme *le prit* d'ailleurs pour l'y placer ; de même l'Évangile est un royaume distinct du monde (Jean.18.36) ; il ne vient pas de la terre, comme les royaumes actuels ; il est une puissance déposée dans le monde, une Révélation. L'Évangile de Christ fut un agent nouveau placé dans un monde qui périssait, un centre vital pour ce monde, afin de le renouveler. Ce levain est *caché* dans la masse qu'il doit transformer. La régénération que Dieu opère, procède du dedans au dehors ; elle commence dans le monde spirituel, et s'étend au-delà, produisant une immense transformation du monde visible. C'est ce que nous montre l'histoire des premiers temps du christianisme. Le levain était alors réellement caché. Les auteurs païens témoignent d'une grande ignorance de ce qui se préparait au-dessous de la surface du monde dans lequel ils vivaient, jusqu'au moment où le triomphe du christianisme apparut.

Le levain continue à travailler la masse ; son action n'est pas encore terminée ; elle doit s'exercer jusqu'au triomphe final de l'Évangile, jusqu'à ce qu'il ait été prêché « en témoignage à toutes les nations » ; c'est là ce qu'indiquent les mots : « *jusqu'à ce que le tout soit levé* ». Nous avons ici l'assurance que la parole de vie ne cessera pas d'agir dans un cœur jusqu'à ce que l'être tout entier ait été sanctifié parfaitement. Au fond, la parabole nous parle du mystère de la régénération,

---

hommes de la terre » (χοϊκοί 1Cor.15.47), « les hommes psychiques » (ψυχικοί n'ayant que l'âme, 1Cor.2.14), et les « hommes ayant l'Esprit » (πνευματικοί Gal.6.1).

depuis ses origines jusqu'à son plein achèvement. Saint Ambroise a dit : « Puisse la sainte Église, figurée par le type de cette femme, cacher le Seigneur Jésus dans les parties les plus intimes de nos cœurs, jusqu'à ce que la chaleur de la divine sagesse pénètre dans les profondeurs de nos âmes ».

Citons encore quelques paroles de M. Godet, à propos de notre parabole et de celle qui précède : « Ces deux paraboles, dit-il, forment le contraste le plus complet avec le tableau que s'était formé l'imagination juive de l'établissement du règne du Messie. Un coup de baguette magique devait tout opérer en un clin d'œil. A cette notion superficielle, Jésus oppose l'idée d'un développement moral, qui s'opère par des moyens spirituels et tient compte de la liberté, par conséquent lent et progressif. Comment admettre, en face de telles paroles, qu'il ait cru à la proximité imminente de son retour ? »

V.
Le trésor caché

Matthieu. 13.44

Le royaume de Dieu ne doit pas être envisagé seulement d'une manière générale, mais aussi dans sa réalisation chez chaque individu. Il n'est pas seulement un grand arbre qui couvre la terre de son ombrage, ou un levain qui agit sur le monde, mais chaque homme doit posséder en lui-même, se l'approprier par un acte libre de sa volonté. Il peut bien se réfugier sous cet arbre, et y recevoir des bénédictions ; il peut habiter un monde qui a subi l'action du levain de la vérité ; mais cela ne suffit pas. Les deux paraboles qui suivent nous montrent la nécessité d'une approbation personnelle du royaume. Elles furent prononcées, non en présence de la multitude, mais dans la maison (v. 36), et dans le cercle restreint des disciples. La parabole suivante est une répétition de celle-ci, avec une différence toutefois ; elles sont le complément l'une de l'autre ; dans l'une et dans l'autre, chez ceux qui trouvent la perle ou le trésor, il faut voir tous ceux qui participent aux bénédictions de l'Évangile de Christ. Parmi eux il en est qui sentent qu'il doit exister pour l'homme un bien suprême, dans la possession duquel il sera béni et trouvera la satisfaction de tous ses désirs ; c'est pourquoi ils cherchent ce bien avec persévérance. C'est là le marchand qui s'est proposé de chercher et d'obtenir de belles perles. De telles personnes sont peu nombreuses, mais elles se montrent vraiment esclaves de la vérité.

Il en est d'autres qui ne comprennent pas qu'il y a un but proposé à chacun, ou qu'il existe une vérité digne de recherche, jusqu'à ce que cette vérité leur soit révélée en Jésus. Ils sont comparés à celui qui trouve le trésor caché, qui l'a rencontré par hasard sans l'avoir cherché. Il faut qu'ils le trouvent, pour en connaître l'existence ; leur joie est alors d'autant plus grande, tandis qu'il n'est pas parlé de la joie des autres. Hammond fait ressortir cette différence : « Il en est, dit-il, qui ne recherchent pas l'Évangile, et qui cependant le rencontrent, en sorte qu'il devient pour eux un sujet de grande joie ; c'est bien là ce trésor qu'un homme cache après l'avoir trouvé dans un champ, et qui, ensuite, vend tout ce qu'il a pour acheter ce champ. D'autres ont recherché la sagesse ; ils ont eu soif de lumière ; alors l'Évangile de Christ se présente à eux comme un perle de grand prix qu'un marchand trouve en cherchant de belles perles. » La plupart des Juifs cherchaient de belles perles, étant zélés pour la justice ; mais lorsqu'ils trouvèrent la perle de grand prix, ils ne voulurent pas « *vendre tout ce qu'ils avaient* », renoncer à leur propre justice, à tout ce dont ils se glorifiaient, pour acheter cette perle. Les Gentils, au contraire, trouvèrent par hasard le trésor. Christ fut trouvé de ceux qui ne le cherchaient pas, et le bienfait de sa vérité fut révélé à ceux qui n'en soupçonnaient par l'existence (Rom.9.30). La femme Samaritaine ne se doutait pas, le jour où elle vint au puits de Jacob, qu'elle trouverait le trésor caché. Il n'y a pas chez de telles personnes un manque complet d'intérêt pour la vérité ; seulement, le désir sommeillait en elles, et se manifeste plutôt comme amour de la vérité révélée, comme une joyeuse soumission à cette vérité. Dans les deux cas, nous remarquons la même promptitude à saisir la vérité, une fois connue, et à la retenir fermement, quoi qu'il puisse en coûter. Justin Martyr, dans son premier dialogue avec Tryphon, nous raconte qu'il a cherché pendant longtemps la satisfaction de ses besoins dans l'étude de la philosophie grecque, et que ses recherches ont toujours été vaines, jusqu'à ce qu'il rencontrât l'Évangile de Christ. La forme différente des deux paraboles confirme notre manière de voir. Dans la première, ce qui est important surtout, c'est le trésor : « *Le royaume des cieux est semblable à un trésor* ; » dans la seconde, c'est la personne qui cherche. En Orient, où la sécurité générale est moins grande, il était moins rare de découvrir un trésor caché que dans d'autres contrées. Un écrivain raconte qu'en Orient, à cause des changements fréquents de dynasties et des révolutions qui les accompagnent, beaucoup de riches divisent leur fortune en trois parts : l'une est placée dans le commerce, ou sert aux besoins journaliers, une autre est convertie en bijoux, afin de pouvoir l'emporter facilement, en cas de fuite ; la troisième partie est enfouie dans la terre. Comme ils ne disent à personne le lieu où elle se trouve, elle est perdue lorsqu'il ne reviennent pas, à moins que, par hasard, quelqu'un ne la découvre, en labourant son champ. Plusieurs récits de voyages attestent la croyance générale à l'existence de tels trésors cachés, en sorte que le voyageur qui recherche des antiquités court souvent de grands dangers à cause de la jalousie des gens du pays, qui craignent de le voir emporter de grandes richesses enfouies dans le sol. L'habileté d'un sorcier, en Orient, consiste souvent à savoir découvrir l'endroit où se trouvent des trésors cachés. On voit aussi des hommes qui n'ont d'autre profession que de chercher des trésors, dans l'espoir de s'enrichir (Job.3.21 ; Pro.2.4). La parabole ne parle pas toutefois de quelqu'un qui cherche un trésor, mais plutôt qui le découvre par hasard, en le heurtant de sa bêche. Quelques interprètes établissent une distinction entre « *le champ* » et « *le trésor* ». Le champ serait celui des Saintes Écritures ; le trésor serait le mystère de la connaissance de Christ qui y est renfermé, et pour lequel celui qui l'a découvert est prêt à sacrifier tout ce qu'il a, estimant que cette connaissance vaut mieux que toutes les richesses du monde. Mais, pour moi, « le *champ* » représente plutôt l'Église extérieure visible, par opposition à la vraie Église intérieure, spirituelle, qui serait alors « le trésor ». L'homme qui a trouvé un trésor dans un champ, apprécie ce champ, qui lui était autrefois indifférent, et cherche à l'obtenir à tout prix : de même celui qui envisage l'Église comme une institution divine, chargée de distribuer des dons spirituels, qui a reconnu que Dieu est au milieu d'elle, est convaincu dès lors qu'elle diffère absolument de toutes les sociétés terrestres, et leur est supérieure ; c'est pourquoi elle lui devient précieuse, à cause de la gloire qui y est renfermée, et qu'il a appris à connaître. Il voit aussi que la bénédiction en est inséparable. Ainsi que l'homme de la parabole ne peut avoir le trésor sans acquérir le champ, de même il est impossible de posséder Christ sans être dans l'Église ; on ne peut avoir Christ dans le cœur et, en même temps, séparer son sort de celui de l'Église de Christ, qui lutte et souffre. Le trésor et le champ sont inséparables, il faut les acquérir tous deux ou s'en passer.

« *Lorsqu'un homme a trouvé le trésor, il le cache* », afin de se procurer le champ. Cela ne signifie pas que celui qui a découvert les trésors de sagesse et de connaissance cachés en Jésus-Christ désirera de garder pour lui seul cette connaissance ; il se sentira plutôt obligé d'en faire part à tous. Il ira vers son frère, comme André alla auprès de Pierre, et lui dira : « Nous avons trouvé le Messie » (Jean.1.41), et cherchera à l'amener à Jésus. S'il cache le trésor, c'est afin de ne pas risquer de le perdre. Au moment où la vérité se révèle à une âme, il est naturel que cette âme craigne de la perdre ; elle prend alors toutes les précautions possibles pour la conserver. Mais après avoir caché le trésor pour quelque temps, celui qui l'a trouvé, « *de la joie qu'il en a, s'en va et vend tout ce qu'il a, et achète ce champ* ». Cette joie est précisément ce qui le rend capable de renoncer à tout, sans même qu'on le lui ordonne ; tout autre chose lui paraît de peu de valeur en comparaison de ce qu'il a trouvé. Augustin explique très bien cette partie de la parabole, en parlant de sa propre expérience. Il dit, à propos de sa conversion, que la joie lui rendit très facile un renoncement qu'il n'avait jamais auparavant envisagé sans crainte ; il s'écrie : « Quelle douce joie je ressentis alors, en me séparant de tout ce que je craignais de perdre ! c'est toi, ô ma vraie richesse, qui m'as dépouillé de tout le reste ; tu m'en as délivré, et tu es entrée chez moi, toi qui m'es plus précieuse que tous les plaisirs du monde ». Se séparer de toutes les joies coupables qui l'avaient enchaîné, fut réellement, pour Augustin, vendre tout ce qu'il avait, pour acheter le champ. Comparez Philip.3.4-11, passage dans lequel saint Paul raconte comment il vendit aussi tout ce qu'il avait, renonça à toute confiance en sa propre justice, à tous ses privilèges terrestres, afin de « gagner Christ, et d'être trouvé en Lui ». Lorsqu'un homme renonce à ce qu'il a de plus cher, afin de posséder les richesses de Christ, l'avare à sa convoitise, l'amateur de plaisirs à ses jouissances, le sage selon le monde à sa confiance en lui-même, chacun d'eux vend ce qu'il a, pour acheter le champ qui contient le trésor, et il le fait joyeusement, non point par contrainte [a].

On a quelquefois trouvé une difficulté dans le fait que celui qui a découvert le trésor achète le champ sans dire au propriétaire ce qui en augmente la valeur, car alors ce dernier n'aurait pas consenti à le vendre ou l'aurait vendu à un prix beaucoup plus élevé. On a dit qu'il y avait là un manque de droiture, qui n'aurait pas dû être mentionné, même pour faire comprendre une vérité importante. C'est ce que l'on a dit également à propos de l'Économe infidèle. Olshausen affirme qu'il s'agit, dans les deux cas, d'une prudence nécessaire à l'égard des choses spirituelles. Au reste, il faut remarquer que la manière d'agir de celui qui a trouvé le trésor n'est pas absolument et en tout point proposée à notre imitation, mais seulement son zèle pour conserver ce trésor et pour se l'approprier coûte que coûte, ainsi que sa prudence, sans que la manière dont cette prudence se manifesta soit louée ou blâmée.

---

a. Saint Augustin dit : « Voici, tu demandes à Dieu, et tu lui dis : Seigneur donne-moi. Que pouvait-il te donner, lorsqu'il voit que tes mains sont déjà pleines ? Dieu veut donner de ce qui est à Lui, et Il ne voit aucune place libre pour le recevoir. »

VI.
La perle de grand prix

Matthieu.13.45-46.

Nous avons donné, en partie, l'explication de cette parabole, à propos de celle qui précède, et montré quel rapport existe entre elles. Nous voyons ici quelqu'un qui *cherche* la vraie sagesse, au lieu de la rencontrer simplement, par hasard, comme celui qui trouve le trésor. « *Le royaume des cieux est encore semblable à un marchand qui cherche de belles perles.* » Le but de ses efforts est de les trouver ; il s'agit donc d'une intention positive, d'une recherche persévérante. Celui qui fait cette recherche a un but très précis, auquel il consacre toute son énergie, étant assuré que l'homme n'a pas été créé pour la vanité, qu'il doit y avoir un trésor de paix pour lui, un bien qui satisfera tous les besoins de son cœur ; il ne veut se donner aucune relâche, jusqu'à ce qu'il ait trouvé ce bien. Il ne sait pas, au début, que ce bien est *unique,* car il cherche plusieurs belles perles, mais il l'apprendra plus tard. On doit se rappeler, pour bien apprécier notre parabole, la valeur des perles dans l'antiquité ; elles coûtaient des sommes considérables. Ayant quelquefois des défauts qui en diminuaient le prix, il était nécessaire que le marchand fût habile, perspicace, pour ne pas se laisser tromper. Il y a beaucoup de perles de qualité inférieure, mais le marchand de la parabole cherche de « *belles* » perles, et représente celui qui se propose un but élevé, longtemps avant de trouver la perle de grand prix. Ne recherchant pas le plaisir, ou le gain ou une position élevée dans le monde, il recherche la sagesse, il est un admirateur du beau dans la nature ou dans l'art, et pense y trouver la satisfaction de ses désirs. « *Mais ayant trouvé une perle de grand prix, il s'en est allé, et a vendu tout ce qu'il avait, et l'a achetée.* »

Qu'est-ce que cette « *perle de grand prix* ? » On a répondu de diverses manières à cette question ; toutes ces réponses peuvent se résumer en une seule. Soit que la perle représente le royaume de Dieu dans le cœur, ou la connaissance de Christ, ou Christ lui-même, c'est toujours, au fond, la même chose[a]. Le marchand, après avoir trouver cette perle excellente, « s'en est allé et a vendu tout ce qu'il avait, et l'a achetée. »

Nous avons déjà vu ce que signifie l'action de *vendre* ; pour comprendre le sens du mot *acheter*, ici, il faut comparer Ésa.55.1 ; Mat.25.9-10 ; Apo.3.18, et Pro.23.23 : « Achète la vérité et ne la vends pas, » acquiers-là à n'importe quel prix et que rien ne puisse t'en séparer. Chrysostome fait ressortir l'opposition entre la *perle unique* que le marchand trouve et les nombreuses perles qu'il cherchait. Le même contraste se retrouve ailleurs : Marthe s'inquiète de beaucoup de choses ; Marie a trouvé la seule chose nécessaire (Luc.10.41,42). Il n'existe qu'une seule perle semblable (quoique chacun puisse l'obtenir) puisque la vérité est une, comme Dieu est Un ; et la

---

a. Origène renvoie ici à Mat.17.5-8 ; 2Cor.3.10. Saint Augustin compare Christ à la perle.

vérité acquise rend l'unité au cœur de l'homme, cette unité que le péché a détruite. Le cœur, après avoir été comme un miroir brisé en une foule de fragments, chaque fragment réfléchissant un objet particulier, a retrouvé son unité et reproduit l'image de Dieu. C'est en Dieu seul que la créature intelligente peut trouver son centre et son vrai repos, selon la parole d'Augustin : « Seigneur, tu nous as faits pour Toi, et notre cœur est agité jusqu'à ce qu'il repose en Toi. »

Avant de quitter cette parabole, il peut être utile de mentionner une interprétation assez étrange. D'après elle, le marchand qui cherche de belles perles serait Christ lui-même. L'Église des élus est la perle de grand prix ; pour l'acquérir, Christ a quitté tout ce qu'il avait, s'est dépouillé de sa gloire divine et a pris la forme de serviteur [a]. Ou encore, la perle est le royaume des cieux, mais, Christ est le marchand qui, pour nous acquérir ce royaume, s'est fait pauvre, achetant cette perle pour nous [b].

---

a. Salmeron applique cette interprétation à la parabole précédente : « L'homme qui a trouvé le trésor, c-à-d l'Église des élus, c'est Christ Lui-même, Lui qui a vendu tous ses biens pour gagner le grand trésor que son les saints. »

b. Ainsi Drexelius : « Qui est le véritable marchand, sinon Christ le Seigneur ? Lui qui a donné le prix infini de son sang précieux. En vérité, il est allé et a vendu toutes choses : sa réputation, son sang, sa vie, afin de pouvoir acheter le Ciel pour nous. »

VII.
Le filet

Matthieu. 13.47-50

A première vue, cette parabole semble être une répétition de celle de l'ivraie. Aussi, Maldonat dit qu'elle doit la suivre immédiatement ; mais il se trompe. Dans la parabole de l'ivraie, il s'agit du mélange qui existe *actuellement* dans le royaume ; la nôtre parle de la séparation qui aura lieu plus tard ; Dieu seul peut l'opérer, et non l'homme. Nous avons les paraboles dans l'ordre où le Seigneur les prononça ; celle de l'ivraie se rapporte au développement progressif de l'Église, celle du filet, à sa consommation finale. Selon Olshausen, le royaume de Dieu est représenté dans notre parabole tel qu'il sera un jour ; dans celle de l'ivraie, tel qu'il est maintenant, renfermé dans le monde, mais destiné à se répandre partout, l'Église recueillant ses membres du monde comme le filet recueille les poissons de la mer.

Malgré ces différences essentielles, les deux paraboles ont plus d'un rapport entre elles. Aussi, les donatistes en ont également fait usage dans leur controverse ; toutes deux nous présentent un même enseignement, à savoir que Celui qui a fondé une Église sur la terre n'a pas voulu en faire une société pure de tout élément mauvais ; mais, de même qu'il y avait un Cham dans l'arche et un Judas parmi les douze, il y a aussi une Babylone au milieu du véritable Israël ; Ésaü lutte avec Jacob même dans le sein de l'Église, jusqu'à ce que, comme une autre Rébecca, elle soit souvent forcée de s'écrier : « Pourquoi suis-je enceinte ? » (Gen.25.22). Les deux paraboles nous montrent qu'une séparation d'avec l'Église ne peut jamais se justifier, malgré le mal qui s'y trouve. Il faut attendre que Dieu opère lui-même le triage, ce qui aura lieu à l'achèvement du siècle. Notre parabole commence ainsi : « *Le royaume des cieux est encore semblable à un filet jeté dans la mer et qui ramasse des choses de toute sorte* ». Il s'agirait ici d'un long filet traînant ; on en porte les extrémités par le moyen de bateaux, de manière à renfermer un grand espace en pleine mer, puis on rapproche ces extrémités, et alors tout ce qui se trouve renfermé dans l'intérieur est pris. La Vulgate a rendu σαγήνη par « sagena » (« vasta sagena »,) ; de là « seine » ou « sean », nom que porte ce filet dans le comté de Cornouailles, sur les côtes duquel il est fort en usage. En latin classique il est appelé « everriculum » (Cicéron, jouant sur le nom de Verrès, l'appelle « everriculum in provincia »), parce que le filet balaie le fond de la mer. C'est donc bien à propos que notre Seigneur se sert de σαγήνη dans la parabole, pour dévoiler l'étendue et le caractère envahissant de son futur royaume. Ce royaume est un filet jeté dans la vaste mer du monde et ramassant « des choses de tout sorte, » parmi toutes les nations, des bons et des méchants (Mat.22.10) ; l'Église visible renferme des hommes de caractères très divers [a].

---

a. Ces « *choses de toute sorte* » sont des poissons de diverses espèces, et non pas des choses d'une autre nature.

Mais puisque tous ne profitent pas des privilèges qui leur sont offerts dans l'Église, en vue d'une communion réelle avec Christ, une séparation est nécessaire. Notre Seigneur la décrit ici : « *Quand le filet est plein, on le tire sur le rivage, on s'assied, on recueille dans des vases ce qu'il y a de bon et l'on jette dehors ce qui est mauvais.* » Il n'est pas très facile, ni très important non plus, de bien déterminer si ces mots « *ce qui est mauvais* » désignent des poissons morts, corrompus, comme on en trouve quelquefois dans un filet, ou simplement des poissons qui ne peuvent servir à la nourriture, malsains, d'une espèce grossière, et qu'on jette aux oiseaux. (Ézé.29.4-5 ; 32.3-4). Les pêcheurs juifs rejetaient une partie des poissons, ceux qu'ils considéraient comme impurs. (Lév.11.9-12). Quoi qu'il en soit, le sens de la parabole est évident. « Il en sera de même à l'achèvement du siècle. » Lorsque toutes les nations auront été recueillies dans la communion extérieure de l'Église, lorsque la religion de Christ sera devenue la religion du monde entier, alors on séparera le bon du mauvais, le juste de l'injuste. Qui opérera cette séparation ? Je ne suis pas de l'avis de Vitringa et d'Olshausen, qui identifient ceux qui jettent le filet et ceux qui en séparent le contenu ; dans ce cas, puisque les premiers sont évidemment les apôtres et leurs successeurs, devenus « pêcheurs d'hommes » (Mat.4.19 ; Luc.5.10 ; Ézé.47.10 ; Jér.16.16), les autres (ceux qui séparent) doivent être également les *messagers* du salut, qui seraient alors les « *anges* » du v. 49, chargés de prononcer le jugement définitif. Sans doute, l'Église, dans son développement progressif, juge et sépare continuellement (1Cor.5.4-5 ; 2Thes.3.6 ; 2Jean.1.10 ; Mat.18.17 ; Jud.1.22-23) ; elle exclut de sa communion ceux qui s'en montrent positivement indignes. Mais elle n'est pas devenue pour cela une Église pure ; il doit y avoir encore un jugement final, venant du dehors et d'en haut ; les anges sont toujours présentés par l'Écriture comme devant être les instruments de cette crise décisive (Mat.13.41 ; 24.31 ; 25.31 ; Apo.14.18-19). Il est donc contraire à l'analogie de la foi d'interpréter les mots de notre parabole comme le fait Olshausen. Il est vrai qu'à l'ordinaire ce sont ceux qui jettent le filet qui le tirent sur le rivage, examinent son contenu et font le triage. Mais il ne faut pas trop presser l'image. A propos de la parabole de l'ivraie, on pouvait penser avec raison que ceux qui surveillent la croissance de la récolte sont autres que ceux qui la recueillent ; les « *serviteurs* » ne sont pas les « *moissonneurs* ; » dans les autres paraboles qui traitent du jugement, les serviteurs du royaume sont nettement distingués de ceux qui doivent exécuter la sentence. Dans notre passage, les pêcheurs ne sont pas mentionnés une seule fois. Quand le Seigneur lui-même interprète la parabole, il en passe le commencement sous silence ; il n'explique que la dernière partie, la plus importante. Les anges « *sortiront* » de devant le trône et la présence de Dieu, et se présenteront aux hommes pour exercer le jugement. La solennité de cet acte est exprimé par ce mot « *on s'assied*, » appliqué aux pêcheurs qui veulent séparer le bon du mauvais (Mat.24.41-42). On prendra ce qui doit être conservé, ce qui est précieux, et on laissera le reste. « *On recueille dans des vases ce qu'il y a de bon* ; » Jésus-Christ n'explique pas ce qu'il faut entendre par ces « *vases*, » et cela n'est pas nécessaire. C'est le « *grenier* » du v. 30 ; les « demeures » de Jean.14.2 ; les « tentes éternelles » de Luc.16.9 ; la « cité qui a des fondements » qu'Abraham attendait (Héb.11.10) ; la nouvelle Jérusalem qui descend du ciel (Apo.3.12).

Cette tâche une fois accomplie, ceux qui ont tiré le filet sur le rivage « *jettent dehors ce qui est mauvais* » ; « *ils jetteront les méchants dans la fournaise de feu ; là seront les pleurs et les grincements de dents.* » Chrysostome appelle « terrible » notre parabole ; Grégoire le Grand dit « qu'il faut plutôt la craindre que l'expliquer. » J'ai déjà parlé de la « *fournaise de feu.* » Lorsque Dieu purifiera lui-même son Église, alors seulement elle sera complètement délivrée de tout mal.

En comparant cette parabole avec celle de l'ivraie, nous reconnaissons que, malgré certains traits communs, les enseignements qu'elles renferment sont différents. Il ne faut pas se contenter d'être dans le filet de l'Évangile, puisque « tous ceux qui sont d'Israël ne sont pas Israël » ; dans la « grande maison » de l'Église « il n'y a pas seulement des vases d'or et d'argent, mais aussi de bois et de terre, les uns à l'honneur et les autres à déshonneur » ; chacun de nous doit s'efforcer d'être un « vase à l'honneur, sanctifié et bien utile au Maître » (2Tim.2.20-21) ; malgré la confusion qui règne dans l'Église visible, « le Seigneur connaît les siens », et séparera un jour ce qui est précieux de ce qui est vil.

Je termine par quelques remarques sur le rapport qui existe entre ces diverses paraboles. Le nombre sept, si souvent employé dans l'Écriture, a engagé plusieurs interprètes à chercher ici quelque mystère caché ; on y a vu une prophétie, comme dans les Épîtres aux sept Églises d'Asie. Un écrivain moderne dit : « Je suis convaincu qu'il ne faut pas envisager séparément les paraboles de ce chapitre, mais dans leur ensemble, comme indiquant les différents degrés de développement du royaume mystique de Christ sur la terre, depuis ses origines jusqu'à sa consommation. Chaque parabole correspondrait à une époque particulière ». Bengel en a déjà parlé. Il rapporte la première parabole aux temps de Christ et de ses apôtres, lorsque la parole de vie éternelle fut semée pour la première fois. La seconde, celle de l'Ivraie, appartiendrait à l'époque suivante, lorsque les fausses doctrines commencèrent à se répandre. La troisième, celle du Grain de sénevé, au temps de Constantin, lorsque l'Église offrit sa protection aux grands de la terre; la quatrième, celle du Levain, représenterait la diffusion de la vraie religion dans le monde entier. La cinquième, celle du Trésor caché, se rapporterait à un état plus humble de l'Église, désigné dans l'Apocalypse par la femme qui fuit au désert. La sixième, celle de la Perle, parlerait du temps glorieux où le royaume sera élevé au-dessus de toutes choses, Satan étant lié. La septième, celle du Filet, décrivait la séparation finale et le jugement. Nous refusons, quant à nous, à ces paraboles un caractère historico-prophétique; cependant il faut reconnaître que le nombre mystique sept a ici, comme ailleurs, son sens particulier, que les paraboles sont reliés l'une à l'autre par un enchaînement logique, et forment ensemble un tout complet et harmonique. Mais elles exposent les idées et les lois de l'histoire de l'Église, non les faits. Dans la parabole du Semeur, nous voyons les causes des insuccès et du succès de l'Évangile, quand il est prêché dans le monde. Dans celle de l'Ivraie, il s'agit des obstacles au développement intérieur du royaume de Christ. La parabole du Grain de sénevé et celle du Levain nous montrent la puissance extérieure et intérieure du royaume, et prophétisent son développement malgré tous ces obstacles. Les deux paraboles suivantes sont subjectives et individuelles ; elles montrent la relation du royaume avec chaque homme, sa valeur infinie, qui fait que celui qui l'a reconnue, est disposé à renoncer à tout. Enfin, celle du Filet nous parle de la séparation complète d'avec le mal, qui aura lieu plus tard ; en y pensant, il faut que chacun cherche à profiter des moyens de grâce que la communion de l'Église lui offre, afin de se trouver un jour parmi ceux qui seront « *pris* », lorsque que le grand « Pêcheur d'hommes » séparera pour toujours ce qui est précieux de ce qui mérite d'être rejeté.

VIII.
Le serviteur impitoyable

Matthieu. 18.21-35

Une question de Pierre fournit l'occasion de cette parabole, et cette question elle-même avait été suggérée par quelques paroles de Christ, qui avait appris aux membres de son futur royaume comment ils devaient agir envers un frère qui les aurait offensés. Pierre voulait en savoir davantage; c'est pourquoi il dit à Jésus : « *Seigneur, combien de fois mon frère péchera-t-il contre moi, et lui pardonnerai-je ? jusqu'à sept fois ?* » Chrysostome fait observer que Pierre pensait dire beaucoup, en parlant de « sept fois » : c'était quatre fois plus que ne l'ordonnaient les docteur juifs ; selon eux, on ne devait pardonner que trois fois ; ils se fondaient sur les passages suivants : Amos.1.3 ; 2.6 ; Job.33.29-30. Pierre propose jusqu'à sept fois, sentant bien que l'esprit de la loi nouvelle que Christ a enseignée au monde, exigeait plus que l'ancienne loi. (Il pouvait avoir aussi d'autres raisons. Dans la loi juive, le nombre sept accompagne toujours l'idée de rémission.) Pierre se rendait bien compte, quoique d'une manière encore imparfaite, de la nouvelle loi d'amour ; il y avait une erreur fondamentale dans sa question. En proposant une limite au pardon, il pensait que celui qui pardonne abandonnait un droit qu'il devait faire valoir dans certaines circonstances.

Dans cette parabole, le Seigneur veut faire comprendre que lorsque Dieu appelle un membre de son royaume à pardonner, Il ne lui demande pas de renoncer à un droit, car il n'en a aucun en cette matière ; après avoir lui-même demandé et accepté le pardon, il s'est engagé implicitement à l'accorder à son tour.

« Jésus lui dit : Je ne te dis pas jusqu'à sept fois, mais jusqu'à soixante-dix fois sept fois. C'est pourquoi » (pour faire comprendre à Pierre les exigences de la nouvelle loi) *« le royaume des cieux est comparé à un roi qui voulut régler compte avec ses serviteurs »*. C'est la première des paraboles dans laquelle Dieu apparaît comme Roi. Nous sommes les serviteurs avec lesquels il règle un compte. Il ne s'agit pas ici du compte final, comme dans : Mat.25.19 ; 2Cor.5.10 ; Apo.20.11-12 ; mais plutôt de celui dont il est parlé dans Luc.16.2. Pour nous y amener, Il se sert de la prédication de la loi, Il nous montre nos péchés, Il réveille notre conscience, Il nous envoie des épreuves (2Chr.33.11-13), des maladies (Job.33.19-30). Il nous met en danger de mort. (2Rois.20.4.) Il règle le compte avec nous lorsqu'il nous fait sentir que, sur mille articles, nous ne saurions répondre à un seul, que nos péchés surpassent en nombre les cheveux de nos têtes, lorsqu'il met fin à notre sécurité charnelle (Psa.50.21 ; Act.16.30). C'est ainsi que David fut repris par Nathan le prophète (2Sam.12), les Ninivites, par la prédication de Jonas (Jon.3.4) ; les Juifs, par Jean-Baptiste (Luc.3.3,14).

« Or, quand il eut commencé à compter, on lui en présenta un qui devait dix mille talents. » Il s'agit donc d'une grande somme ; elle est d'autant plus propre à représenter l'immen-

sité du péché de chacun, en pensées, en paroles et en actions. Nous pouvons supposer que le débiteur de la parabole était un des principaux officiers du roi, un fermier ou un administrateur des revenus royaux. Le nom de « serviteur », que nous avons ici, ne crée aucune difficulté, car, en Orient, où il n'existe aucune noblesse, tous sont absolument esclaves du monarque ; il s'agit peut-être d'un satrape qui devait placer les revenus de sa province dans le trésor royal. Dès que le roi « eut commencé à compter », il rencontra un serviteur dont la dette était énorme. « On le lui amena », car il ne serait jamais venu de lui-même, mais il aurait encore probablement augmenté sa dette ; le pécheur qui se croit en sûreté s'amasse continuellement de la colère pour le jour de la colère, et aggrave toujours plus sa dette vis-à-vis de Dieu. « Et comme il n'avait pas de quoi payer, son seigneur commanda qu'il fût vendu, ainsi que sa femme et ses enfants et tout ce qu'il avait, et que (la dette) fût payée. » La vente de la femme et des enfants du débiteur s'explique par le fait qu'ils forment une partie de ses biens. Telle était la loi romaine. La loi mosaïque permettait de vendre un débiteur insolvable : Lév.25.39 ; toute sa famille devait être vendue également, d'après le verset 41 ; Exo.22.3 ; 2Rois.4.1 ; Néh.5.5 ; Jér.34.8,11 ; Amos.2.6 ; 8.6. Les docteurs juifs plus modernes interdirent cette pratique, sauf quand il s'agissait de vendre un voleur, pour réparer le tort qu'il avait causé ; à l'époque de Jésus, une coutume aussi sévère avait probablement cessé d'être en vigueur chez les Juifs. - L'emprisonnement d'un débiteur, mentionné deux fois dans la parabole (versets 30 et 34), n'était pas autorisé par la loi juive : il était superflu, puisque le créancier avait le droit de le vendre. « Les exécuteurs » du v. 34 nous montrent que la scène se passe en dehors du peuple juif, dont la législation modérait les droits du riche et du puissant. Quant au sens spirituel, le fait de n'avoir pas de quoi payer exprime la banqueroute complète de chaque enfant d'Adam en présence d'un Dieu saint et de sa loi (Rom.3.23). L'ordre de le vendre avec tout ce qu'il possède est l'expression du droit et du pouvoir de Dieu de rejeter loin de Lui tous ceux qui se rendent indignes de sa gloire (Psa.44.12).

« *Alors le serviteur,* » entendant la terrible sentence prononcée contre lui, emploie la supplication, comme son unique ressource ; il « *se prosterna et l'adora* ». L'adoration, chez les Orientaux, consiste à se prosterner la face contre terre, en baisant les pieds et les genoux du seigneur. Origène remarque l'exactitude des moindres détails de la parabole. Ce serviteur « *adora* » le roi, car c'était un honneur dû aux personnes royales ; tandis que l'autre ne va jusque-là, dit-il simplement : « *Use de patience envers moi, et je te paierai tout.* » Il promet l'impossible même des montagnes d'or, si seulement il peut être délivré de sa crainte. Lorsque des paroles semblables sortent de la bouche d'un pécheur, elles prouvent qu'il n'a pas encore clairement compris ses vrais rapports avec Dieu ; il doit apprendre qu'aucune obéissance future ne peut compenser une désobéissance passée ; car, cette obéissance, il la doit à Dieu. « Je te paierai tout » est le langage de la propre justice, qui s'imagine pouvoir tout effacer, pourvu qu'il lui soit accordé le temps nécessaire. Cela explique la conduite ultérieure de ce suppliant. Celui qu'il représente ne s'est jamais rendu compte de l'immensité de sa dette. Il pense qu'il lui a été peu pardonné, c'est pourquoi il aime peu, ou n'aime pas du tout (Luc.7.47). Par son attitude et par sa prière, il reconnaît sa dette, autrement il n'aurait pas été libéré ; il aurait pu reconnaître pleinement la grâce qui lui a été accordée, mais peu après il l'oublia.

Toutefois, à cause de sa prière, « *le seigneur de ce serviteur fut ému de compassion, le relâcha et lui remit la dette* ». La sévérité de Dieu ne dure que jusqu'au moment où le pécheur reconnaît sa faute ; elle est, comme celle de Joseph vis-à-vis de ses frères, un amour déguisé ; quand elle a accompli son œuvre, elle se montre de nouveau comme grâce ; le compte, qui menaçait au premier abord le serviteur d'une ruine totale, devient pour lui la plus grande miséricorde, qui abolit sa dette (Ps.103.12 ; Jér.50.20 ; Mic.7.19). Dieu est disposé à pardonner ; mais Il veut que le pécheur sache combien il a besoin de pardon et ce qui doit lui être pardonné ; il doit voir ses péchés tels qu'ils sont, avant de connaître la miséricorde de Dieu. Il doit porter en lui-même la sentence de mort, avant d'apprécier les paroles de vie.

« *Le serviteur étant sorti, trouva* » à l'instant même, au moment où il venait d'être l'objet de la miséricorde de son seigneur, « *un de ses compagnons de service qui lui devait cent deniers* ». Devons-nous presser ce terme : « *il sortit* », et dire que nous sortons de devant la présence de notre Dieu quand nous oublions la grandeur de notre péché et la grandeur de son pardon ? C'est ce que pense plus d'un interprète, ainsi Théophylacte ; cependant, je crois que c'est dépasser les limites de la parabole. Il sortit, parce qu'il n'aurait pas osé se permettre, en la présence de son seigneur, la dureté dont il usa à l'égard de son compagnon. Ce dernier terme n'implique pas une égalité de rang, ou une identité de fonctions, mais seulement qu'ils étaient tous deux les serviteurs d'un même seigneur. La petite somme de « *cent deniers* » indique combien sont petites les offenses des autres envers nous, comparées à celles que nous commettons contre Dieu ; Chrysostome dit qu'elles sont comme une goutte d'eau comparée à l'océan sans limites. Toute la manière d'agir de cet impitoyable créancier est minutieusement décrite : « *l'ayant saisi, il l'étranglait, en disant : Paie-moi ce que tu me dois* ». Quelques commentateurs, pressant les termes de l'original, y trouvent une aggravation de la cruauté du serviteur, comme s'il n'était pas sûr que la dette fût réelle. Nous n'avons aucune preuve de ce fait. Il est évident que la dette existait réellement ; « *il trouva* », lisons-nous, « *l'un de ses compagnons de service qui lui devait cent deniers* ». Toute autre supposition dénaturerait le sens de la parabole ; nous aurions alors à faire ici à un fripon vulgaire. La loi seule aurait condamné un tel homme, il n'aurait pas été besoin pour cela d'une parabole du royaume des cieux. Elle nous présente un enseignement tout différent, enseignement qui concerne ceux qui ne sont plus sous la loi, mais sous la grâce, à savoir qu'il est contraire au droit d'insister trop sur nos droits particuliers, que, dans le royaume de la grâce, le *summum jus* peut être la *summa injuria* (la stricte justice demande une stricte punition). Cet homme aurait aimé à appliquer à ses semblables une autre mesure que celle qui lui avait été appliquée à lui-même. Il voulait bien être pardonné, mais à la condition de ne pas pardonner à son tour. Il faut donc qu'il choisisse. Après avoir obtenu grâce, il doit être miséricordieux à son tour. Si, au contraire, il pousse ses droits à l'extrême, s'il ne veut connaître, dans ses rapports avec les autres, que la loi de la justice rigoureuse, il doit s'attendre à ce que Dieu en agisse de même avec lui. Il sera mesuré de la même mesure dont il aura fait usage.

Ce fut en vain que son compagnon de service tomba à ses pieds et le supplia, en disant : « *Use de patience envers moi, et je te paierai tout* ; » employant sans le savoir les mêmes paroles qui avaient obtenu grâce. « *Il ne voulut point ; mais s'en étant allé, il le jeta en prison, jusqu'à ce qu'il eût payé ce qu'il devait,* » sans se douter qu'il se condamnait ainsi lui-même, et renonçait à la miséricorde qu'il avait obtenue. Tel est l'homme, dur et impitoyable, quand il ne vit pas dans le sentiment habituel du pardon qu'il a reçu de Dieu. L'ignorance ou l'oubli de ses propres fautes le rendent cruel à l'égard des autres. Celui qui ne connaît pas sa propre misère est toujours prêt à s'écrier, comme David après son crime : « L'homme qui a fait cela est digne de mort » (2Sam.12.5) ; il est aussi sévère pour les autres, qu'il est indulgent pour lui-même ; ce sont « ceux qui sont spirituels » que saint Paul exhorte à redresser le frère surpris en quelque chute (Gal.6.1) ; et quand il prescrit à Tite le devoir de montrer une entière douceur envers tous les hommes, il en donne ce motif : « Car nous étions aussi nous-mêmes autrefois dépourvus de sens, rebelles, égarés, asservis à diverses convoitises et à diverses voluptés » (Tite.3.3). Il est juste que l'homme soit miséricordieux. « *Or ses compagnons de service ayant vu ce qui s'était passé, furent fort attristés ; et s'en étant allés, ils déclarèrent à leur seigneur tout ce qui s'était passé.* » Ce n'est pas dans le ciel seulement qu'il y a une grande indignation, lorsque les hommes mesurent les autres d'une autre mesure que celle qui leur a été appliquée.

Ceux qui, sur la terre, savent ce qu'est la miséricorde envers le pécheur, et quelles obligations elle lui impose, s'attristent dans leur prières lorsque d'autres oublient ces obligations. Les serviteurs furent « *attristés* » ; leur seigneur fut « *en colère* » (v. 34) ; la distinction n'est pas sans fondement. Chez l'homme, le sentiment de son propre péché, la conviction qu'il porte en germe, dans son cœur, le péché qu'il constate chez les autres, le remplit de tristesse quand il est le témoin du mal (Psa.119.136,158 ; Rom.9.2 ; 2Pi.1.7) ; mais, en Dieu, il y a la haine du péché, qui n'est autre que son amour pour la sainteté. Cependant, la tristesse des serviteurs est aussi mélangée d'indignation, ainsi que le remarque Bengel. Les serviteurs du Roi céleste se plaignent auprès de Lui de toutes les injustices qu'ils voient commettre, qu'ils ne peuvent redresser par eux-mêmes ; et ils ne se plaignent pas en vain. « *Alors son seigneur l'ayant appelé lui dit : Méchant serviteur*, à cause de son ingratitude et de sa dureté, non point à cause de sa dette : « *Je t'ai remis toute cette dette, parce que tu m'en as supplié ; ne fallait-il pas que, toi aussi, tu eusses pitié de ton compagnon de service, comme j'avais eu pitié de toi ?* » Son péché consiste en ce qu'il demeure impitoyable, même après avoir obtenu miséricorde. C'est aussi le péché des chrétiens qui jugent sévèrement leurs frères. « *Et son Seigneur, était en colère, le livra aux exécuteurs, jusqu'à ce qu'il eût payé tout ce qu'il lui devait.* » « Il y aura un jugement sans miséricorde sur celui qui n'aura pas fait miséricorde » (Jac.2.13). Le roi l'avait traité auparavant comme créancier, mais maintenant c'est comme juge. Les « *exécuteurs* » sont ceux qui rendront la vie amère au prisonnier ; dans ce monde, dont la prison est l'image, les compagnons de péché et les mauvais anges sont les instruments des terribles jugement de Dieu[a]. Il paraît étrange ici que le roi livre le coupable au châtiment pour cette ancienne dette qui semblait lui avoir été entièrement remise, et non pour le mal qu'il a commis. Hammond n'explique rien en disant que le roi retira la miséricorde dont il voulait user envers le serviteur, et en appliquant ce fait aux relations de Dieu avec les pécheurs. Le roi ne s'était pas simplement proposé de lui pardonner, mais « *il lui remit* » positivement la dette. On a dit que la dette pour laquelle il est jeté en prison est une dette de miséricorde et d'amour, selon cette parole de saint Paul : « Ne devez rien à personne, sinon de vous aimer les uns les autres » ; cette dette, il ne l'aurait pas encore payée. Mais cette explication ne suffit pas. La question dont il s'agit est celle-ci : Le pardon des péchés n'est-il que conditionnel ? peut-il être annulé par les diverses infidélités dont se rend coupable celui qui l'a reçu ? Cette question a été l'objet de nombreuses controverses. Mais on peut se demander si les difficultés sur ce point ne viennent pas d'une conception trop extérieure du pardon des péchés. On ne peut concevoir la rémission des péchés indépendamment de la communion vivante avec Christ ; étant baptisés en Lui, nous sommes baptisés pour le pardon des péchés ; le fait de demeurer en Christ et le pardon des péchés sont inséparables. Si nous cessons de demeurer en Lui, nous retombons dans un état de condamnation et de mort, et par conséquent sous la colère de Dieu. Si nous considérons la vie hors de Christ comme un état de condamnation, et la vie en Christ comme un état de

---

a. Dans l'antiquité, il y avait certaines tortures légales qu'on appliquait au débiteur insolvable, ainsi : une chaîne du poids de 15 livres, une nourriture insuffisante. Le geôlier en était chargé.

grâce, de marche dans la lumière, nous comprenons mieux comment les péchés d'un homme peuvent de nouveau lui être imputés ; en retombant dans une vie de péché, il retombe dans les ténèbres dont il avait été délivré, et la colère de Dieu se montre d'autant plus terrible contre lui (Jean.5.14). Tout pardon, accordé pendant le temps de la grâce, est conditionnel ; celui qui a été pardonné doit persévérer dans la foi et l'obéissance, dans la grâce qui lui a été présentée ; le serviteur impitoyable de la parabole ne l'avait pas fait. Celui qui obtiendra le salut final, c'est celui qui demeure en Christ, autrement « il sera jeté dehors comme le sarment, et il séchera » (Jean.15.6). Telle est la condition qui résulte du salut lui-même ; de même qu'un naufragé, amené sur le rivage, n'est en sûreté qu'autant qu'il ne s'expose pas de nouveau à la fureur des flots. Il faut comparer avec notre passage celui de : 1Jean.1.7 : « Si nous marchons dans la lumière, comme Il est dans la lumière, nous avons une communion mutuelle, et le sang de Jésus-Christ son Fils nous purifie de tout péché. » Celui que représente le serviteur de la parabole ne demeure pas dans la lumière de l'amour, mais retombe dans ses anciennes ténèbres ; aussi, il n'a aucune communion avec son frère, et le sang de Jésus-Christ n'a plus d'efficace pour lui.

Quelques interprètes ont cru que les théologiens catholiques avaient tiré leur doctrine du purgatoire de ces paroles : *« jusqu'à ce qu'il eût payé tout ce qu'il devait »*. Mais nous avons là une expression proverbiale, signifiant que le coupable connaîtra maintenant l'extrême rigueur de la loi ; il sera placé sous la justice sans miséricorde ; toujours redevable, il ne sera jamais libéré. Son châtiment sera éternel, puisqu'il ne pourra jamais acquitter sa dette. Le Seigneur termine la parabole par cet avertissement solennel : « C'est aussi là ce que vous fera mon Père céleste, si vous ne pardonnez du fond de vos cœurs chacun de vous à votre frère ses offenses. » Il punira avec la même rigueur ; des trésors de colère sont auprès de Lui, aussi bien que des trésors de grâce. « *Mon Père céleste* » ; Jésus ne veut pas dire, par cette expression, que son Père ne sera pas aussi celui de ses disciples. Le chrétien occupe une position intermédiaire, entre une grâce obtenue et une grâce qu'il a encore besoin de recevoir. Quelquefois la première lui est présentée comme un motif d'exercer la miséricorde : « vous pardonnant les uns aux autres, comme Christ vous a pardonné » (Col.3.13 ; Éph.4.32) quelquefois c'est la dernière : « Heureux les miséricordieux, car ils obtiendront miséricorde » (Mat.5.7) ; « Envers celui qui aime, tu montreras de l'amour » (Psa.18.25) ; « Pardonnez, et l'on vous pardonnera » (Luc.6.37) ; mais nous lisons aussi : « *Si vous ne pardonnez pas, votre Père qui est aux cieux ne vous pardonnera pas non plus vos offenses* (Marc.11.26 ; Jac.2.13). Tholuck dit : « La compassion divine s'étend sur la vie entière de l'individu, et atteint son degré le plus élevé dans l'éternité ; il faut donc considérer la compassion de Dieu pour l'homme, et de celui-ci pour ses frères, comme s'appelant réciproquement et s'appuyant l'une sur l'autre. » Origène demande où il faut placer, *dans le temps*, les divers faits de cette parabole ? D'un côté il semble qu'il faut les placer à la fin de l'économie actuelle, car c'est alors que Dieu réglera le compte avec ses serviteurs pour les condamner ou les libérer ; mais, dans ce cas, quelle occasion le serviteur gracié pourrait-il avoir désormais de se montrer miséricordieux ou impitoyable ? La difficulté disparaît lorsque nous ne considérons pas le pardon comme un acte isolé, qui doit avoir lieu à un certain moment précis et qui est irrévocable, mais que nous l'envisageons plutôt comme se continuant durant toute la vie du racheté, qui a continuellement besoin de pardon, parce qu'il pèche encore sans cesse.

IX.
Les ouvriers dans la vigne

Matthieu.20.1-16

Cette parabole se lie étroitement aux paroles qui précèdent, c'est-à-dire aux quatre derniers versets du chapitre précédent, qui en donne l'intelligence : notre division actuelle en chapitres est ici particulièrement malheureuse, parce qu'elle sépare la parabole de son contexte, dont il importe de tenir compte pour la bien comprendre. Comme celle de l'Économe infidèle, elle a donné lieu à une foule d'explications diverses, car elle présente également de grandes difficultés. Chrysostome a cherché à les résoudre, mais d'une manière peu satisfaisante. Une première difficulté consiste à établir l'accord entre la parabole et son introduction ou sa conclusion, qu'elle doit illustrer. Une seconde difficulté, que présente également la parabole de l'Enfant prodigue, à propos du fils aîné, est la suivante : Comment celui qui est membre du royaume de Dieu peut-il être esclave de la plus basse des passions, l'envie, un œil malin, qui le porte à être jaloux des faveurs accordées à d'autres membres de ce royaume ? Si l'on refuse d'admettre que les ouvriers de la parabole qui murmurent contre le maître soient membres de ce royaume, comment faut-il alors concilier cela avec le fait qu'ils ont travaillé tout le jour dans la vigne, et ont reçu leur récompense ? Il est difficile aussi de bien déterminer le but de la parabole.

Quelques interprètes en trouvent la clef dans le salaire qui est le même pour tous, et en concluent à l'égalité des récompenses dans le royaume de Dieu. C'est l'opinion de Luther dans ses premiers écrits ; plus tard, il admit une autre explication. Celle que nous venons de citer paraît naturelle, mais ne s'accorde pas avec cette parole : « *Beaucoup des premiers seront les derniers, et des derniers les premiers* ».

D'autres affirment que la parabole doit établir cette vérité, que Dieu n'a pas égard *au temps* plus ou moins long pendant lequel les hommes travaillent à son service, mais à leur fidélité et à leur zèle. C'est l'opinion de Maldonat et de Kuinoel. Nous y reviendrons bientôt.

Selon Calvin, la parabole nous avertit de ne pas trop présumer de nous-mêmes, parce que nous avons bien commencé, de peur de nous laisser devancer par d'autres, si nous nous relâchons dans notre travail. Mais nous n'avons aucune preuve que les premiers ouvriers soient devenus négligents.

D'autres commentateurs insistent sur les heures différentes auxquelles les divers ouvriers furent loués, soit que ces heures représentent des périodes successives dans l'histoire du monde, ou des époques diverses de la vie d'un individu. Ainsi Irénée, Origène voient dans la parabole une histoire des appels divers que Dieu adressa aux hommes dès le commencement du monde, depuis Adam aux apôtres, leur enjoignant de travailler dans sa vigne. Les premiers ouvriers vécurent sous des dispensations moins parfaites, et eurent un travail plus pénible, parce que les dons de l'Esprit étaient moins abondants, la connaissance de la grâce de Dieu en Christ moins claire qu'aux temps du christianisme. Mais alors où faudrait-il placer le murmure des ouvriers, en supposant que les serviteurs d'une certaine époque puissent être jaloux de la grâce plus abondante répandue sur d'autres? Ils ne peuvent murmurer pendant leur vie terrestre, parce que Dieu ne révèle des choses meilleures que lorsqu'ils sont dans le tombeau; ni au jour du jugement, ou dans le royaume de l'amour parfait. Ainsi, à moins d'expliquer le fait du murmure des ouvriers en acceptant ce que Chrysostome en dit, à savoir qu'il ne sert qu'à faire ressortir la grandeur des choses révélées dans les derniers temps, choses si glorieuses que les premiers appelés pourraient être tentés de murmurer, cette interprétation est inadmissible. D'autres, nous l'avons vu, voient dans ces heures différentes divers moments de la vie d'un individu, quant au travail pour le Seigneur; ils disent que le but de Jésus est d'encourager ceux qui ont été appelés les derniers. C'est l'opinion de Chrysostome et de Jérôme; mais on ne peut admettre que ce soit là le but de la parabole.

Une autre interprétation, plus admissible, voit ici une prophétie des causes qui devaient amener le rejet des Juifs, les premiers appelés dans la vigne du Seigneur; ces causes étant surtout leur orgueil national, leur irritation de voir les Gentils introduits avec eux dans le royaume de Dieu, admis aux mêmes privilèges. En effet, la parabole s'applique très bien aux Juifs, mais non pas d'une manière exclusive. Il n'est toutefois pas question de deux bandes seulement d'ouvriers, les premiers et les derniers.

Il vaut donc mieux admettre que la parabole est dirigée contre un esprit fâcheux qui se manifesta chez les Juifs, mais duquel doit se garder quiconque possède des privilèges spirituels. L'avertissement s'adresse d'abord aux apôtres, qui sont les premiers ouvriers dans l'Église chrétienne. Ils avaient vu le jeune homme riche s'en aller tout triste, incapable de résister à l'épreuve du Seigneur. Ils voudraient bien savoir quelle serait leur récompense, à eux qui avaient tout quitté pour l'amour de l'Évangile (v. 27). Le Seigneur leur répond qu'ils recevront une abondante récompense, ainsi que tous ceux qui auront fait les mêmes sacrifices (v. 27-28). Mais, malgré tout, cette question : « Que nous arrivera-t-il ? » n'était pas légitime ; elle témoignait d'un certain esprit mercenaire de leur part. L'esprit qui nous porte à nous élever au-dessus des autres se trouvait en eux, quoique peut-être d'une manière inconsciente ; mais Celui qui connaît ce qui est en l'homme, vit clairement ce qui se passait dans le cœur de Pierre, et voulut détruire le mal dans sa racine. « Non point par les œuvres, afin que personne ne se glorifie », telle est la vérité qu'ils risquaient d'oublier, et que la parabole devait confirmer ; si tout est grâce, personne n'a le droit de se glorifier, de faire valoir aucun mérite. Dans la question des apôtres, il y avait un esprit mercenaire, contre lequel la parabole est dirigée ; on pourrait lui donner pour titre : *De la nature des récompenses dans le royaume de Dieu,* et pour commentaire le passage de Rom.4.1-4, qui en est un vrai parallèle. En ce qui concerne Pierre et tous les vrais croyants, la parabole est plutôt destinée à les avertir de ce qui pourrait arriver, s'ils ne sont pas vigilants, qu'une prédiction de ce qui arrivera. En effet, nous ne pouvons concevoir que celui qui demeure dans l'amour se laisse aller à des pensées de jalousie à l'égard de ses frères, parce qu'ils recevront la même récompense céleste que lui. Si nous ne pouvons le concevoir même dans notre état actuel d'imperfection, combien moins dans le royaume futur ; « car l'amour se réjouit de la vérité », celui qui cède à l'envie prouve qu'il ne demeure pas dans l'amour, et, par conséquent, qu'il n'appartient pas au royaume. Nous avons donc ici un simple avertissement. Quelque long que soit le travail, quelque pénibles que soient les efforts, ils sont sans valeur aux yeux de Dieu s'ils ne sont accompagnés de charité et d'humilité. La récompense est purement gratuite, sans aucun mérite de notre part ; ceux qui paraissent être les derniers, peuvent être les premiers dans la journée de Dieu, à cause de leur humilité. Après ces remarques préliminaires, que les difficultés de la parabole rendaient nécessaires, nous pouvons maintenant entrer dans les détails.

« *Le royaume des cieux est semblable à un maître de maison, qui sortit dès le point du jour, afin de louer des ouvriers pour sa vigne* » : Dieu agit envers ceux qu'il appelle à travailler dans son Église comme un maître de maison qui sort dès le point du jour pour louer des ouvriers. Ici, comme toujours dans le royaume des cieux, c'est Dieu qui cherche ses ouvriers ; ce ne sont pas eux qui le cherchent : « Ce n'est pas vous qui m'avez choisi, mais c'est moi qui vous ai choisis » (Jean.15.16 ; Marc.3.13 ; Luc.5.10 ; Jean.1.43 ; 1Ti.1.12). Tout appel au travail dans la vigne céleste vient du Seigneur. Tout ce qui est demandé de l'homme, c'est de ne pas résister à l'appel, ce que malheureusement il peut faire.

« *Et ayant fait accord avec les ouvriers pour un denier par jour, il les envoya dans sa vigne*[a]. » Un accord est fait avec

---

a. Morier, dans son *Second voyage en Perse*, a été témoin d'une scène ces premiers ouvriers ; tandis que les autres allèrent simplement sur la parole du maître, qu'ils recevraient ce qui serait juste. Cela nous représente l'esprit de vraie confiance dans le Seigneur ; ses serviteurs savent qu'il n'est pas injuste pour oublier le travail de leur charité accompli pour Lui. A la troisième, à la sixième et à la neuvième heure [a], le maître de maison retourna sur la place publique, et il envoya dans sa vigne ceux qu'il y trouva.

« Or étant sorti vers la onzième heure, il en trouva d'autres qui se tenaient oisifs, et il leur dit : Pourquoi vous tenez-vous ici tout le jour oisifs ? » Toute activité hors de Christ, tout travail qui n'est pas accompli dans son Église est une *oisiveté* à ses yeux. « Ils lui dirent : Parce que personne ne nous à loués. » Il y a un reproche dans la question, mais la réponse le fait disparaître ; l'explication donnée est considérée comme satisfaisante. Cette réponse ne pourrait pas être faite dans un pays chrétien, où la parole de Dieu est prêchée, et où, par conséquent, personne ne peut ignorer la vocation de Dieu. Elle ne serait légitime que dans un pays où le royaume de Dieu serait encore inconnu. Cependant, même dans l'Église chrétienne, on peut parler d'une obéissance à l'appel et d'une entrée dans la vigne du Seigneur, à la troisième, sixième, neuvième, ou même onzième heure. Il en est alors de ceux qui obéissent comme du fils qui, appelé à travailler dans la vigne de son père, refusa tout d'abord, mais ensuite se repentit et alla (Mat.21.28) ; un tel homme, au lieu de chercher

---

semblable à celle qui est décrite dans la parabole.
    a. Les Juifs, comme les Grecs et les Romains, divisaient le jour, entre le lever et le coucher du soleil, en douze parties égales, qui étaient plus longues en été qu'en hiver. Le jour était aussi divisé en quatre parties plus considérables.

des excuses pour son passé, s'humiliera profondément, en considérant toutes les occasions qu'il a négligées et le mépris dont il s'est rendu coupable envers l'Esprit de grâce. Malgré son retard, il peut encore travailler dans la vigne, et aura part aux récompenses du royaume. On ne demandera pas au dernier jour : « Quel ouvrage as-tu fait ? » mais plutôt : « Qu'es-tu maintenant ? » Les hommes regardent à la somme de travail, mais non pas le Seigneur ; la parabole condamne ceux qui font des œuvres le but de la vie[a]. « *Allez, vous aussi, à la vigne,* » dit le maître, « *et vous recevrez ce qui sera juste.* »

« *Or, quand le soir fut venu, le maître de la vigne dit à son intendant : Appelle les ouvriers et paie-leur le salaire, en commençant depuis les derniers jusqu'aux premiers.* » Ce maître se conforme strictement au précepte de la loi, qui veut qu'on paie l'ouvrier le jour même : « Tu lui donneras son salaire le jour même qu'il aura travaillé, avant que le soleil se couche ; car il est pauvre, et c'est à quoi son âme s'attend. » (Deut.24.15 ; Lév.19.13 ; Job.7.2 ; Mal.3.5 ; Jac.5.4). Christ est « *l'intendant,* » ou le surveillant, préposé à la maison de Dieu (Héb.3.6 ; Jean.5.27 ; Mat.11.27). Toute l'économie du salut lui a été remise, et par conséquent aussi la distribution des récompenses (Apo.2.7,10,17,28). Les ouvriers de la onzième heure doivent être payés les premiers. « *Ils reçurent chacun un denier.* » Il y a ici un encouragement pour ceux qui ont travaillé de tout leur pouvoir et de tout leur cœur pendant le temps qui leur est accordé. Ceux qui travaillent dans l'espérance, obtiendront un salut complet.

---

a. « Pour devenir immortel, dit la théologie chinoise, il faut avoir amassé trois mille mérites et huit cents actions vertueuses. »

On peut croire que les ouvriers compris entre les premiers et les derniers reçurent aussi chacun un denier, quoique les premiers seuls murmurent, se figurant être victimes d'une injustice flagrante. Il est impossible d'admettre avec Chrysostome, Olshausen et d'autres, que les premiers ouvriers auraient accompli leur tâche avec négligence, tandis que les derniers auraient travaillé de tout leur pouvoir. Une telle supposition méconnaît le but de la parabole, car celle-ci nous montre que certains ouvriers peuvent beaucoup travailler et beaucoup souffrir, et cependant être devancés par d'autres. S'il arrive qu'un homme travaille autant dans une seule heure qu'un autre en douze heures, il n'y a rien d'étonnant à ce qu'il reçoive une égale récompense[a].

Lorsque les premiers ouvriers reçurent le même salaire que les autres, « *ils murmurèrent contre le maître de la maison, en disant : Ces derniers n'ont fait qu'une heure et tu les as égalés à nous qui avons supporté le poids du jour et la chaleur*[b]. » Cela revient à dire : Non seulement les autres ont travaillé pendant un temps beaucoup plus court, mais encore ils ont joui de la fraîcheur du soir, en sorte que leur travail était bien moins pénible. Nous retrouvons ici ce dilemme embarrassant : ou bien ceux qui tiennent ce langage font partie du peuple fidèle de Dieu, et alors comment peuvent-ils murmurer contre Lui et porter envie à leurs compagnons de service ? ou bien ils ne font pas partie de ce peuple, et alors comment expliquer qu'ils aient pu travailler tout le jour dans

---

a. Chose étonnante, nous trouvons dans le Talmud une parabole toute semblable à celle-ci.

b. Καύων : le vent brûlant du désert, qui dessèche tout. (Ésa.49.10 ; Ézé.19.12)

la vigne et recevoir un salaire de vie éternelle ? On n'échappe pas à la difficulté en expliquant cette parole : « *Prends ce qui est à toi,* » de la manière suivante : Prends la condamnation qui te revient, le juste châtiment de ton orgueil et de tes murmures. Théophylacte et d'autres cherchent à atténuer autant que possible le murmure des ouvriers ; ils n'y voient que l'expression de la surprise, de l'admiration, à la vue du salaire obtenu par les autres. Mais il s'agit bien ici d'un murmure positif ; c'est ce que nous montre la réponse du maître. Il vaut mieux dire que ce murmure ne saurait se faire entendre dans le royaume de la gloire, mais seulement dans notre monde actuel, dans le temps de la grâce. Nous avons ici un avertissement destiné à mettre en garde les apôtres contre toute disposition à l'envie ou au mépris de ceux qui ont un champ de travail moins considérable, qui occupent une position plus humble dans le royaume de Dieu ; tout vient de sa grâce ; personne n'a de titre à faire valoir pour le salut. Il y aurait un rapprochement intéressant à faire entre cette parabole et celle de l'Enfant prodigue, particulièrement entre les ouvriers qui murmurent et le fils aîné qui se plaint aussi.

Quant au denier, il est bien différent aux yeux de ceux qui le reçoivent, quoique étant toujours, *objectivement,* le même. Cette différence est dans les dispositions diverses de chacun. Le Seigneur dit à chacun de nous ce qu'il dit à Abraham : « Je suis ta grande récompense ; » Il n'en a pas d'autre que Lui-même. Le « voir tel qu'il est, » c'est là sa récompense, le denier qui est le même pour tous. Ceux que représentent les premiers ouvriers ont travaillé aussi pour un autre salaire, outre la connaissance de Dieu et la joie de sa présence, un salaire dont ils pussent se glorifier. Ce qu'ils désirent, c'est de recevoir plus que les autres, de les devancer ; c'est pourquoi le denier ne leur paraît pas suffisant. Lorsque la jalousie et la présomption remplissent un cœur, il n'apprécie pas la récompense, il désire toujours autre chose.

« *Mais, répondant, il dit à l'un d'eux : Compagnon, je ne te fais point de tort ; n'as-tu pas fait accord avec moi pour un denier ?* » Le terme original traduit par « *compagnon* » est employé par quelqu'un qui s'adresse à ses inférieurs ; dans l'Écriture, il a souvent un sens défavorable ; c'est l'appellation donnée à celui qui n'avait pas de robe de noces, à Judas, lorsqu'il vint pour trahir son Maître (Mat.22.12 ; 26.50). « *Je ne fais point de tort ;* » il justifie sa manière d'agir avec eux, ainsi que son droit souverain, dans ce qui lui appartient. Ils se sont placés sur le terrain du droit, c'est aussi en vertu du droit que la réponse leur est faite.

« *Prends ce qui est à toi, et t'en va. Je veux donner à ce dernier autant qu'à toi. Ne m'est-il pas permis de faire ce que je veux de ce qui est à moi ?* » (Rom.9.20-24 ; Esa.29.16). « *Ton œil est-il malin parce que je suis bon ?* » Puisque je suis juste à ton égard, ne puis-je pas me montrer bon à l'égard des autres[a] ? Il n'aurait pas été équitable de les priver de leur salaire, malgré leurs mauvais sentiments. Mais nous pouvons bien dire que leur récompense devint nulle entre leurs mains ; ils sont menacés, en outre, d'un châtiment de Dieu dans l'avenir s'ils laissent cet esprit orgueilleux, contraire à la charité, se déve-

---

a. L'Écriture parle toujours de l'envie comme s'exprimant par le regard ; Deu.15.9 ; 1Sam.18.9 ; Pro.23.6 ; 28.22 ; Marc.7.22 ; le mot *invidia* l'indique. La croyance au *mauvais œil* est répandue partout.

lopper en eux ; c'est ce qu'expriment les paroles qui suivent immédiatement : « *Ainsi les derniers seront les premiers, et les premiers les derniers.* » Plusieurs interprètes ont été embarrassés quant à l'accord à établir entre ces paroles et la parabole, car « *les premiers* » et « *les derniers* » y sont placés sur le même rang ; Luc.13.30 nous enseigne qu'il y aura un rejet entier des « *premiers,* » des Juifs incrédules, tandis que « les *derniers,* » les Gentils, seront reçus dans l'alliance. Origène trouve une explication dans le fait que les « *derniers* » sont les « *premiers* » dans l'ordre de paiement, mais ce ne serait pas là un grand privilège. Néandre pense que les paroles du v. 16 ont été prononcées dans une autre occasion, et qu'elles ne se trouveraient ici que par hasard. Mais ces paroles sont absolument nécessaires ici, comme conclusion, pour exprimer ce que la parabole ne pouvait faire entendre, à savoir le châtiment qui attend ceux qui se livrent à l'envie et au mépris de leurs frères.

Les derniers mots de la parabole : « *car il y a beaucoup d'appelés, mais peu d'élus,* » sont difficiles à expliquer ici. Ils ont embarrassé ceux qui n'admettent pas l'exclusion du royaume céleste des personnes représentées par les ouvriers qui murmurent. Quelques-uns les expliquent ainsi : « Beaucoup sont appelés, mais peu obtiennent la faveur de recevoir le même salaire que ceux qui ont plus travaillé ; » c'est l'explication d'Olshausen, qui considère les « *appelés* » et les « *élus* » comme ayant également part au salut final ; il pense que ces deux termes désignent une position plus ou moins élevée dans le royaume des cieux (Apo.17.14).

D'autres entendent par ce mot : « *appelés* » quelques ouvriers qui ne sont pas mentionnés dans la parabole et qui avaient refusé de travailler, et en comparaison desquels les « *élus*, » ceux qui avaient répondu à l'appel, étaient si peu nombreux, que le Seigneur n'a pas voulu les priver de leur salaire. Mais l'interprétation la plus simple paraît être celle-ci : Beaucoup sont appelés à travailler dans la vigne de Dieu, mais peu conservent cette humilité, cette entière soumission à la justice de Dieu, cet entier renoncement à leurs droits particuliers, qui leur permettraient d'obtenir à la fin la récompense céleste[a].

---

a. Ce terme de *récompense*, qui semble appartenir plutôt au règne de la loi; est pourtant parfaitement scripturaire. (Mat.5.12 ; 6.1 ; Luc.6.35 ; 2Jean.1.8 ; Apo.21.2) Cette récompense a rapport au travail, mais selon une justification *promissionis divinæ*, et non selon une *justitia retributionis*. Quand il est dit : « Dieu n'est point injuste pour oublier votre travail », cela signifie : Il est fidèle ; il tient sa promesse. (Jean.1.9 ; 1Cor.10.13 ; 1Pi.4.19). « Celui qui a fait les promesses est fidèle. »

X.

LES DEUX FILS

Matthieu.21.28-32

Notre Seigneur avait réfuté par une autre question la question que lui adressaient ses ennemis (v. 24 et 25) ; Il les attaque maintenant à son tour et commence, dans ce but, cette série de paraboles dans lesquelles, comme dans un miroir, ils pouvaient voir eux-mêmes l'impureté de leurs cœurs, la négligence de leurs devoirs, leur ingratitude en présence des privilèges qui leur étaient accordés, la gravité de leur péché contre Jésus. Mais, même ici, les paroles qui leur sont adressées sont celles du plus tendre amour, afin de les détourner de leurs projets, et de les gagner au royaume de Dieu. La première parabole, celle des Deux Fils, ne va pas encore au cœur du sujet, comme les deux suivantes, qui ont aussi un caractère prophétique.

« *Mais que vous en semble ?* » Des paroles semblables introduisent un discours plus étendu : Mat.17.25. « *Un homme avait deux fils* ; » ici, comme dans Luc.15.11, nous avons, sous l'image de ces deux fils d'un même père, deux grandes catégories de personnes, qui comprennent tous ceux que le Seigneur rencontra pendant son ministère. Les pharisiens étaient les représentants de l'une de ces catégories, quoiqu'elle existe dans tous les temps. Il s'agit de ceux qui cherchent une justice selon la loi, et qui ont été gardés par elle des grossières manifestations du mal. La seconde classe, représentée par les péagers et les gens de mauvaise vie, comprend tous ceux qui ont transgressé ouvertement la loi de Dieu. La condition des premiers est sans doute bien préférable ; la justice de la loi vaut mieux que cette injustice manifeste, pourvu qu'elle soit prête à céder la place à la justice de la foi, qu'elle reconnaisse ce qui lui manque, ce qui sera toujours le cas lorsqu'on cherchera à observer sincèrement la loi ; celle-ci fait alors l'office d'un « pédagogue pour conduire à Christ. » Mais si cette justice est satisfaite d'elle-même, si elle se persuade que rien ne lui manque et refuse de se soumettre à la justice de la foi, alors il vaut mieux que le pécheur reconnaisse sa misère et sa culpabilité que de rester dans l'ignorance de son véritable état ; de tout ce qui lui manque. Saint Paul parle dans ce sens, dans Rom.7.7-9. Le plus grand péché, selon l'Écriture, consiste à dire que nous n'avons point de péché ; c'est ce que nous enseigne la manière d'agir du fils aîné de la parabole de l'enfant prodigue (Luc.15.28-30), ainsi que la conduite du pharisien qui avait invité Jésus à se rendre dans sa maison (Luc.7.36-50).

« *Et s'étant approché du premier, il lui dit : Mon enfant, va, travaille aujourd'hui dans ma vigne.* » Cet ordre, que nous pouvons rapprocher de celui de Mat.20.1-7, est celui de la loi naturelle dans la conscience et de la loi révélée par Moïse ; les hommes doivent porter du fruit pour Dieu. Les péagers et les gens de mauvaise vie méprisaient évidemment cet appel. Le fils que son père envoyait le premier « *répondit et dit : Je ne veux pas*[a]. » La rudesse de la réponse, l'absence de toute

---
a. Gerhard : « Toute la vie des pécheurs se résume en ceci : Nous ne

excuse, sont caractéristiques ici. Représentant des pécheurs insouciants, il ne cherche pas à déguiser sa mauvaise volonté, mais refuse ouvertement d'aller. « *Mais ensuite s'étant repenti, il alla.* » Il céda à un meilleur sentiment, comme un grand nombre d'auditeurs de Jean-Baptiste et du Seigneur lui-même, qui s'étaient auparavant révoltés contre Dieu.

« *Et s'étant approché du second, il lui dit la même chose ; et répondant, il dit : Moi (je vais), Seigneur.* » Les scribes et les pharisiens, qui professaient un grand zèle pour la loi, semblaient disposés à obéir. Mais ils disaient et ne faisaient pas (Mat.23.2) ; le prophète Ésaïe les avait exactement décrits, longtemps auparavant (Mat.15.8 ; Esa.29.13) : « Ce peuple s'approche de moi de sa bouche et m'honore des lèvres, mais leur cœur est fort éloigné de moi. » Lorsque le temps marqué arriva, lorsque Jean-Baptiste les appela à la repentance, lorsqu'il devint nécessaire de prendre parti, alors l'injustice des pharisiens apparut évidente : ils semblaient disposés à aller, mais n'allèrent pas.

Lorsque le Seigneur demanda : « *Lequel des deux fit la volonté du père ?* » ses adversaires ne purent prétexter leur incapacité de répondre, ils furent obligés de donner une réponse précise, quoiqu'elle les condamnât. « *Ils lui dirent : Le premier,* » sans doute relativement à l'autre. Alors vint l'application de cet aveu qu'ils avaient été contraints de faire : « *En vérité, je vous dis que les péagers et les femmes de mauvaise vie vous devancent dans le royaume de Dieu* » (Luc.7.29,37-50). Ces mots : « *vous devancent,* » indiquent qu'ils pouvaient espérer encore d'entrer dans le royaume, s'ils le voulaient. « *Car*

---
voulons pas faire la volonté de Dieu. »

Jean est venu à vous dans le chemin de la justice, et vous ne l'avez point cru. » On a insisté quelquefois sur les mots : « *dans le chemin de la justice,* » comme devant aggraver le péché des pharisiens ; le Seigneur aurait voulu dire : « Jean-Baptiste est venu, lui qui représente cette justice de la loi dont vous vous vantez. Il n'est pas venu pour vous appeler à la vie nouvelle de l'Évangile, que vous n'auriez pu comprendre ; il n'est pas venu pour mettre du vin nouveau dans de vieux vaisseaux, mais il a accompli cette justice que vous vous proposez d'atteindre ; il a vécu en ascète (Mat.9.11-14), se séparant des pécheurs, et malgré cela, vous l'avez repoussé. Et votre incrédulité n'a pas été seulement pour un temps, mais, plus tard, lorsque *les péagers et les femmes de mauvaise vie crurent,* vous ne pûtes être excités à jalousie *ayant vu cela, vous ne vous êtes point ensuite repentis pour le croire.* »

Origène, Chrysostome, Athanase appliquent la parabole à la vocation des Juifs et des Gentils, mais cette application n'en découle pas immédiatement. Il n'est pas dit : « les Gentils, » mais bien : « *les péagers et les femmes de mauvaise vie vous devancent.* » Il ne faut sans doute pas l'exclure absolument, mais ce n'est que dans la parabole suivante qu'il est question, avant tout, des Juifs et des Gentils, dans leurs rapports mutuels et dans leurs rapports avec le royaume de Dieu.

XI.
LES MÉCHANTS VIGNERONS

Matthieu.21.33-45 ; Marc.12.1-12 ;
Luc.20.9-19

Les adversaires du Seigneur avaient été tellement confondus par lui qu'ils auraient volontiers terminé la controverse si imprudemment engagée. Mais non, Il ne les laissera pas encore aller : « *Écoutez une autre parabole* ; » c'est comme s'il voulait leur dire : « J'ai encore pour vous une parole d'avertissement et de reproche, » et il les somme d'écouter.

Les premiers mots de la parabole : « *Il y avait un maître de maison qui planta une vigne*, » et ceux qui suivent, doivent être rapprochés d'un passage d'Ésaïe.5.1-7. Celui qui n'est pas venu pour abolir, mais pour accomplir, emploie les paroles du prophète, rattache le fait de sa venue à tout ce qui avait précédé dans l'histoire de la nation, et la présente comme le couronnement de toutes les dispensations de Dieu envers son peuple. Mais le Seigneur ne fait pas allusion seulement au passage d'Ésaïe. L'image de la vigne, pour désigner le royaume de Dieu, est répandue dans tout l'Ancien Testament (Deut.32.32 ; Esa.27.1-7 ; Jér.2.21 ; Ézé.15.1-6 ; 19.10 ; Osée.10.1) c'est une image très juste. Le cep est la plante la plus humble, mais aussi la plus généreuse. Notre Seigneur se l'applique à lui-même ; Il est le cep mystique (Jean.15.1) C'est une plante, qui se propage en tous sens ; tel était le cep, dont parle le psalmiste, que le Seigneur enleva d'Egypte et qui remplit la terre (Psa.80.9). Aucun terrain n'était aussi précieux, ne rapportait autant que la vigne, mais à la condition de soins assidus. Dans Ésaïe, la vigne et l'Église juive sont identiques : « La vigne de l'Éternel des armées est la maison d'Israël, et les hommes de Juda sont la plante en laquelle il prend plaisir. » Aussi, elle ne sera pas accordée à d'autres, mais réduite en désert (v. 5, 6). Dans notre parabole, qui nous montre la vigne affermée à d'autres cultivateurs, il s'agit du royaume de Dieu dans son idée, idée que Juifs et Gentils ont été appelés à réaliser. En tant qu'Israël, selon la chair, fut appelé le premier à réaliser le royaume céleste, on peut dire que la vigne fut, pendant une certaine époque, l'Église juive, mais seulement d'une manière provisoire. L'erreur des Juifs consistait à croire que le royaume ne pourrait jamais leur être ôté, malgré les avertissements des prophètes, de Jean-Baptiste et du Seigneur Jésus lui-même (Jér.7.4 ; Mat.3.9 ; 8.12 ; Luc.13.29).

Le maître de maison n'est pas seulement possesseur de la vigne ; il l'a « *plantée* » lui-même (Exo.15.17 ; Psa.44.2). Cette plantation remonte aux temps de Moïse et de Josué, à la fondation de la théocratie. (Deu.32.12-14 ; Ézé.16.9-14 ; Néh.9.23-25). Mais il y a plus. Après l'avoir plantée, il « *l'environna d'une haie, creusa un pressoir et bâtit une tour*[a]. Cette haie pouvait être un mur (Prov.24.31 ; Nomb.22.24 ; Esa.5.5) ou une clôture d'épines ; on employait, pour une telle clôture, l'aloès, qui était particulièrement propre à écarter le renard et le sanglier (Cant.2.15 ; Néh.4.3). La « *tour* » était nécessaire pour servir d'abri

---

a. On taillait quelquefois les pressoir dans le roc ; les raisons étaient foulés parles pieds des ouvriers. On trouve aujourd'hui encore beaucoup d'anciens pressoirs dans le sud de la Judée.

aux gardiens de la vigne et pour recevoir les fruits [a].

Faut-il attacher un sens particulier à ces divers détails ? appartiennent-ils au sujet lui-même ou ne sont-ils qu'une illustration, comme le pensent plusieurs interprètes ? Il est difficile, en tenant compte du passage Éph.2.14, qui décrit la loi comme étant un mur « mitoyen » entre les Juifs et les Gentils, de ne pas donner à la haie une signification spéciale. Enfermés de toutes parts par la loi, les Juifs formèrent un peuple distinct, séparé des autres nations (Nomb.23.9) ; cette loi était une haie de séparation et de défense, « un mur de feu » (Zach.2.5 ; Esa.27.3) qui les préservait de l'idolâtrie des nations voisines et leur donnait l'assurance de la protection continuelle de Dieu. La Judée était d'ailleurs séparée du reste du monde par sa position géographique : à l'est, par le Jourdain et les deux lacs ; au sud, par le désert et la contrée montagneuse de l'Idumée ; à l'ouest, par la mer ; au nord, par l'Anti-Liban. Quant au sens à donner au pressoir et à la tour, cela est plus difficile [b].

Le maître de maison qui pourrait dire à juste titre : « Qu'y avait-il de plus à faire à ma vigne que je ne lui aie fait ? » « *l'afferma à des cultivateurs* (Cant.8.11) et *s'expatria* ; » saint Luc ajoute : « *pour un temps assez long.* » Nous ne savons pas exactement quels furent les termes de son accord avec les vignerons, mais la suite indique qu'ils s'engagèrent à lui remettre une certaine portion des fruits dans leur saison. Par ces « *vignerons,* » il faut entendre les chefs spirituels de la

---

a. Ces tours sont fréquemment en usage en Espagne ; un surveillant s'y tient, armé d'un fusil.
b. En général, on pense que le pressoir désigne l'institution prophétique.

nation, auxquels Dieu avait donné le droit de s'asseoir dans la chaire de Moïse et d'enseigner le peuple (Mal.2.7 ; Ézé.34.2 ; Mat.23.2-3). La vigne elle-même est le corps de la nation, qui, après avoir été enseignée par ses conducteurs, aurait dû porter des fruits de justice pour Dieu. Dieu se manifesta à son peuple par les miracles qui accompagnèrent sa délivrance d'Egypte, par la loi du Sinaï et l'établissement en Canaan ; il traita alliance avec eux. Ensuite, il se retira pour un temps et ne parla plus face à face (Deut.34.10-12), mais attendit avec patience, pour voir l'effet produit par la foi, les œuvres qu'ils accompliraient sous la direction de leurs chefs.

« *Et quand la saison des fruits se fut rapprochés, il envoya ses serviteurs vers les vignerons pour recevoir ses fruits,* » sa part du produit, quel qu'il fût (Cant.8.12). Sans doute, Dieu réclamait en tout temps l'obéissance, la reconnaissance, l'amour de son peuple ; dans un sens, c'est toujours « *la saison des fruits* » (Esa.5.7). Mais la nature de la parabole exige cette manière de parler ; en outre, dans l'histoire des âmes et des nations, il y a des saisons qui sont plus particulièrement celles « *du fruit* ». Mais comment peut-on distinguer « les *serviteurs* » qui reçoivent les fruits, des « *vignerons ?* » De la manière suivante : les « *serviteurs* », c'est-à-dire les prophètes et d'autres messagers de Dieu, « *furent envoyés* ; » Dieu les suscita à certaines époques critiques, en donnant à chacun sa mission spéciale ; « *les vignerons* » sont les autorités ecclésiastiques plus permanentes, dont le pouvoir relève de toute l'organisation théocratique. Olshausen dit avec raison : « Ces fruits, qui sont exigés, ne sont pas des œuvres particulières, ni un état de droiture et d'honnêteté, mais plutôt la repentance et la soif de la vraie justice, que la loi ne pouvait satisfaire. » La loi est efficace pour détruire les manifestations grossières du péché, en sorte qu'une justice selon la loi peut, même sous la loi, être considérée comme fruit ; mais elle a encore besoin, pour être suffisante d'un désir de rédemption (Rom.3.20). Les serviteurs sont ceux qui recherchent ces besoins spirituels, pour y répondre par la promesse d'un Rédempteur ; mais les vignerons infidèles méprisèrent et tuèrent ces messagers de grâce. Cette « *saison des fruits* » ne devait arriver, d'après la loi lévitique, que cinq ans après la plantation de la vigne. Pendant trois ans le fruit devait être incirconcis et laissé sur l'arbre ; la quatrième année, il devenait une « chose sainte pour en louer l'Éternel ; » ce n'est que dans la cinquième année que ceux qui plantaient la vigne pouvaient manger son fruit (Lév.19.23-25). Durant cette longue période, les vignerons pouvaient avoir oublié qu'ils n'étaient pas les propriétaires légitimes de la vigne ; cela explique ce qui suit.

« *Et les vignerons ayant saisi ses serviteurs en déchirèrent un de verges, et en tuèrent un autre, et en lapidèrent un autre. Il envoya de nouveau d'autres serviteurs en plus grand nombre que les premiers, et ils les traitèrent de même.* » Marc et Luc parlent avec plus de détails de la méchanceté des vignerons. Quand le premier serviteur vint, ils « *le battirent et le renvoyèrent à vide.* » Ils « *couvrirent d'opprobre* » le suivant ; « *ils lui jetèrent des pierres, et lui meurtrirent la tête, et le renvoyèrent couvert d'opprobre.* » Les prophètes ne furent pas seulement maltraités, mais aussi mis à mort. (Jér.20.1-2 ; 37.15 ; 38.6 ; 1Rois.18.13 ; 19.14 ; 22.24-27 ; 2Rois.6.31 ; 21.16 ; 2Chr.24.19-22 ; Act.7.52 ; 1Th.2.15).

La patience du maître, en présence de ces outrages, est merveilleuse ; il envoie messagers sur messagers pour ramener ces méchants au sentiment de leur devoir, au lieu de reprendre possession de sa vigne, et de leur infliger un châtiment mérité. Elle représente la patience infinie et le long support de Dieu : « Je vous ai envoyé tous mes serviteurs les prophètes, me levant dès le matin, et les envoyant pour vous dire : « Ne commettez point maintenant cette chose abominable, laquelle je hais » (Jér.44.4). « Néanmoins ils n'ont point écouté, ils se sont rebellés contre toi ; ils ont jeté ta loi derrière leur dos ; ils ont tué les prophètes qui les sommaient, pour les ramener à toi, et ils t'ont fait de grands outrages » (Néh.9.26). Toute la confession des Lévites est un admirable commentaire de notre parabole.

« *Mais à la fin il envoya vers eux son fils, en disant : Ils respecteront mon fils* » (Héb.1.1-2). Il ne faut pas nous laisser arrêter ici par la pensée que le maître aurait dû savoir comment son fils serait aussi traité. C'est toujours le grand mystère des rapports entre la liberté de l'homme et la prescience de Dieu. Elles peuvent se concilier, sans que nous puissions concevoir comment. La différence bien marquée entre le dernier envoyé, et les précédents, établit clairement la différence entre Christ et les prophètes, la dignité supérieur de sa personne, comme étant le Fils dans le sens le plus élevé du mot (Héb.3.5-6). L'envoi du Fils par le Père céleste, est l'effort suprême de la miséricorde divine.

« *Mais quand les vignerons virent le fils, ils dirent entre eux : Celui-ci est l'héritier ; venez, tuons-le, et emparons-nous de son héritage.* » Il faut rappeler de ce passage celui de :

Jean.11.47-53, et les complots des frères de Joseph (Gen.37.19-20). Ils servent les desseins de Dieu, tout en voulant les entraver ; de même, les principaux des Juifs accomplirent les desseins de Dieu à l'égard de Christ (Act.3.18 ; 4.27-28). « *Celui-ci est l'héritier* » ; Christ est « héritier de toutes choses » (Héb.1.2), comme Fils de l'homme (Éph.1.20-23 ; Phil.2.9-11). Théodoret dit : « Le Seigneur Jésus-Christ est héritier de toutes choses, non comme Dieu, mais comme homme ; comme Dieu, il les a toutes créées. » Dieu regarde au cœur ; les pharisiens ne disaient peut-être pas d'une manière explicite : « C'est ici le Messie, c'est pourquoi tuons-le. » Mais dans le secret de leurs cœurs, ils désiraient s'emparer de l'héritage, et s'opposaient de toutes leurs forces aux desseins de Dieu, qui voulait remplacer l'économie transitoire par une autre. Ils se proposaient de posséder sans Dieu et malgré Lui ce que Dieu Lui-même avait établi ; toute propre justice est une tentative de tuer l'héritier, de s'emparer de l'héritage divin, de posséder la lumière en vertu d'un droit, tandis que cette lumière n'éclaire que ceux qui se soumettent à son action.

« *Alors, l'ayant saisi, ils le jetèrent hors de la vigne, et le tuèrent.* » Les trois évangélistes nous montrent le fils « *jeté hors de la vigne* », et nous font penser à Celui qui « souffrit hors de la porte » (Héb.13.12-13), séparé du peuple de Dieu, dans la pensée des pharisiens, et privé de ses bénédictions. Lorsque Naboth périt, accusé de blasphème contre Dieu et le roi, « ils le menèrent hors de la ville, et l'assommèrent de pierres, et il mourut [a] » (1Rois.21.13 ; Act.7.58 ; 21.30). D'après saint

---

a. La mort de Naboth a souvent été considéré comme un type de la mort de Christ.

Marc, les vignerons tuent d'abord le fils, et ensuite jettent son corps hors de la vigne (Marc.12.8). Ils lui refusent la sépulture ordinaire, et pour toute réponse aux réclamations du maître, jettent le corps loin d'eux. Le Seigneur ignore si peu le sort qui l'attend de la part de ses ennemis, qu'il leur montre, dans la parabole, le crime qu'ils méditaient dans leurs cœurs, et qu'ils devaient bientôt accomplir, comme s'il l'était déjà ; Il leur en révèle l'abomination, comme dans un miroir, et cherche à les en détourner (Voyez la prophétie d'Élisé à Hazaël : 2Rois.8.12). Si, malgré cet avertissement, ils sont résolus à consommer leur crime, quel sera leur sort ? c'est ce qu'ils peuvent encore apprendre par le miroir que Jésus leur présente.

« *Quand donc le maître de la vigne sera venu, que fera-t-il à ces vignerons ?* » Il vaut la peine de remarquer que les générations successives d'Israël, qui ont comblé la mesure de leurs iniquités, sont considérées ici comme formant un seul corps de vignerons. Dieu traitera les nations comme des organismes vivants, comme formant une unité morale, un seul corps. S'il en était autrement, toute confession des péchés de nos pères serait une dérision, et les paroles du Seigneur que nous lisons dans Mat.23.32-35 n'auraient aucun sens. Il n'y a aucune injustice dans cette loi du gouvernement divin, par laquelle Dieu combat toute tendance à l'isolement, à l'égoïsme ; la vie de chacun participe à la vie de l'ensemble, tout en demeurant individuelle, c'est pourquoi il dépend de chacun d'échapper, par la foi et le repentir, au sort général, c'est-à-dire à la colère de Dieu.

D'après la parabole, on ne peut admettre que le fils lui-même exerce la vengeance contre ces méchants vignerons. Il est tué, et ne peut, comme Celui qu'il préfigure, ressusciter pour le châtiment des coupables. C'est le « *maître de la vigne* » qui punira ; de même, c'est le Père, révélé dans le Fils, qui donna la loi du Sinaï, et qui visita et jugea l'Église apostate d'Israël.

Il est probable que les pharisiens, auxquels Jésus adressa la question du v. 40, ignoraient le but de la parabole, et prononcèrent, sans s'en douter, une sentence contre eux-mêmes : « *Il fera périr misérablement ces méchants, et il affermera sa vigne à d'autres vignerons, qui lui en rendront les fruits dans leur saison.* » Il est possible que les pharisiens affectassent de ne pas comprendre, en sorte que Jésus dut leur parler plus clairement encore : « *C'est pourquoi je vous dis que le royaume de Dieu vous sera ôté, et qu'il sera donné à une nation qui en produira les fruits* ». Jésus-Christ et ses adversaires se trouvaient alors face à face, comme le prophète et le roi d'Israël, dont nous parle 1Rois.20.41. Le peuple s'écria : « Qu'ainsi n'advienne ! » mais les pharisiens se gardèrent bien d'une pareille exclamation, ce qui nous montre qu'ils se doutaient bien du sens de la parabole. Cette exclamation du peuple pouvait exprimer la crainte ou l'incrédulité : « *Cela n'arrivera pas* », nous serons toujours le peuple de Dieu (Ézé.33.24 ; Rom.2.17).

La même vérité fut proclamée longtemps auparavant par les Écritures : « *N'avez-vous jamais lu dans les Écritures : La pierre qu'ont réprouvée ceux qui édifient, est celle qui est devenue le sommet de l'angle ?* » Cette citation est empruntée à Psa.118.22-23, psaume que les juifs appliquaient au Roi-Messie (Mat.19.28) ; voir aussi : Act.4.11 ; 1Pi.2.7 ; Éph.2.20. Le passage cité est un parallèle très exact de cette parabole. « Ceux qui édifient » correspond aux « *vignerons* » ; les premiers devaient édifier le temple spirituel ; les seconds devaient cultiver la vigne spirituelle ; le rejet de la principale pierre angulaire correspond au meurtre de l'héritier. Mais la parabole ne dit pas ce qui est vrai cependant, c'est que la malice des hommes ne pourra renverser le conseil de Dieu, que le Fils sera héritier, malgré tout, et qu'il exercera lui-même la vengeance. Tout cela est impliqué dans les dernières paroles du Seigneur : « *Quiconque tombera sur cette pierre sera brisé ; et celui sur qui elle tombera, elle le réduira en poussière.* » La pierre rejetée étant devenue le sommet de l'angle, devient par là même le moyen de châtiment de ceux qui l'ont rejetée. Ils tombent sur la pierre, ceux qui se scandalisent à cause de l'humiliation de Christ (Esa.8.14 ; Luc.2.34 ; 4.22-29 ; Jean.4.44) ; les auditeurs de Jésus étaient déjà coupables de ce péché. Mais il y a un péché plus grave encore qu'ils étaient sur le point de commettre, qui devait attirer sur eux un plus terrible châtiment : ceux sur qui la pierre tombe sont ceux qui se révoltent ouvertement contre le Seigneur, malgré la connaissance qu'ils ont de Lui ; la pierre tombera alors sur eux et les réduira en poussière « comme la paille de l'aire d'été, que le vent transporte çà et là » (Dan.2.35).

Les trois évangélistes mentionnent la colère des principaux sacrificateurs et des pharisiens, lorsqu'ils comprirent que la parabole était dirigée contre eux (Jér.18.18). S'ils n'avaient pas « *craint le peuple* », ils auraient mis la main sur Lui. Mais le Seigneur ne se sépare pas encore d'eux ; après leur avoir, dans cette parabole, montré leur devoir envers Dieu et leur responsabilité, Il leur montrera leurs privilèges, la grâce qui leur est faite, et qui doit les rendre d'autant plus coupables s'ils la méprisent.

XII.
LES NOCES DU FILS DU ROI

Matthieu.22.1-14

Cette parabole est appelée quelquefois la parabole de la Robe de noces. Ce titre n'est pas exact, car la robe n'est qu'un épisode, après tout; celui que nous avons adopté distingue très bien notre parabole du grand souper dont parle saint Luc (Luc.14.16). Il est nécessaire de maintenir cette distinction, car il s'agit de deux récits différents, et non pas de deux versions différentes d'un même récit. Ils furent prononcés à des moments différents, l'un dans un repas, l'autre dans le temple. Ils n'appartiennent pas à la même époque du ministère de notre Seigneur. Lorsque la parabole du Souper fut prononcée, les pharisiens n'avaient pas encore rompu ouvertement avec le Seigneur, car Jésus se trouvait alors dans la maison d'un pharisien, pour manger du pain (Luc.14.1). Mais, lorsqu'il prononça la parabole des Noces, l'inimitié des pharisiens était arrivée à son comble, et ils songeaient à se débarrasser de Lui (Jean.11.47-53). On pouvait encore espérer que les chefs du peuple seraient amenés à l'obéissance de la vérité, tandis que maintenant ils sont bien décidés à rejeter le conseil de Dieu. Dans l'une de ces paraboles, les invités cherchent à s'excuser; dans l'autre, ils repoussent absolument le message qui leur est envoyé, et tuent même les messagers. L'une nous parle d'un repas ordinaire, l'autre de la célébration des noces du fils d'un roi, ce qui aggrave d'autant plus la faute des coupables. Aussi, leur ville est brûlée, et ils périssent tous. Dieu, se détournant d'une portion du peuple juif, des prêtres et des pharisiens, offrira les privilèges qu'ils dédaignent à une autre portion du même peuple, aux péagers et aux femmes de mauvaise vie, c'est ce qui est annoncé dans la parabole du Souper ; ici, le royaume sera ôté au peuple juif tout entier, qui s'en est montré indigne. Strauss, dans sa Vie de Jésus, ne tenant aucun compte de ces différences, affirme que saint Luc est le seul qui rapporte exactement les paroles du Christ, tandis que saint Matthieu les aurait associées à des éléments étrangers, à des réminiscences de la parabole des Vignerons. Mais son opinion est inadmissible.

Dans notre parabole, le Seigneur révèle toute la dignité de sa personne ; Il est le Fils d'un Roi. C'est donc une parabole du royaume.

« *Et Jésus, prenant la parole, leur parla encore en paraboles* ». Il va répondre aux efforts faits par les pharisiens pour s'emparer de lui. « Le royaume des cieux est comparé à un roi qui fit des noces pour son fils [a]. » Les prophètes de l'Ancienne Alliance représentent souvent les bienfaits de la Nouvelle Alliance, de la communion avec Dieu, sous l'image d'un festin et d'un mariage (Esa.25.6 ; Cant.5.1 ; Osée.2.19 ; Mat.9.15 ; Jean.3.29 ; Éph.5.32). A mesure que la parabole se développe, les circonstances du mariage sont reléguées à l'arrière-plan, et il ne s'agit plus que de la conduite des invités. Les juifs pen-

---

a. Ces noces duraient ordinairement de sept à quinze jours (Gen.29.27) ; ces chiffres avaient une valeur symbolique.

saient que le royaume du Messie serait introduit par un grand festin ; le Seigneur lui-même emploie ailleurs la même image. La première venue est le temps des fiançailles, la seconde sera celui des noces. Il s'agit donc ici plutôt des fiançailles.

« *Et il envoya ses serviteurs appeler ceux qui avaient été invités aux noces* » (Pro.9.3-5). Cet appel des invités est encore maintenant en usage dans l'Orient. L'invitation de la parabole a eu lieu longtemps auparavant ; le royaume a été préparé dans les siècles antérieurs, dès la fondation de la théocratie ; puis, l'invitation fut répétée par chaque prophète. Mais l'établissement du royaume n'eut lieu qu'à l'époque de Jean-Baptiste ; alors se fit entendre aussi l'appel à ceux qui étaient invités depuis longtemps (Luc.3.4,6). La première troupe de serviteurs représente Jean-Baptiste (Mat.3.2), les Douze, dans leur première mission pendant la vie terrestre du Sauveur (Mat.10), et les soixante-dix disciples (Luc.10). D'après la parabole, ce n'est pas le fils du roi qui appelle lui-même les invités ; une telle condescendance aurait semblé peu naturelle ; seul le Fils du Roi céleste a pu s'abaisser à ce point. Il n'est pas dit que les premiers envoyés fussent maltraités ; ils rencontrèrent une indifférence générale, mais rien de plus. Nous ne voyons pas que les apôtres et les disciples aient été en butte à aucune hostilité, pendant la vie terrestre du Seigneur, ni, au début, le Seigneur lui-même[a]. Seulement « ils ne voulurent point aller ».

« *Il envoya encore d'autres serviteurs, en disant : Dites à*

---

a. On ne saurait alléguer la mort de Jean-Baptiste, car celui qui l'ordonna était Iduméen, par conséquent il n'était pas du nombre des invités : de plus, Jean-Baptiste mourut pour avoir prêché la Loi, non l'Évangile.

ceux qui ont été invités : Voici, j'ai préparé mon dîner ; mes taureaux et mes bêtes grasses sont tués (ce qui montre que la fête était proche), *et toutes choses sont préparées ; venez aux noces.* » Le roi pense que les premiers invités ne sont pas venus à cause de quelque malentendu, ne se doutant peut-être pas que tout était prêt ; au lieu de les punir, il se contente d'ordonner aux nouveaux serviteur, qu'il envoie d'inviter d'une manière plus pressante. Ce second appel représente l'invitation adressée au peuple juif après la résurrection et l'ascension. Il est vrai que la parabole ne dit rien de ces événements, non plus que de la crucifixion, mais ce n'était pas son but. Le fait qu'il est question « *d'autres serviteurs* », tandis que plusieurs des serviteurs précédents se retrouvent parmi eux, ne doit pas nous embarrasser ; quelques-uns étaient nouveaux : Paul, Etienne et Barnabas, qui ne furent ajoutés à l'Église qu'après la Pentecôte. Ceux qui avaient été envoyés auparavant allèrent, dans le moment qui nous occupe, remplis du saint Esprit, prêchant un royaume, non pas à venir, mais déjà venu : « Jésus et la résurrection », annonçant que toutes choses étaient préparées, que « l'accomplissement des temps » était venu, que la grâce de Dieu avait ôté tous les obstacles qui s'opposaient à l'entrée dans le royaume (Act.2.38-39 ; 3.19-26 ; 4.12,17,30) ; que le sang qu'ils avaient répandu, purifiait de tout péché, et donnait un libre accès auprès de Dieu.

Les nouveaux serviteurs du roi rencontrent une hostilité prononcée. Les invités, en entendant le nouveau message, « *n'en tinrent compte et s'en allèrent l'un à son champ et l'autre à son trafic.* » Doit-on établir une distinction parmi ces divers invités ? Y en avait-il une dans la pensée de Jésus ? L'un était propriétaire foncier, l'autre marchand. Le premier voulait jouir de ses biens, le second cherchait à acquérir. Le premier représente les riches (1Tim.6.17), le second, ceux qui désirent la richesse (1Tim.6.9). Cela s'accorde avec Luc.14.18-19 ; tous deux encourent la sentence de réprobation que nous lisons dans Luc.6.25.

Mais ils ne sont pas les pires ; « *les autres, ayant saisi les serviteurs, les outragèrent et les tuèrent.* » L'opposition à la vérité n'est pas seulement *naturelle,* mais aussi *diabolique.* Parmi ceux qui repoussent l'Évangile de la grâce de Dieu, il en est qui, sans précisément le haïr, lui préfèrent le monde. Mais d'autres se soulèvent contre lui parce qu'il blesse leur orgueil, leur propre justice. Le livre des Actes est un excellent commentaire de notre passage. Ceux qui auraient dû recevoir avec de grands honneurs les ambassadeurs du Grand Roi, « *les outragèrent* » (Act.5.40 ; 14.5 ; 16.23 ; 17.5 ; 21.30 ; 23.2 ; 1Thess.2.15) et « *les tuèrent*[a] » (Act.7.58 ; 12.2 ; Mat.23.34 ; Jean.16.2).

« *Mais quand le roi l'eut appris, il se mit en colère.* » L'insulte était dirigée contre lui, en tant qu'elle s'adressait à ses envoyés. Aussi, elle est châtiée ; le roi « *envoya ses armées,* » Dieu envoya les anges de sa vengeance, les armées du ciel (Apo.19.14 ; Mat.26.53 ; 1Rois.22.19) ou les armées romaines, car les impies eux-mêmes peuvent lui servir d'instruments pour châtier son peuple. Lorsque Dieu exerce ses jugements, les ministres terrestres de ces jugements et les armées invisibles des cieux sont ligués ensemble. L'œil de la chair ne voit que les premiers, l'œil spirituel découvre les autres. « *Et il fit périr ces meurtriers et brûla leur ville* » (Mat.23.38 ; Exo.32.7). Cette ville

---

a. 2Chr.30.10 est un parallèle intéressant de notre passage.

est Jérusalem, centre de la théocratie juive (Mat.23.34; Luc.13.33-34; Act.7.39; 12.2-3); elle fut déjà brûlée autrefois (2Rois.25.9; Jér.39.8); maintenant, elle est encore menacée du même sort.

« *Alors il dit à ses serviteurs : Les noces sont bien prêtes, mais ceux qui avaient été invités n'en étaient pas dignes.* » L'Écriture reconnaît une certaine dignité chez l'homme (Mat.10.10-11; Luc.20.35; 21.36; 2Thess.1.5,11; Apo.3.4); cette dignité consiste dans le sentiment de son indignité; l'indignité de ceux que les invités représentent consiste dans l'absence complète d'une soif de la vraie justice, qui les aurait amenés au festin des noces de l'Agneau. « *Allez donc dans les carrefours, et tous ceux que vous trouverez, invitez-les aux noces.* » Le passage de Matthieu.8.11-12 contient notre parabole en germe. Nous y voyons, comme ici, l'appel des gentils, à cause de la rébellion des juifs. « *Et ces serviteurs, étant sortis sur les chemins, assemblèrent tous ceux qu'ils trouvèrent, et méchants et bons.* » Pour obéir à cet ordre, « Philippe alla à Samarie et y prêcha Christ » (Act.8.5); Pierre baptisa Corneille et sa famille (Ac.10.48); Paul dit aux habitants d'Athènes que Dieu commandait à tous de se repentir (Act.17.30). Ils assemblèrent « *méchants et bons;* » le mot « *méchants* » ne signifie pas qu'ils n'eussent pas de robe de noces; plusieurs étaient « *méchants* » lorsqu'ils furent invités (1Cor.6.9-11) et passèrent au rang des « *bons* » en acceptant l'invitation. Il ne faut pas trop presser les termes ici, car, à proprement parler, « il n'y a qu'un seul Bon, qui est Dieu, » et il peut rendre tels ceux qui s'unissent à Lui et participent de son Esprit. Il y a bien des diversités dans la vie morale, même avant l'obéissance à l'appel de l'Évangile. Il y a des « *bons* » tels que

Nathanaël, Corneille et ces gentils qui sont loi à eux-mêmes (Rom.2.14; Luc.8.15); il y a aussi des « *méchants* » chez lesquels la puissance du péché est plus grande (Ps.58.3-5). Le royaume des cieux est semblable à un filet qui ramasse toutes sortes de choses, ceux qui ont recherché une justice selon la loi (Rom.2.14-15) et ceux qui « étaient morts dans leurs fautes et dans leurs péchés. » « *Et la salle des noces fut remplie de personnes qui étaient à table.* »

Jusqu'ici la parabole nous a montré le crime et le châtiment de ceux qui repoussent ouvertement l'Évangile de la grâce de Dieu, comme l'ont fait la masse du peuple juif, avec ses chefs. Nous arrivons maintenant à un avertissement sérieux adressé à ceux qui ont trouvé place dans le royaume. Outre la séparation qui aura lieu entre ceux qui viennent et ceux qui refusent de venir, on verra quels sont, parmi les premiers, ceux qui marchent d'une manière digne de leur vocation et ceux qui sont inconséquents; il y aura par là même une seconde séparation. Nous avons déjà vu, à propos de la parabole de l'Ivraie, que ce n'est pas aux serviteurs à opérer cette séparation, et comment le pourraient-ils puisque la robe de noces est celle du cœur? Celui-là seul qui connaît tous les secrets des cœurs peut séparer les justes des injustes (Héb.4.13). « Il a son van dans sa main, et il purifiera parfaitement son aire. »

« *Or le roi étant entré pour voir ceux qui étaient à table, y vit un homme qui n'était pas revêtu d'une robe de noces.* » Il convenait à la dignité du roi de ne pas se montrer avant que tous fussent réunis et assis. Il aperçut immédiatement quelqu'un qui n'aurait pas dû s'asseoir au festin royal. C'est à lui qu'il s'adresse, mais avec douceur, car il exprimera peut-être sa manière d'agir : « *Ami, comment es-tu entré ici sans avoir une robe de noces ?* » Mais il ne put donner aucune explication : « *Il eut la bouche fermée.* » Pourquoi ne répond-il pas qu'il n'avait pu s'en procurer une, ayant été amené directement du carrefour ? qu'il était trop pauvre pour acheter une telle robe ? Quelques interprètes pensent qu'une excuse semblable aurait été inutile. Ils nous rappellent qu'en Orient, lorsque les rois célèbrent une fête, ils offrent à leurs hôtes des vêtements de prix ; c'est pourquoi l'invité de la parabole ne pouvait s'en passer ; il fallait donc qu'il eût refusé la robe quand on la lui présentait, témoignant ainsi son mépris pour le roi.

Nous savons qu'en effet des vêtements étaient souvent offerts, en Orient, pour un repas de noces, ce qui aurait rendu la parabole intelligible pour les auditeurs de Jésus. Les princes orientaux ont d'immenses provisions de vêtements précieux[a] (Job.27.16 ; Esa.3.6 ; Jac.5.2 ; 2Rois.10.22). Nous savons, en outre, qu'on donnait souvent des habits magnifiques pour témoigner une faveur spéciale (Gen.41.42 ; 1Sam.18.4 ; 2Rois.5.5 ; 10.22 ; Dan.5.7 ; Esth.6.8 ; 8.15) ; ces présents étaient faits surtout à l'occasion d'un mariage. On ne pouvait les refuser sans insulter le donateur. L'invité de la parabole se rendait coupable d'une insulte envers le roi non seulement en refusant la robe, mais encore parce qu'il se contentait de ses mauvais habits ordi-

---

a. Chardin dit, dans son *Voyage en Perse* : « On ne saurait croire la dépense que fait le roi de Perse pour ces présents-là. Le nombre des habits qu'il donne est infini. On les tient dans des magasins séparés, par assortiment. »

naires.

Plus l'occasion est solennelle, plus l'offense est grave. « *Il eut la bouche fermée,* » n'ayant aucune excuse à donner. Il se condamna ainsi lui-même, et sa sentence fut immédiatement prononcée. Plusieurs questions se présentent à propos du sens spirituel de notre passage. Tout d'abord, à quel moment le grand Roi apparaît-il pour « voir les invités ? » Dans un sens, il les voit continuellement ; le cœur de chacun est sans cesse à découvert devant Lui. Cependant la séparation définitive n'aura lieu qu'au jour du jugement final. Celui « *qui n'avait pas une robe de noces* » représente-t-il un individu ou plusieurs ? On a supposé qu'il fallait voir ici Judas Iscarioth ; c'est une erreur. D'autres, appartenant à l'école historico-prophétique, tels que Vitringa et Cocceius, voient dans cet invité l'homme de péché, c'est-à-dire le pape. Il est peu probable qu'il s'agisse ici d'un individu isolé, mais plutôt d'un grand nombre ; les mots : « *Il y a beaucoup d'appelés, mais peu d'élus* » indiquent qu'une grande séparation a eu lieu. Un appel est fait ici à la conscience de chacun ; au jour du jugement, personne n'échappera aux regards du Juge.

Les fidèles forment un seul corps, sous une seule tête, qui est Christ ; les méchants forment également un seul corps, dirigé par Satan. La Babylone mystique est *une seule ville,* comme la Jérusalem mystique. Il y a un royaume des ténèbres (Mat. 12.25-26) et un royaume de Dieu. On s'est demandé souvent ce qu'il faut entendre par la « robe de noces ? » Est-ce la foi ? ou la charité ? ou toutes deux ? C'était, en tout cas, une chose indispensable ; les théologiens catholiques y voient la charité. Si l'on doit restreindre le sens des mots « *robe de noces,* » il vaut mieux y voir la foi que la charité. Mais ce qui manquait à l'invité c'était la *justice,* dont la racine est la foi et la fleur la charité. Il n'avait pas « revêtu Christ, » ce qui indique la foi et la charité, la foi revêtant la robe, et la charité ou la sainteté étant la robe elle-même. Par la foi, nous reconnaissons une justice hors de nous et au-dessus de nous, justice qui est en Christ, appelé pour cette raison : l'Éternel notre Justice. Nous nous approprions cette justice par la foi, nous en sommes revêtus, elle devient notre vêtement [a].

Il s'agit donc de la justice, dans son sens le plus large, ornement de l'homme nouveau et spirituel ; elle comprend la foi, sans laquelle il est impossible d'être agréable à Dieu (Héb.11.6), et la sainteté sans laquelle nul ne le verra (Héb.12.14) ou ne le verra que pour la mort. Soit que nous considérions l'invité de la parabole comme un propre juste, plein de confiance en lui-même, ou comme un pécheur qui, malgré sa profession chrétienne et les privilèges dont il jouit, marche toujours selon la chair, nous pouvons dire qu'il rejette la vraie robe du cœur : il méprise la grâce, s'estimant assez juste en lui-même, dans la chair, pour oser paraître en la présence de Dieu (Pro.16.2). Mais le temps vient où il reconnaîtra qu'il a besoin d'un autre vêtement pour son âme et que le sien propre est trop étroit pour le recouvrir. Malheur à lui si, comme l'invité de la parabole, il ne s'aperçoit que trop tard de sa nudité et de sa honte. La lumière de Dieu lui révélera un jour les choses cachées de son cœur, tout ce mal qu'il a méconnu volontairement. Alors il aura aussi « la bouche fermée »

---

a. Cette image est répandue dans toute l'Écriture : Rom.13.14 ; Col.3.10 ; Éph.4.22 ; Éph.6.13-16 ; Gal.3.27 ; Apo.3.5 ; 4.4 ; 6.11 ; 7.9.

(Gen.3.12-13; Jac.1.13; 1Sam.15.21).

« *Le roi dit aux serviteurs* , » c'est-à-dire aux anges, qui « recueilleront hors du royaume tous les scandales et ceux qui pratiquent l'iniquité » (Mat.13.41,49; Luc.19.24) : « *Liez-lui les pieds et les mains*; » ces paroles expriment l'impuissance absolue à laquelle sera réduit quiconque se révolte contre Dieu (Zach.5.8). Aucune résistance ne sera possible, ni aucun moyen d'échapper (Act.21.11; 2Sam.3.34). « *Emportez-le* » indique l'exclusion du pécheur de l'Église triomphante dans le ciel (Mat.13.48; 2Thess.1.9). Non seulement il perdra ce bien, mais encore il sera plongé dans le mal. Ceux qui exécutent la sentence le « *jetteront dans les ténèbres de dehors.* » Cette parole est prononcée trois fois dans l'évangile de saint Matthieu (Mat.8.12; 25.30). Dans le palais du roi, tout est lumière et joie; au dehors : la désolation, les ténèbres et le froid. La lumière est l'élément du royaume, tout ce qui est en dehors est ténèbres. « Là seront les pleurs et les grincements de dents » (Soph.1.7-8).

Jésus-Christ conclut par ces paroles solennelles : « *car il y a beaucoup d'appelés, mais peu d'élus* » (1Cor.9.24). Ces paroles s'appliquent à d'autres encore qu'à cet hôte indigne, à ceux qui refusèrent l'invitation et dont la ville fut détruite. Elles s'adressent à tous ceux qui méprisent les bienfaits de l'Alliance. Elles s'accomplirent dans l'histoire du peuple d'Israël, « *appelé* » au royaume, et qui pourtant ne fut pas « *élu* » (Nomb.14.22-30; 1Cor.10.1-10; Héb.3.7-9; Jud.1.5). Elles s'accomplirent aussi à l'égard de l'armée de Gédéon; tous étaient « *appelés*, » mais trois cents furent seuls trouvés dignes et participèrent aux fruits de la victoire (Jug.7).

XIII.
Les dix vierges

Matthieu.25.1-13

« *Alors* », au grand jour final, lorsque le Seigneur témoignera contre l'hypocrite et l'incrédule, Il éprouvera aussi la foi de ses serviteurs, et, selon le résultat de cette épreuve, Il les recevra ou les rejettera pour toujours. « *Alors le royaume des cieux sera rendu semblable à dix vierges, qui, ayant pris leurs lampes, sortirent à la rencontre de l'époux.* » On connaît bien les circonstances diverses d'un mariage chez les juifs ; elles sont, encore aujourd'hui, à peu près les mêmes qu'autrefois. Les vierges « *prirent leurs lampes* » ; en Orient, les mariages sont toujours célébrés de nuit ; de là la mention des lampes et des torches que portaient les amis et les serviteurs (Esd.10.2 ; Jér.25.10 ; Apo.18.23). Les vierges « *sortirent à la rencontre de l'époux.* » L'ordre du cortège nuptial paraît avoir été le suivant : l'époux accompagné de ses amis, « *les autres gens de la noce* » (Mat.9.15) ; « *les amis de l'époux* » (Jean.3.29) allaient à la maison de l'épouse, et la conduisaient avec joie à celle de l'époux. L'épouse était accompagnée de ses amies d'enfance ; d'autres, « *les vierges* » de la parabole, se joignaient au cortège un peu plus tard, et entraient avec le reste des gens de la noce dans la salle du festin (Cant.3.11).

Mais ces « *vierges* », pourquoi sont-elles ainsi nommées, et qui représentent-elles ? Quelques interprètes se fondant sur le fait que toutes sont vierges, ont dit que toutes, par conséquent, vivent de la vie de Christ. Il est vrai, ajoutent-ils, que quelques-unes ne sont pas trouvées prêtes au moment décisif, et n'ont aucune part au bonheur des autres pendant un certain temps. Mais le nom glorieux dont toutes se réclament leur donne l'assurance qu'elles auront également part au salut final et qu'aucune ne sera exclue du royaume de la gloire. Ceux qui atténuent ainsi la culpabilité des vierges folles et la sentence prononcée sur elles, y rattachent la doctrine du millenium et d'une première résurrection, dont seraient exclues les vierges qui ne furent pas trouvées prêtes. Cependant il faut remarquer que le titre de « *vierges* » ne leur est pas donné par le Seigneur Lui-même, mais il indique seulement qu'elles avaient pris le rôle d'attendre l'époux[a].

Chrysostome et d'autres restreignent l'application de la parabole aux vierges qui ont fait profession d'une virginité tout extérieure, au lieu de reconnaître qu'il s'agit dans la parabole de la profession d'une vraie foi, d'une absence de fornication spirituelle (Apo.14.4; 2Cor.11.2). Les vierges désignent tous ceux qui professent d'attendre la venue du Fils de Dieu, d'aimer son avènement, tous ceux qui confessent la foi en Jésus-Christ notre Seigneur qui reviendra pour juger les

---

a. Certains dispensationalistes font grand cas de l'absence de l'*épouse* dans cette parabole ; et ils en déduisent qu'elle ne s'applique pas à l'Église qui aura déjà été *enlevée*, mais uniquement aux Juifs resté pour *la grande tribulation*. C'est là complètement méconnaître le but du Seigneur en donnant cette parabole, qui est manifestement d'exhorter *tous* les chrétiens à veiller, et non de leur expliquer le déroulement de son retour. D'autre part, dans son essence, l'épouse, l'Église de Christ, est une entité collective, et non individuelle. Elle ne devait donc pas être ici représentée par une personne unique, mais elle trouve sa correspondance dans les vierges sages. (ThéoTEX)

vivants et les morts, et ne renient pas cette espérance dans leur vie habituelle. Toutes les vierges ont ceci de commun qu'elles professent la foi à un même Seigneur et ont une même espérance en Lui, car toutes prennent leur lampes et vont à la rencontre de l'époux.

Mais voici en quoi elles diffèrent : « *Cinq d'entre elles étaient sages, et cinq, folles* » les nombres en eux-mêmes ne sont pas importants ici, seule la partition qu'ils créent (Mat.7.25-27). Les vierges sages sont décrites : 2Pi.1.5-8, et les folles : 2Pi.1.9. Nous apprenons ensuite en quoi consistait la folie des unes et la sagesse des autres : « *Celles qui étaient folles, en prenant leurs lampes, n'avaient point pris d'huile avec elles; mais les sages avaient pris de l'huile dans leurs vases avec leurs lampes* ». C'est là le pivot de la parabole. Tout dépend de ce qu'on entend par *avoir de l'huile en réserve*, ou n'en pas avoir. Nous retrouvons ici encore un sujet de controverse entre les catholiques romains et les premiers Réformateurs. Les Réformateurs affirmaient que ce qui manquait aux vierges folles, c'était la vie de la foi, car elles n'avaient qu'une profession chrétienne tout extérieure ; elles n'avaient pas la vie de l'Esprit, l'huile qui seule aurait pu alimenter la flamme de leurs lampes pour la venue du Christ. Selon les catholiques, les vierges folles avaient la foi, mais une foi « morte » (Jac.2.17) ; elles ne produisaient aucune bonne œuvre, pour alimenter la lampe de la foi qu'elles portaient devant les hommes ; elles ne se fortifiaient pas dans la grâce de Dieu en faisant le bien, aussi cette grâce leur fut retirée ; leurs lampes s'éteignirent, et elles n'eurent pas de quoi les rallumer.

Les catholiques et les réformés ne sont pas d'accord sur

le sens du mot *foi* : selon les premiers, elle est la profession extérieure de la vérité ; les seconds l'envisagent comme la racine et le principe vivant de la vie chrétienne [a]. Mais, au fond, l'interprétation des uns et des autres revient au même. Nous pouvons admettre que les vierges folles, dépourvues d'huile, représentent ceux qui accomplissent des devoirs tout extérieurs, sans vie, sans amour, sans chercher à se conformer intérieurement à la loi de Dieu ; elles sont aussi l'image de ceux qui confessent Christ des lèvres, mais sont négligents dans l'œuvre du Seigneur, dans les actes de charité, d'humilité et de renoncement, et perdent par degrés la grâce qu'ils avaient reçue, car « à celui qui n'a pas, cela même qu'il a sera ôté ». La lampe représente tout ce qui est purement extérieur dans la profession chrétienne, et l'huile, ce qui est intérieur et spirituel. Lorsque nous envisageons avec saint Jacques (Jac.2.14-26) la foi comme un corps et les œuvres comme l'âme de ce corps, alors nous pouvons dire que la foi est la lampe, et les œuvres sont l'huile des vaisseaux ; mais lorsque, avec saint Paul, nous disons que les œuvres n'ont de valeur que si elles procèdent du principe vivant de la foi, alors les œuvres sont la lampe, et la foi, l'huile qui doit l'alimenter. C'est l'Esprit de Dieu qui produit les œuvres et qui vivifie la foi ; l'huile est toujours, dans l'Écriture, le symbole de cet Esprit (Exo.30.22-33 ; Zac.4.2,12 ; Act.10.38 ; Héb.1.9 ; 1Jean.2.20-27). Il est évident que la parabole a pour but de faire comprendre à tous les membres de l'Église la nécessité de la vigilance. Ils doivent être diligents dans les bonnes œuvres, ne se contentant pas de dire : « Seigneur ! Seigneur ! »

---

a. Saint Augustin : « Animae tuae anima fides », l'âme de ton âme c'est la foi.«

Ils doivent également veiller sur leur état intérieur, sur leurs affections, sur tout ce qui n'est connu que de Dieu seul ; ils doivent tendre à être remplis de l'Esprit de Jésus-Christ, à se rendre approuvés de Dieu. Les vierges folles désignent, non point les hypocrites, ni les impies et les profanes, mais bien ceux qui négligent la prière, qui sont paresseux à l'égard des œuvres pour le Seigneur, tous ceux, en un mot, qui cherchent plutôt à plaire aux hommes qu'à Celui qui voit dans le secret. Ils ne sont pas entièrement dépourvus d'huile, mais ils n'en ont pas assez ; leurs lampes sont allumées, mais seulement pour un temps ; elles s'éteignent au moment de la venue de l'époux. Les vierges sages reconnaissent que l'Époux peut tarder à venir, que l'Église n'entrera point encore dans sa gloire ; elles prévoient une vie de patience et de renoncement, et comprennent qu'il leur faut autre chose que de simples impressions pour pouvoir persévérer jusqu'à la fin ; il leur faut une abondante mesure de l'Esprit de Dieu.

« *Comme l'époux tardait, elles s'assoupirent toutes et s'endormirent* ». Ces paroles donnèrent à entendre aux disciples que le retour du Seigneur aurait lieu beaucoup plus tard qu'ils le pensaient. C'était un simple avertissement. Si Jésus avait parlé plus clairement, s'il avait dit que plusieurs siècles devaient s'écouler avant son retour, les disciples et en général les chrétiens de l'Église primitive n'auraient pas été excités à la sainteté et à l'activité. La seconde venue de Christ est possible en tout temps [a]. L'amour, le désir impatient des premiers chrétiens leur faisait croire que la venue de Christ

---

[a]. Augustin : « Latet ultimus dies, ut observetur omnis dies. » : le dernier jour reste caché, afin que chaque jour puisse être considéré comme celui-là.

était proche. Ils vivaient et souffraient dans la joie de cette foi ; lorsqu'ils mouraient, le royaume était venu pour eux. L'époque du retour de Christ est incertaine ; chaque âge est appelé à hâter ce retour par la foi et par la prière (2Pi.3.12 ; Act.3.19 ; 2Pi.3.9). Les vierges s'endormirent par degrés ; on a vu dans ce sommeil qui s'empare de toutes une trop grande conformité au présent siècle, même chez les fidèles, qui ne cessent pas toutefois d'être prêts, car ils ont de l'huile. Saint Augustin voit dans ce sommeil la mort elle-même ; c'est aussi notre opinion ; il s'agit plutôt de la mort que des infidélités des chrétiens, même les meilleurs. C'est l'opinion de la majorité des anciens interprètes. Toutes les vierges, après avoir pris les mesures qu'elles jugeaient nécessaires, attendirent avec sécurité la venue de l'époux. Si les vierges folles avaient pu s'apercevoir de la fuite du temps, et du fait que leurs lampes s'éteignaient elles auraient immédiatement renouvelé leur provision d'huile. Mais elles s'endorment, et ne sont réveillées que par l'arrivée du cortège nuptial ; c'est ce qui explique leur manque absolu d'huile au moment où elle leur aurait été surtout nécessaire. Si les vierges sages ne s'étaient pas endormies également, elles auraient manqué d'amour en ne réveillant pas leurs compagnes et en ne les avertissant pas que leurs lampes s'éteignaient.

« Or, au milieu de la nuit, il se fit un cri : Voici, l'époux vient, sortez à sa rencontre ! » Le cri qui réveille les dormeuses est celui de l'avant-garde du cortège, ou de la multitude joyeuse, qui attendait le passage de la procession, et l'acclama de tout son pouvoir. On a interprété diversement ce fait. La plupart y ont vu la descente du Seigneur « avec un cri de commandement, avec une voix d'archange et avec une trompette de Dieu » (1Thess.4.16), alors que l'Époux céleste viendra, accompagné de ses anges, les amis de l'Époux, et conduira dans sa maison l'Épouse, l'Église triomphante, tandis qu'il sera salué par les membres de l'Église militante sur la terre. Quelques-uns pensent que ce cri est celui des surveillants de l'Église, qui auront observé les signes des temps et qui proclameront la venue prochaine du Seigneur. Ce cri est entendu « *au milieu de la nuit.* » Les juifs modernes pensent que le Messie viendra subitement, à minuit, de même que leurs pères étaient sortis d'Egypte à cette heure-là (Exo.12.29). Mais s'il est question de minuit dans notre passage, c'est uniquement parce que, à cette heure-là, les hommes sont plongés dans un profond sommeil et ne s'attendent point au passage d'un cortège nuptial (1Thess.5.2). Et si le retour du Seigneur doit avoir lieu plus tard, il ne faut pas oublier qu'il vient aussi dans toutes les crises que traverse son Église, à chaque nouvelle effusion de son Esprit ; dans chacune de ces époques il se fait une séparation des sages et des fous, selon qu'ils sont vivants ou morts spirituellement. Ainsi, Il vint à la Pentecôte, à la Réformation.

« *Alors toutes ces vierges se réveillèrent et préparèrent leurs lampes.* » Les folles découvrirent à leur confusion que les leurs s'éteignaient et qu'elles n'avaient rien pour raviver la flamme. Chacun doit se préparer à rendre compte de ses œuvres, examiner les bases de sa foi, se demander si sa vie peut être approuvée de Dieu. Beaucoup de personnes renvoient cet examen au dernier moment, au jour du jugement. Lorsque le jour de Christ arrivera, personne ne pourra plus méconnaître son véritable état, car ce jour révélera les choses cachées du cœur, de telle sorte qu'il ne sera plus possible de se tromper soi-même (Prov.16.2 ; 21.2 ; Rom.2.16). Dans leur détresse les vierges folles ont recours à leurs sages compagnes : « *Donnez-nous de votre huile, car nos lampes s'éteignent.* » Cette demande, ainsi que la réponse qu'elle obtient, renferme une vérité solennelle. C'est en vain que nous chercherons auprès des hommes ce que la grâce de Dieu seule peut nous accorder ; nous serons misérablement déçus si nous comptons emprunter ce qui doit être *acheté*, obtenu par la prière fervente. La réponse des vierges sages nous enseigne que chacun doit vivre d'une foi personnelle. Il y a des choses que les hommes peuvent se communiquer les uns aux autres, et en devenir d'autant plus riches, mais il en est que le Seigneur seul peut donner, et que chacun doit réclamer pour son propre compte.

La réponse des vierges sages, « *de peur que peut-être il n'y en ait pas assez pour nous et pour vous* », condamne la doctrine catholique des œuvres surérogatoires (1Pi.4.18). Ces vierges ne pensent pas avoir rien de trop ; elles s'estimeront heureuses si leurs propres lampes donnent une flamme assez brillante pour leur permettre de faire partie du cortège nuptial et d'entrer dans la salle du festin. Aussi se bornent-elles à dire à leurs compagnes : « *Allez plutôt vers ceux qui en vendent, et achetez-en pour vous-mêmes.* » Elles les renvoient à ceux qui dispensent la grâce céleste et que Dieu a placés dans son Église pour servir à distribuer ses dons ; il s'agit ici des prophètes et des apôtres. C'est un conseil d'amour qui est donné aux folles, de cet amour qui « espère tout, » une exhortation à ne pas se confier en l'homme, mais à recourir à la source de la grâce, afin que l'œuvre de la grâce soit ranimée dans leurs cœurs.

L'espoir des vierges sages, en ce qui les concernait elles-mêmes, fut réalisé. Tandis que les autres allaient acheter de l'huile, « *l'époux vint, et celles qui étaient prêtes entrèrent avec lui aux noces, et la porte fut fermée* (Gen.7.16 ; Apo.3.12). « Quelle est cette porte ? » demande l'auteur d'une ancienne homélie sur notre parabole ; il répond : « C'est celle qui maintenant encore est ouverte à ceux qui viennent de l'Orient et de l'Occident pour s'asseoir à table avec Abraham, Isaac et Jacob dans le royaume des cieux, cette porte qui a dit : Je ne mettrai point dehors celui qui viendra à moi. Elle est encore ouverte ; un jour, elle sera fermée pour toujours. Les péagers et les femmes de mauvaise vie viennent et sont reçus, ainsi que tous les impurs, les adultères et les voleurs, car Jésus-Christ, la Porte, est riche en pardon, quelque grands que soient les péchés. Mais Il a dit lui-même : *la porte est fermée* ; un jour, aucune prière, aucun gémissement ne seront plus écoutés. »

« *Après cela vinrent aussi les autres vierges, disant : Seigneur, Seigneur, ouvre-nous !* » Elles n'ont pas trouvé d'huile, mais espèrent qu'il leur sera pardonné. Elles allèguent ici leur relation intime avec l'époux, en lui disant : « *Seigneur*, » et implorent leur admission (Gen.22.11 ; Exo.3.4 ; 1Sam.3.10 ; Mat.27.46 ; Luc.8.24 ; 10.41 ; 13.25,34 ; 22.31 ; Act.9.4). Mais elles sont impitoyablement exclues : « *Répondant, il dit : Amen, je vous dis, je ne vous connais pas* » (Mat.7.23) ; Il ne les connaît pas, car elles ne sont pas ses brebis (Jean.10.14). Autres passages parallèles : Psa.37.18 ; Nah.1.7 ; Amos.3.2 ; Osée.13.5 ; Mat.25.12 ; 2Tim.2.19. « *Je ne vous connais pas* » équivaut à « vous ne me connaissez pas. » (Augustin.) (Voyez aussi, comme parallèles intéressants : Luc.13.25-27 ; 12.35-38 ; 1Pi.1.13.

L'exclusion des vierges folles de la salle des noces est définitive. Bengel fait remarquer qu'il est quatre catégories de personnes qui comprennent tous ceux qui seront sauvés ou perdus : ceux auxquels l'entrée du royaume est largement accordée ; ceux qui sont sauvés à grande peine, comme des naufragés qui ont peine à atteindre le rivage ; puis, ceux qui marchent ouvertement sur le chemin de la perdition ; enfin, ceux qui ont paru « n'être pas loin du royaume de Dieu, » mais qui cependant ne peuvent y entrer. Les vierges folles appartiennent à cette dernière catégorie ; leur sort est le plus déplorable. De peur que ce sort ne soit aussi le nôtre, le Seigneur nous dit : « *Veillez donc, car vous ne savez ni le jour ni l'heure ;* » puisque nous ne savons pas, il est plus prudent d'être prêt chaque jour ; nous avons une œuvre à faire, qui n'est pas celle d'un moment (Luc.12.40 ; 21.34-36 ; 1Thess.5.6 ; 2Pi.3.10 ; Apo.3.3).

XIV.
Les talents

Matthieu.25.14-30

Les vierges attendaient leur Seigneur; ici, ce sont des serviteurs qui travaillent pour Lui. Il ne s'agit plus uniquement de la vie intérieure du fidèle, mais de son activité extérieure; il est mis en garde contre l'indolence à laquelle il pourrait être tenté de céder. La parabole des Vierges précède à bon droit celle des Talents, car il est impossible d'agir pour le royaume si l'on n'entretient pas dans son cœur la vie de Dieu. On peut dire aussi que les vierges représentent l'élément contemplatif dans l'Église, et les serviteurs l'élément actif. Il est vrai que la contemplation et l'action doivent distinguer chaque membre de l'Église, mais l'un de ces éléments peut prédominer chez tel ou tel. Chacun doit s'efforcer d'atteindre l'équilibre sous ce rapport, selon les dons qu'il a reçus et les besoins divers qui existent autour de lui.

Notre parabole se retrouve dans Marc.13.34-36, mais avec des variantes et des réminiscences de la parabole des vierges (v. 36), en sorte que les deux paraboles y sont réunies, tandis que saint Matthieu les distingue avec soin. La parabole des Mines (Luc.19.12) a plus d'un rapport avec la nôtre, mais avec des différences toutefois. Elle fut prononcée par Jésus tandis qu'il approchait de Jérusalem; celle des Talents le fut sur la montagne des Oliviers. La première s'adressait à la multitude et aux disciples ; l'autre, aux seuls disciples qui devaient continuer l'œuvre de Christ. Le but de la parabole des Mines est double. La multitude, ainsi que plusieurs des disciples, pensait que le Seigneur allait entrer dans son règne (Jean.6.15 ; Act.1.6). Il voulut alors leur faire comprendre que l'établissement de son royaume n'aurait lieu que plus tard ; qu'il devait Lui-même disparaître pour un temps, et que l'opposition du monde contre son royaume ne cesserait qu'au moment de son retour. En attendant (et ici les deux paraboles se rencontrent), ceux qui le servent ne doivent pas attendre son retour dans l'indolence, mais travailler à son règne, chacun selon ses talents, dans la certitude d'une récompense. Le but de cette parabole est donc double. Elle est adressée, en partie, à la multitude frivole, qui suivait Jésus dans l'espoir qu'il consentirait à se laisser proclamer roi, et qui, plus tard, le repousserait, parce que son espoir aurait été déçu. Jésus les avertit de ne pas se scandaliser lors même que la manifestation du Roi et du royaume n'aurait pas encore lieu. Quant aux disciples, ils devront être fidèles à leur Maître absent, s'ils veulent avoir part à la récompense.

« Le royaume des cieux est semblable à un homme qui, s'expatriant, appela ses serviteurs et leur remit ses biens ». Il faut se rappeler ici les rapports entre maîtres et esclaves dans l'antiquité ; les esclaves étaient souvent des artisans, comme les serfs en Russie et les noirs en Amérique ; chaque année ils payaient un certain tribut à leur maître, ou bien celui-ci leur confiait de l'argent à faire valoir pour son compte. Ils pouvaient placer cet argent dans le commerce, et donner

au maître une part des bénéfices. « *L'homme qui s'expatrie* » est le Seigneur Jésus Lui-même ; Il devait retourner auprès du Père qui l'avait envoyé, et confier à ses serviteurs, pendant son absence, plusieurs dons excellents. Ils furent abondamment répandus le jour de la Pentecôte (Jean.16.7-10 ; Éph.4.8-12). Pendant son séjour sur la terre, le Seigneur les avait déjà enrichis (Jean.15.3) ; dès lors, chaque génération de serviteurs à reçu de nouveaux dons (1Cor.12.4-11). Aussi, notre parabole est pour tous les temps et pour tous les chrétiens. En ce qui concerne les apôtres, les « *biens* » sont les dons spirituels qui leur étaient nécessaires ; mais tous les fidèles sont appelés à s'édifier mutuellement, et reçoivent dans ce but certains dons qu'ils doivent faire valoir et dont ils devront rendre compte. Ces « *biens* » désignent non seulement les *dons spirituels*, mais aussi la richesse, la réputation, les facultés diverses, la science, qui doivent être employées pour l'édification, consacrées au service de Dieu. Ce sont autant de talents à faire valoir. Mais ces dons sont répartis d'une manière inégale : « *A l'un il donna cinq talents, à un autre deux, et à un autre, un*[a]. » Les talents ne furent pas accordés à chacun, comme le pense Théophylacte, « selon la mesure de sa foi et de sa pureté, » car la foi qui purifie est elle-même l'un des meilleurs dons ; mais il donna « *à chacun selon sa capacité* » ; la grâce ne détruit pas la nature, les traits spéciaux du caractère de chacun, en sorte qu'il n'y ait plus aucune différence entre les individus (1Cor.12.4-31 ; Éph.4.16). Les dons naturels sont comme le vase qui ne peut contenir que dans une certaine limite,

---

a. Cajetan : « Dieu a bien établi toutes choses dans son Église ; il n'impose à personne un fardeau au-dessus de ses forces, et il ne refuse à personne le don qui lui convient. »

selon qu'il est plus grand ou plus petit (Rom.12.6), mais qui peut toujours être rempli. C'est pourquoi celui qui ne reçoit que deux talents possède tout ce qu'il est capable de recevoir et tout ce qui lui est nécessaire pour répondre à sa destination ; car « il y a diversité de dons, mais le même Esprit » ; et de même que le corps n'est pas tout œil, ni tout oreille, de même que, dans l'armée, tous ne sont pas chefs, ainsi, dans l'Église, tous ne sont pas appelés à diriger. Nous ne devons pas oublier toutefois que si la capacité naturelle est le vaisseau qui reçoit le vin de l'Esprit, l'infidélité de tel ou tel peut rétrécir ce vaisseau, comme la fidélité peut l'élargir.

Après avoir remis les talents à ses serviteurs, et les avoir distribués à chacun selon sa capacité, le maître « *s'expatria aussitôt* ». Sur la terre, la distribution des dons précède nécessairement le départ du maître ; il n'en est pas ainsi dans le monde spirituel : l'Ascension, ou le départ, précède la Pentecôte, le jour par excellence de la distribution des dons, mais ces deux moments sont très rapprochés.

Nous savons ce que firent les serviteurs des talents qui leur étaient remis. « *Celui qui avait reçu les cinq talents, s'en étant allé, les fit voir et gagna cinq autres talents ; et pareillement celui qui avait reçu les deux, en gagna lui aussi deux autres* ». Il y a cette différence entre notre parabole et celle de Luc, qu'ici les serviteurs fidèles multiplient leurs sommes inégales dans les mêmes proportions tandis que, dans la parabole de Luc, ils les multiplient dans des proportions différentes ; tous avaient reçu une mine, mais l'un gagna dix et un autre cinq (Luc.19.16,18). Notre parabole nous enseigne donc qu'il nous sera demandé selon ce que nous aurons reçu ; l'autre, que le gain spirituel de chacun dépendra du degré de sa fidélité, de son zèle, de son travail. « *Mais celui qui en avait reçu un seul, s'en étant allé, creusa dans la terre, et cacha l'argent de son Seigneur.* » C'est une image frappante de l'infidélité.

« *Or, longtemps après, le seigneur de ces serviteurs vient et règle compte avec eux* ». Ces mots « *longtemps après* » nous indiquent que le retour de Christ n'aura pas lieu de sitôt. Lorsqu'il viendra, il fera rendre compte à chacun. « *Et celui qui avait reçu les cinq talents s'étant approché, présenta cinq autres talents, en disant : Seigneur, tu m'as livré cinq talents ; voici, j'ai gagné cinq autres talents de plus* ». L'assurance joyeuse de ces deux fidèles serviteurs nous montre ce que sera la « hardiesse au jour du jugement ». Ils avaient quelque chose à présenter, comme saint Paul (1Thess.2.19 ; 2Cor.1.14 ; Phil.4.1). Le serviteur fidèle dit ici : « *Voici, j'ai gagné* » ; dans saint Luc : « *Ta mine a produit* » ; saint Paul disait : « Non pas moi toutefois, mais la grâce de Dieu qui était avec moi ». Chacun de ces serviteurs obtient la même louange : « *Bien ! entre dans la joie de ton Seigneur* ». Nous avons ici l'image d'un festin que donne le maître pour célébrer son retour ; chacun des serviteurs fidèles y est invité. Dans certains cas, l'invitation du maître était une preuve qu'il libérait son esclave (Jean.15.15 ; Luc.12.37 ; Apo.3.20).

« *Mais celui qui avait reçu un seul talent s'étant aussi approché, dit : Seigneur, je te connaissais pour être un homme dur, qui moissonnes où tu n'as pas semé et qui recueilles où tu n'as pas répandu ; et, ayant craint, je m'en suis allé et j'ai caché ton talent dans la terre voici, tu as ce qui est à toi.* » Il se présente le dernier parce que son cœur lui fait pressentir ce qui arrivera. Il est vrai qu'il n'avait pas dissipé les biens de son maître, comme l'économe infidèle (Luc.16.1), ni sa fortune en vivant dans la dissolution, comme l'enfant prodigue (Luc.15.13) ; on ne saurait confondre son péché avec le leur. Il s'agit ici de ceux qui enfouissent leur talent ; ils peuvent facilement se faire illusion, car la tentation est grande d'échapper aux efforts qu'exige la mise en œuvre de ce talent. Il faut remarquer que c'est précisément celui qui n'avait reçu qu'un talent qui est l'infidèle ici. Il ne pouvait s'excuser en disant : « Ce qui m'a été confié est si peu de chose qu'il importe peu de savoir quel usage j'en ferai. » Christ nous enseigne que ce qui importe ce n'est pas le plus ou le moins de dons qui nous ont été remis, mais la fidélité avec laquelle nous les aurons fait valoir.

« *Seigneur, je te connaissais pour être un homme dur* ; » c'est le motif qu'il donne de son infidélité. Il n'a pas cru à l'amour de son seigneur, qui était disposé à accueillir tout ce qui serait sincèrement accompli dans le désir de lui plaire. Il y avait chez lui une ignorance volontaire et coupable du vrai caractère de son maître. Connaître le vrai caractère de Dieu, c'est se confier en Lui, et cette connaissance empêchera toujours le fidèle d'être lâche dans son service. Le serviteur infidèle de la parabole ne craint pas d'attribuer à son seigneur le caractère d'un despote dur et déraisonnable, qui aime à moissonner où il n'a pas semé. Il montre par là qu'il ne se rend aucun compte de la nature du service qui lui est demandé. Il le considère d'une manière purement extérieure, comme si Dieu donnait une tâche sans donner aussi la capacité, sans répandre aucune joie ni aucune consolation dans les cœurs de ceux qui l'accomplissent. Il ne faut pas s'étonner, dès lors, qu'il ait pu dire : « *ayant craint, je m'en suis allé et j'ai caché ton talent dans la terre*[a] », pour excuser sa lâcheté. Il craignit de faire valoir ce talent parce qu'il ne voulait pas courir le risque de le perdre, en s'efforçant d'en gagner d'autres, et d'irriter ainsi son maître, comme ceux qui s'excusent de ne pas gagner des âmes à Christ par la crainte de perdre leurs propres âmes. « *Voici, tu as ce qui est à toi.* » Il est probable qu'il rendit le talent à son seigneur, mais alors comment expliquer qu'on puisse rendre à Dieu, dans leur intégrité, les dons qu'on a enfouis, car ne pas les faire valoir est une manière de les dissiper ? En réalité, cela ne peut se faire, mais les hommes le croient ; tout ce que Dieu demande, pensent-ils, est de s'abstenir de ce qu'il défend.

Le seigneur de la parabole se place sur le même terrain que son serviteur pour lui répondre, et l'oblige à se condamner lui-même (Job.15.6 ; 2Sam.1.16 : « *Serviteur méchant et paresseux ! tu savais que je moissonne où je n'ai pas semé et que je recueille où je n'ai pas répandu : il te fallait donc mettre mon argent chez les banquiers, et à mon retour j'aurais retiré ce qui est à moi avec l'intérêt.* » Admettons que je sois, comme tu le dis, sévère, impitoyable, tu aurais dû me satisfaire selon la justice et me donner au moins un petit intérêt de mon argent. Il est difficile de donner un sens spirituel à l'acte de mettre l'argent chez les banquiers. Olshausen dit : « Les natures timides qui ne sont pas aptes à un travail indépendant dans

---

a. Hilaire voit dans ces mots « ayant craint » le langage de ceux qui préfèrent demeurer sous la loi, dans un esprit de servitude, plutôt que de connaître la liberté du service chrétien.

le royaume de Dieu sont averties ici de s'attacher à d'autres caractères plus forts, sous la direction desquels elles puissent faire valoir leurs dons pour le service de l'Église. » Mais sans presser autant les termes, nous pouvons dire qu'ils signifient, d'une manière générale : « Si tu ne voulais pas agir pour moi dans les grandes choses, tu aurais pu cependant te montrer fidèle dans des sentiers plus cachés, moins dangereux, et tu m'aurais ainsi épargné une perte. [a] »

La sentence de ce serviteur infidèle est alors prononcée. Le talent lui est ôté ; il est jeté « *dans les ténèbres de dehors.* » « *Otez-lui donc le talent et donnez-le à celui qui a les dix talents.* » Ce dépouillement est la conséquence de sa négligence : « *A celui qui n'a pas, cela même qu'il a lui sera ôté.* » Les dons de Dieu sont multipliés par l'exercice ; « *il sera donné à celui qui a, et il aura encore davantage.* » L'un obtient le talent négligé par l'autre, il reçoit la couronne que l'autre abandonne (Apo.3.11). Nous voyons souvent que par un décret de Dieu, un autre prend la place de celui qui a négligé ou mésusé des occasions qui lui avaient été données (Gen.25.34 ; 27.36 ; 1Sam.16.1,13 ; 1Rois.2.35 ; Esa.22.15-25 ; Act.1.25-26 ; Rom.11.11). Le talent ne sera pas ôté seulement au jour du jugement, mais, dès à présent, il disparaît par degrés. Nous sommes avertis, en conséquence, de retenir ce que nous avons, « d'affermir le reste qui s'en va mourir. » Il est toujours possible de raviver la flamme, tant qu'il reste une étincelle. Le serviteur paresseux est non seulement privé de son talent, mais encore « *jeté dans les ténèbres.* » (Mat.13.42 ; 22.13).

---

a. Godet : « le chrétien à qui manque la douce expérience de la grâce, devait être le plus anxieux des travailleurs. »

On peut comparer les motifs de l'exclusion de ce serviteur et ceux de l'exclusion des vierges folles. Elles furent trop présomptueuses ; le serviteur ne le fut pas assez. Il y a donc ici deux écueils pour la foi, que nous sommes avertis d'éviter. Les vierges regardaient le service du Seigneur comme trop facile, le serviteur comme trop difficile. Elles l'envisageaient simplement comme la joie d'un festin, et lui comme une œuvre insupportable pour un maître dur. Les vierges représentent une catégorie de personnes qui ont besoin d'être averties que « la porte est étroite, et le chemin est étroit, qui mène à la vie, et il y en a peu qui le trouvent » (Mat.7.14) ; « Travaillez à votre propre salut avec crainte et tremblement (Phil.2.12) ; « Si quelqu'un veut venir après moi, qu'il renonce à lui-même » (Mat.16.24). Le serviteur représente ceux qui ont besoin de la parole de l'épître aux Hébreux, Héb.12.18,22,24.

XV.
La semence qui croît en secret

Marc.4.26-29

Cette parabole, la seule qui soit particulière à l'évangile de Marc, nous montre, comme celle du Levain, la puissance invisible, secrète, de la parole divine.

« *Il en est du royaume de Dieu comme si un homme avait jeté de la semence en terre et que, soit qu'il dormît, soit qu'il fût éveillé, de nuit et de jour, la semence germât et crût sans qu'il sût comment.* » Qui est cet homme qui répand la semence ? Est-ce le Fils de l'homme ? ou bien sont-ce tous ceux qui vont prêcher l'Évangile du royaume ? Il y a des difficultés dans l'une et l'autre explication. Si le Seigneur lui-même est le semeur ici, comment expliquer le verset 27 ? On ne peut dire de Lui qu'il ne « *sait pas comment* » la semence qu'il a répandue germe et croît, puisqu'elle ne peut croître que par la présence continuelle de son Esprit dans les cœurs de son peuple. On ne saurait comparer le Seigneur à un semeur qui, après avoir jeté la semence, s'occupe d'autre chose, sachant qu'il ne peut rien faire de plus pour elle, qu'elle doit vivre de sa propre vie. Ce n'est pas là une représentation exacte de Celui qui surveille constamment son œuvre, car elle ne peut se développer sans sa bénédiction et son active coopération. Le semeur de la parabole représente-t-il plutôt les divers messagers de la vérité ? le but de la parabole serait-il de leur enseigner que la parole qu'ils prêchent possède sa vie propre, indépendante ? Mais alors le v. 29 crée une nouvelle difficulté ; seul, le maître de la moisson, le Fils de l'homme, peut « *envoyer la faucille* » recueillir les saints dans la gloire, quand l'œuvre de la foi est parfaite dans leurs cœurs ?

Je ne connais aucun moyen d'échapper complètement à cette difficulté. Selon moi, le semeur, c'est, tout d'abord, le Seigneur Lui-même. L'action de dormir, et d'être éveillé, exprime que le semeur abandonne la semence à elle-même, après l'avoir répandue. Il ne juge pas nécessaire de la surveiller continuellement, après l'avoir confiée à la terre, mais il dort en pleine sécurité, tandis que la semence « *germe et croît, sans qu'il sache comment.* » Ces derniers mots ne présentent aucune difficulté et sont riches en enseignements précieux, lorsqu'on les applique à ceux qui, sur l'ordre de Christ, répandent la semence de vie éternelle. Ils sont invités à avoir foi en la parole qu'ils prêchent, car elle est une semence de Dieu. Quand elle a trouvé place dans un cœur, ils ne doivent pas s'inquiéter du résultat final, comme si elle ne pouvait vivre que par eux ; Dieu seul peut la faire croître (1Pi.1.23-25). Ils doivent se contenter de cette assurance. Le mystère de la vie de Dieu dans un cœur est insondable ; personne ne peut le comprendre. Cette vie se développe graduellement : « *premièrement l'herbe, puis l'épi et ensuite le blé tout formé dans l'épi ;* » ces paroles doivent être rapprochées de 1Jean.2.12-14, où l'apôtre classe les fidèles, selon leurs progrès dans la vie spirituelle, en « petits enfants, » « jeunes gens » et « pères » ; les œuvres de Dieu dans la grâce sont aussi diverses que ses œuvres dans la nature. C'est pourquoi les messagers de l'Évangile doivent se contenter de savoir que la parole divine croît d'une manière mystérieuse ; ils doivent confier à Dieu le soin de faire lever la semence, sachant qu'elle est incorruptible et qu'il achèvera son œuvre. Sans doute, ils doivent toujours s'intéresser à l'œuvre commencée et dont ils ont été les instruments ; la terre a besoin de soleil, de pluie et d'autres influences favorables. Mais c'est une chose différente de donner la vie, ou bien de lui fournir un aliment, ce que l'Église doit toujours faire pour ses enfants.

Dans quel sens peut-on dire de Christ qu'il laisse la semence à elle-même ? Il est vrai que la vie spirituelle de l'homme est continuellement surveillée par Celui qui l'a produite, mais il est surtout deux moments dans lesquels Christ intervient : le premier, celui où se dépose la vie divine dans une âme, c'est le temps des semailles ; l'autre, lorsque cette âme est mûre pour le royaume, c'est le temps de la moisson (Job.5.26). Dans l'intervalle, l'œuvre se développe avec le secours de l'Esprit. Nous pouvons appliquer tout ceci à la croissance de l'Église universelle. Le Seigneur, lors de sa première venue en chair, sema la parole du royaume dans le monde, fonda une Église ; ensuite, il disparut ; le ciel le reçut jusqu'à la consommation de toutes choses. Souvent l'Église a imploré son retour, mais en vain ; Il la laisse au sein de la lutte, mais en lui offrant son secours. Il laisse la semence divine croître jour et nuit, sous les orages et le soleil, jusqu'à ce qu'elle produise du fruit à maturité. Lorsque la moisson du monde sera mûre, Il reviendra, réalisant la glorieuse vision de Apocalypse.14.14-16.

XVI.
Les deux débiteurs

Luc.7.41-43

Les deux premiers évangélistes et le dernier, en parlant d'une femme qui oignait les pieds de Jésus, font allusion à un même fait (Mat.26.7; Marc.14.3; Jean.12.3). Il est difficile de déterminer si saint Luc parle de la même femme, et si cette « *pécheresse* » était Marie, la sœur de Lazare. On a dit que le nom de Simon est en faveur de l'identité des quatre récits ; il est peu probable, ajoute-t-on, que le Seigneur ait été honoré deux fois d'une manière si étrange. On peut répondre à tout cela que le nom de Simon était très commun parmi les Juifs. (Il est parlé de neuf Simon dans le Nouveau Testament.)

L'action d'oindre les pieds de parfums n'était pas sans précédent ; la seule coïncidence remarquable est le fait que Marie, sœur de Lazare, et « *la pécheresse* » aurait toutes deux essuyé avec leurs cheveux les pieds du Seigneur (Luc.7.38; Jean.12.3). Comme expression de l'hommage d'un cœur fidèle, la répétition d'un tel acte n'a rien d'extraordinaire. La gloire de la femme est dans ses cheveux (1Cor.11.15) ; ils occupent la place la plus honorable, tandis que les pieds sont inférieurs. Selon nous, il s'agit donc ici d'un fait différent de celui qui est rapporté par les trois autres évangiles ; Marie, sœur de Lazare, agissait par un motif de reconnaissance, car elle avait trouvé la vie éternelle dans les paroles de Christ, et Il lui avait rendu son frère. Mais la « *pécheresse* » réclamait le pardon de ses péchés, aussi elle n'ose pas s'approcher trop de Jésus et se contente d'oindre ses pieds. Ce qu'elle avait jusqu'alors employé au service de l'iniquité, elle le consacre maintenant à la justice.

Notre Seigneur avait été invité par un des pharisiens à manger avec lui ; ce n'était pas la première fois qu'il recevait une telle invitation (Luc.11.37). Il accepta immédiatement : « *étant entré dans la maison du pharisien, il se mit à table* ».

Il peut sembler étrange qu'une femme telle que la pécheresse soit entrée dans la salle, sans y être invitée par le maître de la maison ou par le Seigneur, et qu'elle ait pu offrir son hommage. En Orient, les repas sont souvent pris en public, et les distinctions de rang ne sont pas aussi marquées que chez nous ; d'ailleurs, le désir ardent de cette femme l'aurait rendue capable de franchir toutes les barrières. Le pharisien se montre bien ici tel qu'il est ordinairement, incapable de s'élever au-dessus des cérémonies de la loi, et ne se préoccupant que d'une sainteté tout extérieure ; il aurait dit volontiers à la femme, si elle s'était approchée de lui : « Retire-toi, car je suis plus saint que toi ! » Dans la conclusion à laquelle il arrive : « *Si celui-ci était prophète, il saurait bien qui est cette femme qui le touche, et ce qu'elle est* », nous voyons que le discernement des esprits était, selon les juifs, l'un des signes caractéristique du vrai prophète, et par conséquent du Messie (Esa.11.3-4 ; 1Rois.14.6 ; 2Rois.1.3 ; 5.26). Le pouvoir de sonder les cœurs est sans cesse attribué au Seigneur, dans le Nouveau Testament (Mat.12.25 ; Jean.1.47-49 ; 2.25 ; 4.29 ; 6.61).

Le pharisien se posait à lui-même ce dilemme au sujet de son hôte : Ou bien il ne connaît pas le vrai caractère de cette femme, et dans ce cas il ne possède pas le discernement des esprits qui caractérise un vrai prophète ; ou bien, s'il connaît cette femme, et que cependant il reçoive son hommage, il manque de cette sainteté qui appartient également à un prophète ; il ne peut donc être un vrai prophète. En pensant à tout cela, le pharisien pouvait regretter d'avoir invité le Seigneur à manger avec lui. Le Seigneur montre qu'il connaît bien les pensées des cœurs, en disant au pharisien : « *Simon, j'ai quelque chose à te dire* ». Celui-ci ne peut refuser d'entendre ; il n'a d'ailleurs pas perdu tout respect pour son hôte : « *Maître, parle* ». Alors Jésus prononce cette parabole :

« *Un créancier avait deux débiteurs ; l'un devait cinq cents deniers, et l'autre cinquante* ». En soi, ces paroles sont aisées à comprendre, mais leur application présente certaines difficultés. Dieu est le créancier, les hommes sont ses débiteurs (Mat.18.24) et les péchés sont les dettes (Mat.6.12). Les sommes dont il est parlé ici varient, mais non dans la même proportion que celles de la parabole du serviteur impitoyable (Mat.18.24-28). Ici les sommes ne varient que dans la proportion de dix à un, car il n'y a pas une grande différence entre les péchés de l'un et ceux de l'autre contre Dieu.

« *Et comme ils n'avaient pas de quoi payer, il leur fit grâce à tous les deux. Dis-moi donc, lequel l'aimera le plus ? Et Simon répondant, dit : Je suppose que c'est celui à qui il a fait la plus grande grâce. Et il lui dit : Tu as très bien jugé* ». Faut-il conclure de ces paroles, comme il le semble au premier abord, qu'il y a un avantage à commettre plus de transgressions, à devoir cinq cents deniers plutôt que cinquante, que plus on est éloigné de Dieu, plus ensuite on s'attache à Lui ? que plus on a péché, plus on aime ? Et, dans ce cas, la conséquence ne serait-elle pas celle-ci : « Faisons le mal, pour qu'il en arrive du bien », péchons beaucoup maintenant, afin d'aimer beaucoup plus tard, et d'éviter cette tiédeur d'affections qui sera le partage de ceux qui ont moins péché ? Ne pourrait-on pas penser alors qu'être préservé de péchés grossiers, avant la conversion, constitue un obstacle à une fervente communion d'amour avec le Sauveur ? Mais la difficulté disparaît lorsque nous envisageons la dette à un point de vue *subjectif,* comme étant la conscience que chacun peut avoir de son péché, laquelle n'est nullement en proportion avec les transgressions positives de la loi de Dieu. Souvent ceux qui sont le moins chargés de crimes (pour parler le langage du monde) ont le sentiment le plus profond de la gravité du péché, et sont d'autant plus reconnaissants pour le don d'un Rédempteur. Mais « *celui à qui il est peu pardonné* » n'est pas nécessairement celui qui a peu péché, mais plutôt celui qui n'a pas un sentiment profond de sa culpabilité, de sa part dans la corruption universelle ; un tel homme sera disposé à croire qu'il peut se passer d'un Sauveur. Il aime peu, parce qu'il ne comprend pas la délivrance qui lui est offerte, parce qu'il n'a jamais su ce que c'était que de gémir sous la malédiction de la loi, et que d'être amené à la liberté des enfants de Dieu.

Simon lui-même aimait peu, parce qu'il avait peu le sentiment de son péché ; son manque d'amour se montrait dans de petits détails. Regardant son invitation comme un hommage suffisant rendu à son hôte, il lui avait refusé les honneurs ordinaires ; il ne lui avait pas lavé les pieds (Gen.18.4 ; Jug.19.21 ; 1Tim.5.10), ni donné le baiser de paix (Gen.33.4 ; Exo.18.7), ni oint sa tête d'huile (Psa.23.5 ; Mat.6.17). Cette femme avait fait beaucoup plus ; elle avait lavé de ses larmes les pieds du Sauveur[a], les avait essuyés avec ses cheveux et multiplié ses baisers.

« C'est pour cela que je te dis : Ses péchés qui sont nombreux sont pardonnés, car elle a beaucoup aimé ; or celui à qui l'on pardonne peu, aime peu. » Comment établir l'accord entre ces mots et la parabole, car elle nous dit que le débiteur aime beaucoup, parce qu'il lui est beaucoup pardonné ; comment aussi accorder ces mots avec l'enseignement général de l'Écriture, qui dit que nous aimons Dieu parce qu'il nous a aimés le premier, que la *foi* est une condition du pardon, et non l'amour, qui en est la conséquence. Quelques interprètes ont dit que nous avons ici la cause pour l'effet, que les mots : *« ses péchés sont pardonnés, car elle a beaucoup aimé »*, signifient : « ses péchés sont pardonnés, c'est pourquoi elle a beaucoup aimé ». Mais elle ne savait pas encore que ses péchés lui étaient pardonnés ; de plus, il n'est pas légitime de faire une telle violence au texte ; les lois du langage doivent être respectées. Ces mots : *« car elle a beaucoup aimé »* s'expliquent si nous considérons ce que sont la douleur du péché et le désir du pardon et quelle est leur source. Ils procèdent du sentiment que les péchés font séparation d'avec Dieu qui est amour, et que nous avons besoin de cet amour. Le péché qui n'est pas pardonné fait obstacle à l'amour ; le désir du pardon est le désir que cet obstacle soit ôté, en sorte que le cœur puisse aimer et se sentir aimé. Ce désir lui-même est déjà

---

a. Saint Augustin : « Elle les lava avec le sang de son cœur. »

de l'amour, dans une certaine mesure ; c'est le bouton de la fleur, qui ne s'épanouira que lorsque la parole de grâce aura été prononcée. C'est dans ce sens que cette femme « *aime beaucoup* ». Tout ce qu'elle faisait attestait le désir intense de son cœur, d'une réconciliation avec un Dieu d'amour, dont elle était séparée par ses péchés. Ses larmes et ses services témoignaient de son désir d'aimer Jésus et de se savoir aimée de Lui ; à cause de cela, son amour, qui, en réalité, était de la foi, lui obtint le pardon de ses péchés. Reconnaître qu'une vie sans Dieu est une mort, et qu'en Dieu seul il y a plénitude de grâce et de bénédictions, et qu'il est disposé à remplir tous les cœurs qui se tournent vers Lui, cela seul peut enrichir l'homme du don céleste ; le pharisien, enfermé dans sa justice légale, ne comprenait pas ces choses.

« *Il dit à la femme : Tes péchés te sont pardonnés* » (Luc.5.20). « Là où le péché avait abondé, la grâce a surabondé ».

XVII.
Le bon samaritain

Luc.10.30-37

Il n'est pas nécessaire d'attribuer une intention perfide au légiste qui « *se leva* » pour interroger Jésus. La question elle-même : « *Que me faudra-t-il avoir fait pour hériter de la vie éternelle ?* » ne pouvait être un piège ; « Jésus aima » celui qui la lui adressa dans une autre circonstance (Marc.10.21). La réponse du Seigneur prouve qu'il s'agit de paroles sincères, qui méritent d'être prises en considération. Il est vrai que le légiste « *se leva pour tenter* » Jésus, mais il est dit la même chose d'un autre légiste (Mat.22.35), qui n'était cependant « pas loin du royaume de Dieu » (Marc.12.34). Le mot « *tenter* » signifie proprement *éprouver,* et tout dépend ici du mobile. Ainsi Dieu « *tente* » l'homme quand Il lui fait subir une épreuve salutaire, pour lui révéler les secrets de son propre cœur ; Il « tente l'homme pour manifester le bien qui est en lui (Gen.22.1 ; Héb.11.7), pour lui montrer son péché, pour l'humilier et lui faire à la fin du bien (Deu.8.3-13). Le tentateur seul (Mat.4.3) « *tente* » dans le but unique d'irriter l'homme et de faire abonder son péché. L'intention du légiste est simplement louable. Il est probable que la renommée de ce jeune docteur galiléen était parvenue à ses oreilles, et qu'il voulait éprouver son habileté ; dans ce but, il lui adresse cette question : « *Que me faudra-t-il avoir fait pour hériter de la vie éternelle ?* »

Le Seigneur répond à cette question par une autre : « *Qu'est-il écrit dans la loi ? comment lis-tu ?* » Comme s'il disait : « Qu'est-il besoin de m'interroger ? La réponse que tu désires n'est-elle pas dans la loi que tu médites ? » Le légiste se montre digne de son titre, car il cite avec raison Deut.6.5 et Lév.19.18 comme renfermant le sommaire de la loi. Il fait preuve d'un vrai discernement spirituel. Mais il ne se doute pas de toute la portée de ses paroles ; le Seigneur le lui fait comprendre : « *Tu as très bien répondu ; fais cela et tu vivras* ». Il faut que sa connaissance se traduise en vie ; alors tout ira bien pour lui. Sa conscience est atteinte : « *Voulant se justifier, il dit à Jésus : Et qui est mon prochain ?* » Cette question, ainsi que celle de Pierre (Mat.18.21), témoignait d'un fâcheux état intérieur, de l'ignorance du véritable amour, qui ne connaît pas de limites, et ne reçoit de loi que de lui-même.

Le Seigneur donna au légiste ce dont il avait besoin, dans la parabole suivante : « *Un homme descendait de Jérusalem à Jéricho* ». Il est probable que cet « *homme* » est un Juif, alors même que cela ne nous est pas dit expressément. Il « *descendait* », car Jérusalem est beaucoup plus élevée que Jéricho ; on disait toujours : « *monter* » quand il s'agissait d'y aller. La distance entre ces deux villes était d'environ cent cinquante stades ; la route traversait une contrée aride, « *un désert* » (Deut.34.3 ; Jos.16.1). La plaine de Jéricho, véritable oasis dans le désert, était d'une grande fertilité (Jug.1.16 ; 2Chr.28.15), renommée pour ses roses, son miel et les meilleurs produits de la Palestine. Le misérable village de Riha occupe aujourd'hui l'emplacement de l'ancienne Jéricho. Pendant son voyage, « *il tomba entre les mains des brigands, qui, après l'avoir dépouillé et couvert de plaies, s'en allèrent, le laissant demi-mort* ». Josèphe raconte que la Palestine était alors infestée de brigands, et Jérôme nous apprend qu'une partie de la route de Jérusalem à Jéricho était appelée *le chemin du sang,* à cause du sang qui y avait été répandu ; il y avait là une garnison romaine, pour la protection des voyageurs. Aujourd'hui encore, les Arabes du désert pillent fréquemment ceux qui parcourent cette contrée.

Tandis que le pauvre voyageur gisait sur la route, baigné dans son sang, « *accidentellement un sacrificateur descendit dans ce chemin* » ; c'était une *coïncidence,* comme il y en a dans la vie de chacun, et qui ne doit pas être attribuée au hasard. C'est la main même de Dieu qui amène les besoins de quelqu'un en contact avec le secours qui lui est nécessaire. Celui qui « *descendait dans le chemin* » négligea l'occasion qui lui était fournie ; c'était un sacrificateur, peut-être l'un de ceux qui résidaient à Jéricho ; il allait à Jérusalem pour remplir ses fonctions, ou bien, il retournait chez lui après s'en être acquitté. Quoi qu'il en soit, jamais il n'avait compris le sens de cette parole : « Je veux miséricorde, et non sacrifice », car « *lorsqu'il l'eut vu, il passa du côté opposé. Pareillement aussi un lévite qui arrivait en ce lieu, venant et voyant, passa du côté opposé* ». Tacite dépeint sous les couleurs les plus sombres le caractère peu bienveillant des Juifs ; il reconnaît cependant qu'ils étaient miséricordieux envers ceux de leur nation ; ici, cette miséricorde elle-même fait défaut ; ils se détournent de leur frère qui gisait dans son sang.

On ne peut douter qu'ils ne cherchassent à se justifier vis-à-vis de leur conscience par la crainte qu'ils avaient des brigands, ou bien, tout secours, pensaient-ils, était inutile ;

on pourrait d'ailleurs les accuser eux-mêmes du meurtre. Le sacrificateur se disait peut-être qu'il n'avait pas le temps de s'arrêter, que le service du temple ne pouvait être retardé ; que le lévite qui venait derrière lui pouvait aussi bien soulager ce malheureux. De son côté, le lévite peut s'être dit à lui-même qu'il n'était pas obligé de remplir un devoir dont le sacrificateur s'était dispensé. C'est pourquoi ils abandonnèrent leur compatriote.

« *Mais un Samaritain qui voyageait, vint vers lui.* » Cet homme était exposé aux mêmes dangers que ceux qui l'avaient précédé ; d'ailleurs ce n'était pas un compatriote qui réclamait son aide, mais un membre d'une nation hostile ; toutefois il ne céda pas à de telles pensées ; lorsqu'il le vit, « *il fut ému de compassion* ». C'était la meilleure chose qu'il pût donner, avant tout le reste. Il lui était réservé de montrer ce qu'est le véritable amour, qui ne tient aucun compte de la différence ethnique [a]. Le Juif appelait le Samaritain : un prosélyte des lions, un idolâtre qui adorait l'image d'une colombe ; il le maudissait publiquement dans la synagogue, priait qu'il n'eût aucune part à la résurrection de vie ; le Samaritain, de son côté, rendait outrage pour outrage. Nous en avons des preuves dans les évangiles (Jean.4.9 ; Luc.9.53). Josèphe raconte que les Samaritains ne se contentaient pas de refuser l'hospitalité aux Juifs qui se rendaient aux fêtes de Jérusalem ; ils cherchaient quelquefois à les tuer.

Mais le cœur du Samaritain de la parabole n'était pas dur. « *Il banda ses blessures en y versant de l'huile et du*

---

a. Notre Seigneur appelle le Samaritain « *un étranger* ». (Luc.17.18) Dans l'antiquité on regardait ce peuple comme païen. (2Rois.21.13 ; 17.6,23-24 ; Jér.17.15).

vin », (remède employés en Orient) et ne craignit pas d'y consacrer tout le temps nécessaire. « *Ensuite il le mit sur sa propre monture et le mena dans une hôtellerie.* » Il ne voulut pas le confier à des étrangers aussi longtemps qu'il put le soigner lui-même ; « *il prit soin de lui* ». « *Le lendemain, en partant, il tira deux deniers et les donna à l'hôte, et lui dit : Aie soin de lui, et tout ce que tu dépenseras au delà je te le rendrai à mon retour.* » Il allait sans doute à Jérusalem pour quelque affaire importante et reviendrait dans peu de jours.

Cette parabole, qui nous invite à « revêtir des entrailles de miséricorde, » à accomplir tous les devoirs de la charité, est surtout magnifique et puissante pour nous exciter à la charité et aux bonnes œuvres lorsque nous y voyons l'œuvre de Christ, du Fils de l'homme plein de miséricorde. Tous les détails de la parabole conviennent à une telle interprétation. Jésus-Christ seul a parfaitement accompli la loi ; Il nous a montré qui nous devons aimer et comment nous devons aimer ; Il peut bien se proposer Lui-même en exemple, car son œuvre est de sauver tous ceux qui périssent.

Le voyageur représente la nature humaine, ou Adam, comme chef de notre race. Il a abandonné Jérusalem, la cité céleste, et descend à Jéricho, la cité profane, qui est sous la malédiction (Jos.6.26 ; 1Rois.16.34). Mais dès qu'il a quitté la sainte cité et qu'il a tourné ses désirs du côté du monde, il tombe entre les mains de celui qui est à la fois un voleur et un meurtrier (Jean.8.44) ; il est dépouillé de la robe de sa justice originelle, blessé grièvement, frappé de coups mortels ; chaque passion coupable est une plaie par laquelle s'échappe la vie de son âme. Mais il n'est pourtant pas tout à fait mort ; le relèvement de l'homme aurait été impossible s'il n'y avait plus en lui aucune étincelle de vie divine, aucune vérité qui pût être dégagée de son injustice. L'homme est « *demi-mort* » ; il a toujours une conscience qui témoigne en faveur de Dieu ; il a le sentiment d'avoir perdu quelque chose et quelquefois un désir de délivrance. Son cas n'est pas désespéré entre les mains du Médecin tout-puissant et miséricordieux. Lui seul peut rendre à l'homme ce qu'il a perdu, bander les blessures de son âme ; la Loi ne pouvait le faire. « S'il eût été donné une loi qui pût faire vivre, la justice serait réellement par une loi » (Gal.3.21). Elle est semblable au bâton d'Elisée mis sur le visage de l'enfant mort, mais sans pouvoir le ramener à la vie (2Rois.4.31) ; il fallut, pour cela, la présence d'Elisée lui-même. Les sacrifices ne pouvaient non plus délivrer du péché, ni purifier la conscience. Prêtre et lévite furent également impuissants à secourir.

S'il faut absolument donner un sens précis à « *l'huile* » et au « *vin* », nous dirons avec Chrysostome que l'huile représente l'onction du saint Esprit et le vin le sang de la Passion. Les sacrements ont été souvent appelés les *pansements* pour les blessures de l'âme ; c'est Dieu Lui-même qui les pose. Le Samaritain qui place l'homme blessé sur sa propre monture et marche à ses côtés nous rappelle Celui qui, étant riche, s'est fait pauvre pour nous, afin que par sa pauvreté nous fussions enrichis, et qui est venu pour servir. « *L'hôtellerie* » est une image de l'Église qui prend soin des âmes guéries ; on l'a appelée un *hospice,* dans lequel le Fils de l'homme place tous ceux qu'il a délivrés du pouvoir de Satan et où Il les soigne jusqu'à ce qu'ils aient retrouvé une santé parfaite

(Malachie.4.2 ; Osée.14.4 ; Mat.13.15 ; Apo.22.2). Comme le Samaritain, Jésus ne peut être toujours présent de corps auprès de ceux dont Il a commencé la guérison ; il faut qu'il « *s'en aille* », mais non pas sans leur laisser une riche provision de grâce jusqu'au moment de son retour.

Les « *deux deniers* » comprennent tous les dons et les grâces que le Seigneur a confiés à son Église. Le Samaritain « *tira deux deniers et les donna à l'hôte, et lui dit : Aie soin de lui ;* » de même, Jésus-Christ a dit à Pierre et à tous les apôtres : « Pais mes brebis », « Pais mes agneaux » (Jean.21.15-17 ; cf. Jean.20.22-23). Il leur a remis, ainsi qu'à leurs successeurs, la dispensation des mystères de l'Évangile pour le salut de son peuple. Aucun travail accompli pour Lui ne sera vain ; Il regardera comme fait à Lui-même ce qui sera fait pour le moindre de ses frères (1Pi.5.2,4).

Admirons la divine sagesse avec laquelle, après avoir terminé la parabole, Christ reprend la question du légiste et dit : « *Lequel donc de ces trois te semble avoir été le prochain de celui qui était tombé entre les mains des brigands ?* » Qui est le prochain, celui qui témoigne de l'amour ou celui qui n'en témoigne pas ? L'amour est comme le soleil, qui ne s'informe pas de ce qu'il éclaire ou réchauffe, mais luit et réchauffe par la loi de sa propre nature, en sorte qu'il est bienfaisant pour tous. La parabole est une réponse à l'esprit qui avait dicté la question du légiste plutôt qu'à cette question elle-même. Le Seigneur ajoute : « Va, et toi fais de même » (Luc.6.36 ; Col.3.12 ; 1Pi.3.8). Il a voulu faire sentir à ce légiste l'abîme qui existait entre sa connaissance et sa vie.

XVIII.
L'ami qui vient à minuit

Luc.11.5-8

Il est facile de reconnaître le rapport qui existe entre cette parabole et les paroles qui précèdent. « *Il arriva, comme Il était quelque part en prière, qu'après qu'il eut cessé quelqu'un de ses disciples lui dit : Seigneur, enseigne-nous à prier comme aussi Jean l'a enseigné à ses disciples.* » En réponse à leur demande, Il leur donne un vrai modèle et leur montre ensuite dans quel esprit, avec quelle ferveur et quelle persévérance ils doivent prier. Ce n'est pas qu'il s'agisse de vaincre un mauvais vouloir de Dieu ; ce mauvais vouloir n'est qu'apparent, comme dans le cas de la femme syro-phénicienne (Mat.15.21). Le Fils de l'homme savait qu'elle triompherait par sa foi de tous les obstacles, en sorte que cette foi en serait fortifiée, purifiée. De même, l'ange de l'Alliance lutta avec Jacob durant toute une nuit, et se laissa vaincre en laissant au patriarche une précieuse bénédiction.

La parabole qui nous occupe se rattache à un événement très ordinaire : « *Que l'un d'entre vous ait un ami et qu'il aille vers lui, à minuit, et lui dise : Ami, prête-moi trois pains, car un de mes amis est arrivé chez moi et je n'ai rien à lui présenter.* » Ces paroles ont été interprétées dans un sens allégorique et mystique. On a dit que l'hôte de minuit représente l'esprit humain, fatigué d'errer dans le monde et affamé d'une nourriture céleste, de la vraie justice. Mais celui chez lequel il arrive, « l'homme charnel, qui n'a pas l'Esprit », n'a rien à lui présenter ; dans sa pauvreté spirituelle, il doit s'adresser à Dieu et réclamer de Lui la nourriture de l'âme. Saint Augustin, à propos, de cette parabole, montre à ses auditeurs l'absolue nécessité de rendre compte de leur foi, de telle sorte qu'ils puissent persuader les autres ; car, dit-il, il se peut qu'un païen, ou un hérétique, ou un catholique de nom seulement, fatigué de ses erreurs et désirant connaître la foi chrétienne, vienne leur demander l'instruction dont il a besoin. Il faut alors qu'ils puissent lui présenter quelque chose ; s'ils n'ont rien, ils doivent s'adresser à Dieu, lui demandant la lumière pour en instruire d'autres. Pour Vitringa, l'hôte de minuit est le monde païen ; celui qui le reçoit représente les disciples de Jésus, qui peuvent nourrir du pain de vie ceux qui vont à eux. On a vu dans les « *trois pains* » la Trinité ou les trois dons les plus précieux de l'Esprit : la foi, l'espérance et la charité.

« Si cet homme, répondant de l'intérieur, disait : Ne m'importune pas ; la porte est déjà fermée et mes petits enfants » ou, selon quelques-uns, *« mes serviteurs » « sont avec moi dans le lit, je ne puis me lever pour t'en donner. »* Cela signifie, d'après l'interprétation allégorique : « Tous ceux qui ont obtenu le droit d'être appelés mes enfants sont entrés dans mon royaume et se reposent maintenant avec moi ; il est trop tard pour demander d'entrer ».

« Je vous dis que lors même qu'il ne se lèvera pas pour lui en donner, parce qu'il est son ami, toutefois, à cause de son importunité, il se lèvera et lui donnera tout ce dont il a besoin. »

Les traducteurs ont un peu affaibli l'expression dont se sert ici le Seigneur. Ce n'est pas tant son « *importunité* » qui lui fait obtenir les pains que sa « *hardiesse* » ou son « *effronterie* », qui s'est traduite par plusieurs appels successifs, dont le dernier obtient une réponse. Toutefois, s'il est hardi, ce n'est pas pour lui-même, mais pour un autre, afin de pouvoir remplir les devoirs de l'hospitalité ; de même, Abraham dans sa prière d'intercession (Gen.18.23-33). A cause de son « *importunité* », le suppliant de la parabole triomphe ; il obtient non seulement les « *trois pains* », mais « *tout ce dont il a besoin* ». « Le royaume des cieux est forcé, et les violents le ravissent. » Saint Augustin a dit : « Les choses qu'on a longtemps désirées sont plus précieuses quand on les obtient ; celles qui sont promptement accordées perdent bientôt leur valeur » ; « Dieu retient ses dons pour un temps, afin que tu apprennes à désirer avec énergie les grandes choses ». Le Seigneur ajoute, comme conclusion : « *Demandez, et l'on vous donnera ; cherchez, et vous trouverez ; heurtez, et l'on vous ouvrira* ». Il y a une gradation du premier de ces termes au dernier ; le suppliant doit insister avec une ferveur toujours plus grande, jusqu'à ce qu'il reçoive ce que Dieu veut lui donner dans le temps convenable.

XIX.
Le riche insensé

Luc.12.16-21

Le Seigneur fut interrompu au milieu de son discours. L'un de ses auditeurs est si peu captivé par ce qu'il entend, mais a tellement à cœur le redressement d'un tort dont il croit être victime, qu'il interrompt Jésus par la question intempestive qui fournit l'occasion de cette parabole : « *Maître, dis à mon frère de partager avec moi l'héritage* ». Il est donc probable que son frère gardait pour lui seul la part du patrimoine qui lui revenait à juste titre. On a souvent prétendu qu'il n'avait rien à réclamer, mais qu'il espérait malgré cela obtenir du Seigneur l'objet de sa convoitise. La parabole contient un avertissement contre « *l'avarice* ; » l'inopportunité de la demande de cet homme prouvait qu'il était entièrement absorbé par les intérêts matériels et fermé aux choses spirituelles. Il n'y avait aucun mal à ce qu'il réclamât l'arbitrage de Christ, car c'était là tout ce qu'il désirait (Actes.7.27,35 ; Exo.2.14) ; saint Paul recommande un tel appel pour juger les différends entre frère (1Cor.6.1-6).

Mais, quoique la demande fût légitime en soi, Christ refusa absolument d'y accéder ; il ne voulut pas s'ingérer dans les affaires de la vie ordinaire. La vérité qu'il proclamait devait modifier profondément l'organisation sociale, mais son œuvre était purement intérieure et spirituelle. Il a toujours évité, à cet égard, les pièges que lui tendaient ses adversaires ; sa réponse ici : « *Ô homme, qui m'a établi pour être votre juge ou pour faire vos partages ?* » contient une allusion à Exo.2.14. Il déclare clairement qu'il ne veut pas participer à l'erreur de Moïse, ni s'ingérer dans des affaires étrangères à sa mission spéciale. Mais, tout en refusant à cet homme ce qu'il désirait, Il lui donne quelque chose de meilleur, un avertissement, qui s'adresse aussi à la multitude : « *Ayez soin de vous garder de l'avarice*[a] *; car quoiqu'un homme soit dans l'abondance, il n'a pas la vie par ses biens.* » Lors même que cet homme eût possédé l'héritage entier, il n'aurait pas ou plus de vie, car la vie ne consiste pas dans l'abondance de biens terrestres. La langue grecque a deux mots pour désigner « *la vie* » : l'un exprime les ressources matérielles, la subsistance, l'autre la vie en soi ; Jésus parle ici de cette dernière. Un homme peut se procurer l'existence (βίος) par le moyen de ses biens terrestres, qui sont eux-mêmes appelés « sa subsistance, » « sa vie » (Marc.12.44 ; Luc.8.43 ; 15.12 ; 21.4 ; 1Jean.3.17), mais il ne peuvent lui donner la vie (ζωή) en elle-même. Le souffle de ses narines vient de Dieu ; toutes ses richesses, quelque grandes qu'elles soient, ne peuvent lui conserver la vie si le souffle lui manque. Si cela est vrai de la vie naturelle, combien plus de la vie spirituelle, qui est paix et joie ; les biens terrestres peuvent l'entraver, l'étouffer, mais non pas la produire. Cette vie est un don de Dieu ; elle lui appartient. Le double sens du mot « *vie* » fournit la clé de notre passage.

Jésus-Christ va illustrer par une parabole cette vérité so-

---

a. Lachmann, Tichendorff : « *de toute avarice* ».

lennelle, que la vie d'un homme ne consiste pas dans ses biens ; sa vie inférieure peut lui être subitement ravie, et, en la perdant, il peut avoir tout perdu. « *Les terres d'un homme riche avaient beaucoup rapporté.* » Il ne s'agit pas ici d'un spoliateur ; ses biens sont légitimes, il les possède en abondance ; Dieu a béni ses travaux. Mais il a oublié le donateur pour ne penser qu'à ses dons ; ce qui aurait dû le rapprocher de Dieu l'en a éloigné (Pro.1.32). Sa prospérité lui devient un piège ; il ne suit que les désirs insensés de son cœur. On pourrait croire que le danger de mettre son cœur aux richesses périssables est le plus grand lorsqu'elles nous échappent. L'expérience nous donne un autre enseignement, à savoir que les pertes matérielles sont un remède contre l'avarice, tandis que l'abondance des biens ne sert qu'à la fortifier[a] (Eccl.5.10).

« Et il raisonnait en lui-même, disant : Que ferai-je, car je n'ai pas où rassembler mes fruits ? » Quelques interprètes voient dans ces paroles l'anxiété de celui que ses richesses embarrassent[b]. Il vaut mieux dire qu'ici le voile est levé et que nous sommes introduits dans le cabinet secret du cœur d'un mondain, qui se glorifie de ses richesses. Lorsqu'il dit : « Je n'ai pas où rassembler mes fruits », on a très bien répondu : « Tu as des greniers, qui sont les demeures des pauvres, les maisons des veuves, les bouches des orphelins ». Augustin dit à celui qui emploie mal ses biens et se trouve ainsi en danger de les perdre : « Dieu ne désire pas que tu perdes tes richesses, mais que tu les transportes ailleurs. Suppose

---

a. Cf. Le proverbe latin : « Avarum irritat pecunia, non satiat » (la richesse aiguillonne l'avare, elle ne le satisfait pas).

b. Augustin : « Turbavit hominem copia plus quam inopia » (l'homme est plus troublé par l'abondance que par la pauvreté.)

qu'un ami, entrant chez toi, voie que tu as déposé tes fruits sur un plancher humide, et que, sachant bien quelle en sera la conséquence, il te dise : « Frère, tu perds les choses que tu as recueillies avec beaucoup de peine ; tu les as placées dans un lieu humide, dans quelques jours elles seront gâtées : que faut-il faire alors ? les transporter dans une salle plus haute : tu écouterais ce conseil de ton frère, et tu ne veux pas cependant écouter Christ, lorsqu'il te conseille de transférer ton trésor de la terre au ciel ».

L'homme de la parabole aurait été sage en agissant ainsi, mais il prend autre résolution : « *Voici ce que je ferai : j'abattrai mes greniers, et j'en bâtirai de plus grands, et j'y rassemblerai tous mes produits et tous mes biens, et je dirai à mon âme : Mon âme, tu as beaucoup de biens en réserve pour beaucoup d'années ; repose-toi, mange, bois, réjouis-toi* ». Lorsqu'il aura une citadelle pour s'y réfugier, il se reposera de ses travaux. Il y a une ironie aussi mélancolique que profonde dans ce langage qu'il tient à son âme, car cette âme, qui pouvait être mise, en effet, au service de la chair, aurait pu aussi être animée par l'Esprit divin, pour la connaissance et l'amour de Dieu. Malgré la parole de Salomon : « Ne te vante pas du lendemain » (Pro.27.1), il se vante de « *plusieurs années* » ; il espère, comme Job, multiplier ses jours comme le sable et mourir dans son lit (Job.29.18).

Voyons maintenant ce que Dieu lui dit : « *Insensé, cette nuit même on te redemandera ton âme* ». « *Insensé* », ce titre est opposé à sa fausse sécurité ; « *cette nuit* », au lieu de « *plusieurs années* » ; son « *âme* », qu'il voulait engraisser, lui sera impitoyablement « *redemandée* ». Mais comment Dieu lui parla-t-il ? Par un pressentiment de sa mort prochaine, par un cri d'alarme de la conscience, par quelque maladie mortelle ? Je ne pense pas que ce fût par l'un de ces moyens. Tandis qu'il formait tous ses plans dans une parfaite sécurité, Dieu préparait sa sentence dans des conseils secrets. Non seulement son âme « *lui sera redemandée* », mais « elle lui *est* redemandée », la sentence va s'exécuter. Les anges en seront chargés eux qui sont les ministres du jugement (Job.33.22). Théophylacte : « Quant au juste, son âme ne lui est pas redemandée, mais il la remet librement à Dieu ». Le pécheur, qui a matérialisé, opprimé son âme, a rendu d'autant plus pénible sa séparation d'avec le corps ; aussi, elle doit lui être redemandée (Job.27.8).

« *Et les choses que tu as préparées, à qui seront-elles ?* » (Psa.39.6 ; Eccl.2.18-19,21,26 ; Jean.17.11). « *Il en est ainsi pour celui qui thésaurise pour lui-même et qui n'est pas riche quant à Dieu.* » Le moi et Dieu sont ici les deux pôles entre lesquels l'âme est placée ; elle doit se déterminer pour l'un ou l'autre, et en faire le but de tous ses efforts. » Si elle se décide pour le premier, alors l'homme « *thésaurise pour lui-même* » ; nous en avons vu la conséquence : l'homme et son trésor périssent ensemble. Il s'enrichit extérieurement et s'appauvrit intérieurement, « *quant à Dieu* », quant aux vraies richesses. Selon l'Écriture, c'est le cœur qui fait un homme vraiment riche ou pauvre. Celui qui n'a pas d'amour pour Dieu, pas d'affections spirituelles, pas de sympathie pour ses frères, est « misérable, pauvre, aveugle et nu ». Il est pauvre quant à Dieu ; il n'a aucune part avec Dieu. Mais celui-là est vraiment riche qui est « *riche quant à Dieu* », riche en Dieu ; qui a fait de l'éternel et de l'immuable le premier objet de ses désirs et de ses efforts. Il possède tout en Dieu, quoiqu'il puisse être pauvre selon le monde ; la mort sera, pour lui, la prise de possession de ses richesses. Jésus-Christ, après avoir mis ses auditeurs en garde, contre l'avarice, et sachant qu'elle naît souvent du peu de confiance en la providence paternelle de Dieu (Héb.13.5), va leur montrer quel est le meilleur remède aux inquiétudes pour l'avenir, à savoir, l'assurance de sa tendre sollicitude à leur égard (v. 22-30).

XX.

Le figuier stérile

Luc.13.6-9

L'empressement de certains hommes à publier de mauvaises nouvelles, empressement qui procède d'une joie maligne, avait engagé quelques personnes à raconter au Seigneur le nouvel outrage dont Pilate s'était rendu coupable. Ils avaient bien compris que Jésus venait de parler des jugements terribles que les hommes s'attirent par leurs péchés, mais ils se gardaient bien d'en faire l'application à eux-mêmes. Il n'est pas fait mention ailleurs de cet outrage ; mais nous savons qu'on craignait toujours une révolte, ou du moins un tumulte, à l'approche des grandes fêtes ; une étincelle aurait suffi pour porter à son comble la résistance des Juifs à la domination romaine, et pour provoquer de sévères représailles de la part des gouverneurs romains. Une révolte des Galiléens [a] peut avoir été le prétexte du massacre, qui aurait eu lieu à Jérusalem, où l'on offrait les sacrifices (Lév.17.8-9 ; Deut.12.16-17 ; Jean.4.20). Pilate mêla leur sang à celui des victimes.

---

a. Josèphe dit que les Galiléens sont industrieux et honnêtes ; ils étaient méprisés des autres Juifs, parce qu'il se trouvait des païens parmi eux, et parce qu'ils étaient moins strictement orthodoxes. (Jean.7.52 ; Actes.2.7) Ils parlaient un dialecte assez rude, que ceux de Jérusalem ne comprenaient pas toujours.

Mais le Seigneur réprima les jugements cruels de ceux qui lui rapportèrent le fait : « *Pensez-vous que ces Galiléens fussent plus pécheurs que tous les Galiléens, parce qu'ils ont souffert de telles choses ?* » Il reconnaît qu'ils étaient pécheurs, mais non plus que leurs compatriotes, malgré leur soif de sang ; puis Il détourne, selon sa coutume, les regards de ses auditeurs, pour les placer en face d'eux-mêmes : « *Non, vous dis-je ; mais, à moins que vous ne vous convertissiez, vous périrez tous de même* ». Les malheurs qui atteignent les autres sont pour nous de puissants appels à la repentance. Au lieu de nous élever au-dessus de ceux qui souffrent, comme si nous étions plus justes qu'eux, et par conséquent exempts des mêmes tribulations, nous devons reconnaître que tout ce qui leur arrive, aurait pu nous arriver aussi à bon droit. Celui qui a appris à se connaître soi-même, verra dans le châtiment subi par un autre l'image de celui qui aurait bien pu l'atteindre avec justice, et un sérieux avertissement. Il reconnaît le rapport intime qui existe entre la souffrance et le péché, rapport affirmé par l'Écriture.

Pour illustrer plus complètement la vérité qu'il veut faire comprendre, le Seigneur cite un exemple de subite destruction : « *Ou pensez-vous que ces dix-huit sur qui est tombée la tour de Siloé et qu'elle a tués, fussent débiteurs (de Dieu) plus que tous les habitants de Jérusalem ?* » Tous devaient reconnaître dans ce fait un appel à la repentance ; il devait leur rappeler l'incertitude de la vie, éveiller en eux le sentiment du péché. Tous les désordres de la nature extérieure font partie de cette vanité à laquelle la création est soumise, et qui résulte du péché de l'homme (Rom.8.20-21) ; tous crient aux pécheurs : « *A moins que vous ne vous convertissiez, vous périrez tous semblablement* ». Cette menace s'accomplit pour la nation juive, lors du siège de Jérusalem. Si les Juifs avaient pris garde à l'avertissement, s'ils s'étaient repentis, ils auraient échappé à la ruine ; Dieu se montra patient envers eux, car il ne voulait pas qu'aucun pérît ; le discours sévère de Jésus se termine par une parabole, dans laquelle le miséricordieux Fils de l'homme proclame la grâce. Il apparaît comme Intercesseur devant la justice du Père céleste ; toute l'Écriture nous présente Dieu attendant que l'homme se repente.

Notre parabole nous prêche donc le long support et la sévérité de Dieu. « *Il disait cette parabole : Quelqu'un avait un figuier planté dans sa vigne.* » En Palestine, on voit souvent des figuiers et d'autres arbres dans les champs de blé ou dans les vignes. La vigne, ici, doit représenter le monde, et non pas le royaume de Dieu ; le peuple juif a été placé dans le monde pour porter beaucoup de fruit, pour glorifier Dieu. (Deut.4.6). Mais cette parabole est susceptible également d'une application universelle ; Israël représente tous ceux qui seront appelés à la connaissance de Dieu ; il y a donc ici un avertissement adressé à l'Église et à chaque âme individuelle (Mat.3.2 ; Jean.15.2).

« *Et il alla y chercher du fruit et il n'en trouva point.* » L'image bien connue qui compare les hommes aux arbres, et leur œuvre au fruit, est très juste ; le fruit d'un arbre, comme les œuvres d'un homme, est l'expression de la vie intérieure (Psa.1.3 ; Jean.17.8 ; Jean.15.2,4-5 ; Rom.7.4). L'Écriture parle de trois sortes d'œuvres : les *bonnes œuvres*, lorsque l'arbre a été rendu bon ; les *œuvres mortes*, celles qui ont une bonne apparence, mais ne procèdent pas d'un cœur renouvelé ; les *mauvaises œuvres*, lorsque l'arbre mauvais produit son fruit. Il s'agit dans la parabole des bons fruits, qui étaient absents (Marc.11.13).

« *Alors il dit au vigneron : Voici trois ans que je viens chercher du fruit dans ce figuier et que je n'en trouve point.* » Augustin dit que ces « *trois ans* » représentent les temps de la loi naturelle, ceux de la loi écrite et enfin ceux de grâce. Théophylacte : « Christ est venu trois fois, par Moïse, par les prophètes, et enfin il est venu en personne ». Olshausen voit ici une allusion aux trois ans de ministère du Seigneur. « *Coupe-le* » (Esa.5.5-6 ; Mat.7.19 ; Luc.19.41-44) ; « *pourquoi aussi rend-il la terre inutile ?* » Pourquoi l'arbre demeurerait-il, puisque non seulement il est stérile, mais encore qu'il nuit au sol dans lequel il est planté, qu'il en absorbe toute la graisse qui devrait servir aux arbres productifs. Tel était l'état de l'Église juive ; non seulement elle ne produisait aucun fruit de justice, mais, à cause d'elle, le nom de Dieu était blasphémé parmi les Gentils (Rom.2.24) ; les Juifs entravaient, en plusieurs manières, la diffusion de la connaissance de Dieu parmi les autres nations, par les influences pernicieuses de leur orgueil et de leur hypocrisie (Mat.23.13,15) ; ce qui était vrai d'une Église est également vrai de chaque pécheur en particulier : il n'est pas seulement stérile pour Dieu, mais encore, par son mauvais exemple, ses maximes corrompues, il empêche les autres d'entrer dans la bonne voie. Saint Basile fait remarquer que l'amour de Dieu se montre même dans ses menaces : « Il n'envoie pas les châtiments dans le silence ou secrètement, mais il les annonce, en invitant les pécheurs à la repentance ».

Avant qu'il soit coupé, la cognée est mise à la racine de l'arbre (Mat.3.10) ; elle peut agir immédiatement, mais elle peut aussi être enlevée. (2Chr.33.10) Le vigneron qui intercède en faveur de l'arbre : « *Seigneur, laisse-le encore cette année, jusqu'à ce que je l'aie déchaussé et que j'y aie mis du fumier* », est le Fils lui-même, l'Intercesseur des hommes (Job.33.23 ; Zac.1.12 ; Héb.7.25) ; ce n'est pas à dire que le Père et le Fils aient des pensées différentes au sujet des pécheurs ; on ne peut opposer l'amour à la justice quand il s'agit de Celui qui est à la fois Justice et Amour. Toutefois, il ne faut pas atténuer l'idée de la colère de Dieu contre le péché, ni celle du sacrifice de Christ, car ce sacrifice est bien une propitiation, et non pas simplement une assurance de l'amour de Dieu pour les pécheurs. La conciliation de ces deux vérités se trouve dans ces paroles : « l'Agneau égorgé dès la fondation du monde » (Apo.13.8) ; « préconnu avant la fondation du monde » (1Pi.1.20). Le sacrifice, qui a été accompli dans le temps, a été résolu par Celui qui l'a offert et par Celui qui l'a accepté, antérieurement au temps ; Dieu a toujours considéré l'homme en Christ. Les vues de Dieu à l'égard du pécheur n'ont point changé [a], parce que Celui qui connaît toutes choses a vu l'homme réconcilié en soit Fils dès la fondation du monde (Rom.16.25-26). A ce point de vue, nous pouvons considérer l'intercession de Christ comme ayant été efficace avant même qu'il montât au ciel pour s'y présenter devant Dieu en notre faveur ; le long support de Dieu envers les pécheurs se rattache à cette intercession.

---

a. Augustin : « Celui qui voulait se montrer miséricordieux, s'est opposé à soi-même comme intercesseur. »

Le grand Intercesseur plaide pour les hommes non pas afin qu'ils continuent à pécher impunément, mais afin que la sentence ne reçoive pas son exécution immédiate, pour voir s'ils se convertiront : « *S'il produit du fruit, c'est bien ; sinon, tu le couperas ensuite.* » Pendant cette année de grâce, le vigneron en prendra tout le soin nécessaire. Souvent les moyens de grâce sont multipliés aux pécheurs, avant d'être retirés pour toujours. Ainsi, avant le déluge ils eurent Noé, le « prédicateur de la justice » ; avant les grandes catastrophes du peuple juif il y eut de grands prophètes, tels que Jérémie, puis Jésus-Christ et ses apôtres. Il y a dans la vie de l'homme des époques décisives, d'où dépend tout son avenir. Telle fut l'époque du ministère de Jésus et des apôtres (Luc.19.42). Mais l'arbre demeura stérile, et il fut impitoyablement coupé. Dans la parabole, le Seigneur n'affirme pas que l'arbre demeurera stérile jusqu'à la fin ; il suppose qu'il puisse produire quelque fruit ; la porte est encore ouverte à la repentance, la liberté de l'homme est reconnue et respectée ; s'il est retranché, il devra n'en accuser que lui-même.

XXI.
LE GRAND SOUPER

Luc.14.15-24

Je ne reproduirai pas ici les arguments qui me convainquent que cette parabole est entièrement distincte de celle qui est contenue dans Mat.22.1-14. Dans la circonstance qui nous occupe, le Seigneur avait été invité à manger du pain dans la maison de l'un des chefs des pharisiens (v. 1). Le repas doit avoir été somptueux. Il réunissait probablement des amis et de riches voisins du pharisien (v. 12), parmi lesquels il y avait eu quelques contestations au sujet de la préséance (v. 7). En général, ces invités étaient, certainement hostiles au jeune docteur galiléen; mais l'un d'eux ne put s'empêcher d'accueillir avec joie quelques paroles du Seigneur (v. 15). Nous pouvons remarquer toutefois que son exclamation trahissait une grande confiance en soi-même; il semble ne pas douter de son admission dans le royaume de Dieu, et cependant il était encore possible qu'il n'y entrât pas, à cause de son attachement aux choses de la terre. C'est à lui et à nous tous que cette parabole est adressée.

« *Un homme fit un grand souper et il invita beaucoup de gens.* » Un souper a lieu ordinairement le soir; de même, a-t-on dit quelque fois, c'est le soir, à la « dernière heure » (1Jean.2.18; 1Cor.10.11), que Christ vint pour inviter les hommes à recevoir les bénédictions de l'Évangile. Mais ce rapprochement est forcé ; le mot « souper » n'indique ici que le repas principal de la journée. Ces « *gens* » que l'homme riche invita sont les Juifs[a] ; non pas, toutefois, la masse de la nation, mais ceux que l'on croyait le mieux disposés à recevoir la vérité, les plus religieux parmi le peuple, tels que les sacrificateurs et les anciens, les scribes et les pharisiens, par opposition aux péagers et aux pécheurs, et à la partie la plus méprisée de la nation.

« *Et il envoya son serviteur, à l'heure du souper, dire à ceux qui avaient été invités : Venez, car déjà tout est prêt.* » On a prétendu que ces invités, qui avaient besoin qu'on leur rappelât l'heure du festin, montraient ainsi le peu de cas qu'ils faisaient de l'invitation. Mais c'est une erreur, car tel était l'usage ; leur mépris de l'honneur qui leur était fait se montre dans leurs excuses. Il y eut sans doute, dans l'histoire du monde, une époque à laquelle on put dire, plus que dans aucune autre : « Déjà tout est prêt », une plénitude de temps dans laquelle les Juifs d'abord, puis les Gentils, furent appelés au royaume (Gal.4.1-4). Quelques interprètes voient dans ce serviteur qui fut envoyé les évangélistes et les apôtres, mais il représente plutôt le grand apôtre et souverain sacrificateur de notre profession, lequel étant en forme de Dieu revêtit la forme de serviteur pour accomplir sur la terre la volonté de son Père.

« *Et ils se mirent tous unanimement à s'excuser.* » Ces excuses, qui sont diverses, représentant les divers obstacles

---

a. Καλεῖν, *vocare*, est le mot propre pour désigner une invitation (Mat.22.3 ; Jean.2.2 ; 1Cor.10.27). L'homme peut toujours résister à l'appel.

qui retiennent les hommes loin de Christ. Le premier qui dit : « *J'ai acheté un champ, et je suis obligé de m'en aller pour le voir* », représente ceux que leurs richesses ont enorgueillis. Il va voir son champ, mais non dans l'esprit d'Achab lorsqu'il visita la vigne qu'il avait injustement acquise (1Rois.21.15-16), car il n'y a aucun mal dans ce qu'il veut faire ; au reste, il est à remarquer qu'aucun des invités ne prétexte une occupation mauvaise en soi, toutefois elles deviennent mauvaises parce qu'elles tiennent le premier rang. Il va voir son acquisition pour se glorifier en elle ; il représente donc ceux que « la convoitise des yeux et l'orgueil de la vie » éloignent de Christ. Le second invité est absorbé par le souci de cette vie, la soif d'acquérir, qui remplissent entièrement son âme ; il a fait un achat important : « *J'ai acheté cinq paires de bœufs, et je vais les essayer* ».

C'est la jouissance mondaine qui retient le dernier invité loin de Christ. « Ne vois-tu pas que j'ai ma propre fête ? Pourquoi me parles-tu de la tienne ? *J'ai épousé une femme, c'est pourquoi je ne puis aller.* » D'après la loi lévitique, c'était là une raison suffisante pour ne point aller au combat (Deut.24.5) ; mais ce n'était pas un motif pour refuser l'invitation au souper (1Cor.7.29). Les autres invités, sentant l'insuffisance des excuses, donnèrent au moins des réponses polies.

Il y a un rapprochement intéressant à faire entre ces diverses excuses et les paroles suivantes du Sauveur : « Si quelqu'un vient à moi, et ne hait pas son père et sa mère, et sa femme et ses enfants, et ses frères et ses sœurs, et jusqu'à sa propre vie, il ne peut être mon disciple » ; saint Paul dit : « Le temps est court désormais ; que ceux qui ont des femmes soient comme n'en ayant point, et ceux qui pleurent, comme ne pleurant pas, et ceux qui se réjouissent, comme ne se réjouissant pas, et ceux qui achètent, comme ne possédant pas, et ceux qui usent de ce monde, comme n'en usant pas pleinement » (1Cor.7.29-31) ; l'obstacle consistait, pour les invités, dans un amour exagéré de leurs biens, aussi furent-ils exclus de la fête.

« *Ainsi ce serviteur, étant revenu, rapporta ces choses à son seigneur.* » Il raconte le peu de succès qu'il a eu, les excuses qui lui ont été données. « *Alors le maître de la maison, tout en colère, dit à son serviteur : Va promptement dans les places et les rues de la ville, et amène ici les pauvres, et les estropiés, et les boiteux, et les aveugles.* » Cette colère de Dieu, dont il est parlé dans deux autres paraboles (Mat.18.34 ; 22.7), est la colère de l'amour méconnu, méprisé ; elle est d'autant plus terrible. Cette seconde catégorie d'invités se trouve encore *dans la ville* ; il ne s'agit donc pas ici de la vocation des gentils. Le Seigneur avait dit auparavant : « *Invite des pauvres, des estropiés, des boiteux, des aveugles* » (v. 13). Il se conforme lui-même à cet ordre. Il invite à sa table les malades et les pauvres spirituels ; tandis que ceux qui s'estiment assez riches de leurs propres mérites s'excluent eux-mêmes et sont exclus par le Seigneur (Luc.6.24-25 ; Apo.3.17). Le peuple qui ne connaissait pas la loi, les méprisés et les misérables, ce sont eux qui doivent entrer dans le royaume de Dieu, avant les sages, les prudents, avant ceux qui prétendaient voir, qui rendaient grâce à Dieu de n'être pas comme le reste des hommes. « *Et le serviteur dit : Seigneur, on a fait ainsi que tu l'as commandé, et il y a encore de la place*[a]. » Alors il reçoit un nouveau message : « *Va dans les chemins et le long des haies, et contrains-les d'entrer, afin que ma maison soit remplie* ». Si ceux qui se trouvaient « *dans les places et les rues de la ville* » étaient les plus misérables parmi les Juifs, les plus ignorants, les plus souillés, ceux qui se trouvent en dehors de la ville, qui représente ici la théocratie, ceux qui errent le long des haies, sont les païens. La parabole devient alors prophétique ; elle nous enseigne que Dieu avait des desseins de grâce non seulement à l'égard du peuple juif, mais aussi à l'égard des gentils. M. Godet dit avec raison : « Comme le verset 21 est le texte de la première partie des Actes (1 à 12, conversion des juifs), les versets 22 et 23 sont celui de la seconde (13 à fin, conversion des païens), et même de toute l'économie présente ».

« *Contrains-les d'entrer* » ; les persécuteurs de tous les temps se sont servis de cette parole. D'autres s'en sont servis également pour justifier une répression violente des erreurs, pour sauver les hommes malgré eux. Saint Augustin ne craignait pas de faire appel au pouvoir civil pour faire rentrer les donatistes dans le sein de l'Église, et il se sert pour cela de notre parabole. Mais il ne s'agit, dans ces paroles, que d'une contrainte morale, celle de la persuasion ; le serviteur n'aurait guère pu, à lui seul, employer la force contre tant de gens. Celui qui donne le souper ne prévoit aucune résistance ; il pense plutôt que ces gens se regarderont comme indignes de l'invitation, et ne pourront croire qu'elle soit réellement pour eux. Il faudra donc les exhorter chaleureusement à venir, et

---

a. Bengel : « La nature et la grâce ont horreur du vide ».

c'est ce que doivent faire tous les ambassadeurs pour Christ. Dieu contraint les hommes d'entrer lorsqu'il les oblige, par de grandes épreuves, à chercher leur refuge en Lui et dans son Église ; Luther dit : « Ils sont contraints, lorsque la loi est clairement prêchée, et qu'elle terrifie leurs consciences, en les amenant à Christ, comme à leur seul refuge ».

La parabole se termine par cette parole d'indignation : « *Je vous dis qu'aucun de ces hommes qui étaient invités ne goûtera de mon souper* ». Il s'agit ici des principaux de la ville, qui furent invités les premiers. Le pluriel : « *vous* » est embarrassant, car il n'a été question que d'un seul serviteur. Il est possible que ce serviteur soit envisagé comme le représentant de plusieurs, ou que le maître de maison s'adresse maintenant aux invités réunis chez lui. La sentence est définitive (Pro.1.28 ; Mat.25.11-12 ; Jean.8.21). Ils seront exclus du royaume de Dieu.

XXII.
LA BREBIS PERDUE

Matthieu.18.12-14 ; Luc.15.3-7

Les premiers mots du quinzième chapitre de Luc : « *Tous les péagers et les pécheurs s'approchaient de lui pour l'entendre,* » n'indiquent pas un moment précis, mais plutôt le caractère distinctif du ministère de Christ dans cette période (Marc.2.15 ; Luc.7.37), à savoir que, par une secrète attraction, Il entraînait sur ses pas les méprisés du peuple. Les péagers étaient méprisés, en effet, parmi leurs concitoyens, à cause de la nature même de leurs occupations [a] ; les pécheurs étaient des transgresseurs déclarés de la sainte loi de Dieu (Luc.8.39). Jésus ne les repoussait pas, mais les accueillait avec bonté, les introduisait et vivait avec eux dans des relations familières. Aussi les scribes et les pharisiens murmuraient et se scandalisaient. Ils comprenaient mieux un Jean-Baptiste fuyant au désert, se séparant entièrement des pécheurs. Mais Christ était le Médecin venu pour guérir et pour communiquer sa justice aux pécheurs. Les murmures des pharisiens

---

a. Il y avait deux catégories de péagers : les *publicains,* qui étaient ordinairement des chevaliers romains, chargés de percevoir les impôts ; ils étaient en honneur au peuple. Puis il y avait les *exacteurs,* hommes d'une condition inférieure qui se tenaient sur les frontières, aux portes des villes, près des rivières, sur les ports ; ils étaient haïs à cause de leur rudesse, de leurs fraudes ; ils se liguaient avec les Romains par amour du gain.

fournissent l'occasion des trois paraboles suivantes. Jésus leur montre les anges de Dieu, Dieu Lui-même, se réjouissant de la conversion d'un pécheur ; il met en opposition cette joie du ciel avec les murmures de la terre. Mais il y a plus. La joie du ciel est même plus grande au sujet d'un seul pécheur qui se repent que pour quatre-vingt-dix-neuf justes qui n'ont pas besoin de repentance.

Il reconnaît qu'il peut y avoir quelque bien chez ces justes, du zèle pour Dieu, une recherche de la justice selon la loi ; mais ils rejettent obstinément une justice supérieure, la justice qui est par la foi. Ceux qui consentent à recevoir la vie nouvelle, quelque égarés qu'ils puissent avoir été, seront infiniment plus près de Dieu que les autres. Les scribes et les pharisiens doivent prendre garde que l'esprit qui les anime ne les exclue pas du nouveau royaume de justice, de paix et de joie par le saint Esprit.

Les deux premières paraboles de ce chapitre nous présentent l'amour de Dieu qui cherche le pécheur ; la troisième décrit plutôt le développement de la repentance dans le cœur de l'homme. La même vérité est ainsi présentée sous divers aspects, et les trois paraboles forment un tout harmonique. Il y a d'autres rapports entre elles. Le possesseur des cent brebis est un homme riche, qui ne s'apercevra pas autant de la disparition d'une seule que la femme qui n'a que dix petites pièces de monnaie et qui en perdrait une ; toutefois, sa tristesse est bien moins grande que celle d'un père qui se voit abandonné par son enfant.

Chaque parabole nous montre chez l'homme une culpabilité toujours plus grande et en Dieu une grâce toujours plus merveilleuse. Dans la première, la faute est la moins grave ; le pécheur est une brebis *égarée* ; le péché est souvent une ignorance, et même il est toujours tel à divers degrés (Luc.23.34 ; Act.3.17 ; 1Tim.1.13) ; le pécheur ne sait pas ce qu'il fait, il a besoin de miséricorde, alors même qu'il mérite la colère. C'est une brebis qui s'est égarée, souvent sans se douter qu'elle a un berger. Mais il en est d'autres, désignés ici par la drachme perdue ; sachant que l'image de Dieu est gravée dans leurs âmes et qu'ils Lui appartiennent, ils s'éloignent volontairement de Lui, oublient leur origine céleste et se perdent dans le monde. Leur culpabilité est plus grande, mais pas encore autant que celle de l'enfant prodigue. Avoir connu l'amour de Dieu et avoir méprisé cet amour, abandonné la maison du Père, c'est là le péché par excellence, et toutefois la grâce de Dieu peut encore le pardonner et ramener ce pécheur.

Nous allons maintenant examiner successivement chacune de ces paraboles, en commençant par celle de la Brebis perdue : « *Quel est l'homme d'entre vous qui, ayant cent brebis, s'il en a perdu une seule, ne laisse les quatre-vingt-dix-neuf dans le désert et ne s'en aille après celle qui est perdue jusqu'à ce qu'il l'ait trouvée ?* » Il peut sembler étrange, au premier abord, que le berger laisse ses brebis exposées à tous les dangers du désert pour courir après une seule. Mais « *le désert* » ne signifie pas ici un lieu aride, repaire des bêtes fauves ou des brigands, mais plutôt des plaines herbeuses, des steppes ou savanes, sans habitations et très propices pour y paître les brebis. Nous lisons dans Jean.6.10 « qu'il y avait beaucoup d'herbe », dans un lieu que saint Matthieu nomme un « *désert* » (Mat.14.15) ; il est vrai que quelques portions des plus grands déserts de Palestine ou d'Arabie sont entièrement désolées ; mais ils renferment, en fait, bien plus de contrées fertiles qu'on ne le pense généralement. Le berger de la parabole laisse donc le troupeau dans un bon pâturage, en parfaite sûreté, tandis qu'il cherche la brebis perdue. Cette image s'applique bien aux conducteurs spirituels du peuple juif. Ils étaient aussi bergers (Ézé.34 ; Zach.11.16) ; dépendant de Celui qui veille sur son peuple (Jér.31.10 ; Ézé.34.12 ; 37.24 ; Zach.13.7 ; Psa.23.1) ; mais ils ne cherchaient pas ce qui était perdu, ne ramenaient pas les égarés ; ils murmuraient contre le « Berger d'Israël, » le « grand Berger des brebis, » parce qu'il faisait ce qu'ils avaient négligé si longtemps.

En général, dans la vie ordinaire, la brebis qui s'éloigne du bercail peut aussi y retourner. Mais il n'en est pas de même des brebis du Seigneur. Elles peuvent s'égarer, mais sont incapables de revenir. Le péché est une force *centrifuge* ; ce qui s'égare s'éloigne toujours plus. Il ne peut être ramené que par le Berger, autrement il est perdu pour toujours. Le Fils de Dieu est venu en chair pour accomplir cette œuvre, à laquelle Il a consacré toute sa vie terrestre. Il ne fut pas lassé par le chemin à parcourir ; Il ne recula pas lorsque les épines déchiraient ses pieds ; Il nous a suivis jusque dans l'abîme de notre misère, il s'est chargé de notre malédiction, car Il est venu pour chercher les siens *« jusqu'à ce qu'il les ait trouvés »*. « *Et, lorsqu'il l'a trouvée* », le berger de la parabole traite avec tendresse la brebis qui lui a coûté tant d'efforts ; il ne la frappe pas, ni ne la pousse rudement devant lui, mais « il la met sur ses épaules » et la ramène au bercail. (Deut.32.10) Nous avons là une image de la grâce de Christ qui agit continuellement, jusqu'à ce que les égarés aient obtenu le salut final. Et voici maintenant le récit de son retour triomphant au ciel, avec son trophée. Le berger, étant venu dans la maison, « *rassemble ses amis et ses voisins en leur disant : Réjouissez-vous avec moi, car j'ai trouvé ma brebis qui était perdue* » ; il veut qu'ils participent à sa joie, comme ils ont participé à sa crainte ; de même, il y a de la joie dans le ciel lorsqu'un égaré est ramené au bercail céleste, car le ciel et la terre rachetée ne forment qu'un seul royaume, uni par cet amour qui est « le lien de la perfection ». « *Je vous dis que de même il y aura de la joie dans le ciel pour un seul pécheur qui se convertit, plus que pour quatre-vingt-dix-neuf justes qui n'ont pas besoin de conversion.* » Par ces mots : « *Je vous dis* », le Seigneur affirme la dignité de sa personne ; « Moi qui connais, Moi qui, lorsque je vous parle des choses célestes, vous parle de ce qui est à moi (Jean.1.51 ; 3.11), c'est Moi qui vous le dis ». Cette joie est encore à venir ; « *il y aura de la joie dans le ciel* » ; le Bon Berger n'était pas encore ressuscité, ni monté au ciel, emmenant « une multitude de captifs, » ceux qu'il a rachetés. Mais, non seulement il y aura de la joie pour un seul pécheur, il y en aura même « *plus que pour quatre-vingt-dix-neuf justes qui n'ont pas besoin de conversion* ». Nous comprenons facilement que, parmi les hommes, il y a plus de joie à recouvrer ce qui a été en péril que dans la possession assurée de biens plus considérables. Une mère concentre pour un moment toute son affection sur son enfant malade ; elle se réjouit plus de sa guérison que de la santé des autres. Cette joie résulte de l'incertitude qui aboutit à une heureuse solution. Mais une telle incertitude n'existe pas pour Celui qui connaît toutes choses, en sorte que les analogies empruntées à notre monde n'écartent pas la difficulté du texte. De plus, comment peut-on dire de quelqu'un « *qu'il n'a pas besoin de conversion* », puisque « nous nous sommes tous égarés comme des brebis », et que, par conséquent, nous avons tous besoin de retrouver le vrai chemin ? Les explications ordinaires ne satisfont pas complètement. Mais ces difficultés disparaissent lorsque nous envisageons ces « *justes* » comme l'étant réellement ; seulement leur justice est purement légale, en sorte que le plus petit dans le royaume des cieux est plus grand qu'eux. La loi a accompli son œuvre en partie à leur égard, en les préservant des grossières transgressions ; ils n'avaient donc pas besoin, comme les péagers et les pécheurs, de repentance quant à ces choses ; mais la loi ne les avait pas amenés à Christ, en leur faisant sentir leur péché et le besoin d'un Sauveur. Les péagers et les pécheurs étaient venus à Lui, quoique par un autre chemin ; Jésus déclare alors qu'il y a un plus grand sujet de se réjouir à l'égard de l'un d'eux, qui est entré dans le sanctuaire de la foi, qu'à l'égard des autres qui demeuraient dans le vestibule légal et refusaient d'aller plus loin.

XXIII.
La drachme perdue

Luc. 15.8-10

Nous avons déjà parlé de cette parabole à propos de la précédente, toutefois ces deux paraboles ne sont pas absolument identiques. Si le berger était Christ, la femme ici peut désigner l'Église, qui est le moyen dont se sert le Saint Esprit pour chercher ce qui est perdu ; il est naturel que l'Église soit personnifiée dans une femme, et le Saint Esprit a souvent été envisagé comme une *mère*.

« *Ou quelle est la femme qui, ayant dix drachmes, si elle a perdu une seule drachme, n'allume une lampe et ne balaie la maison, et ne cherche avec soin jusqu'à ce qu'elle l'ait trouvée ?* » On a vu dans cette pièce de monnaie une image de l'âme humaine, qui a porté l'empreinte du grand Roi (« Dieu créa l'homme à son image », Gen.1.26), et qui conserve encore des traces de son origine, quoique l'image ait été altérée par le péché. Cette explication est intéressante et on peut l'admettre volontiers ; mais il ne faut pas oublier que la drachme grecque ne portait pas, comme le denier latin, l'image de l'empereur, mais un emblème quelconque : un hibou, une tortue ou une tête de Minerve. Comme la femme cherche avec soin sa pièce de monnaie, ainsi le Seigneur, par les divers offices de son Église, cherche le pécheur perdu, pour rendre la monnaie de Dieu à son trésor. On a vu dans la lampe allumée une allusion au mystère de l'Incarnation, la gloire divine resplendissant à travers le voile de la chair ; mais il faut rapprocher notre passage de Mat.5.14-15 ; Phil.2.15-16 ; Éph.5.13. La « *lampe* » est la Parole de Dieu, que l'Église est chargée d'expliquer. C'est à la clarté de cette lampe que les pécheurs sont ramenés. La femme « *balaie la maison* », ce qui ne se fait pas sans poussière, comme le remarque Bengel. Quel dérangement dans la maison pendant quelque temps ! On accuse de même l'Évangile de bouleverser la terre (Act.17.6) ; c'est bien là ce qu'il fait, en découvrant les pensées des cœurs, et en soulevant ainsi l'inimitié contre Dieu.

Le berger cherchait sa brebis *dans le désert* ; mais la pièce de monnaie est perdue *dans la maison*, et c'est aussi dans la maison qu'elle est retrouvée. L'image de Dieu, altérée, souillée par le péché, doit être rétablie, et peut briller de nouveau de son éclat primitif. Le berger dit : « *J'ai trouvé ma brebis* » ; mais la femme : « *J'ai trouvé la drachme* », car cette drachme ne lui appartient pas en propre, dans le sens où la brebis appartenait au berger. Ce dernier dit : « *qui était perdue* », mais la femme : « *que j'avais perdue* », par sa faute ; une pièce de monnaie ne peut se perdre que par la négligence de ceux qui la possèdent, tandis qu'une brebis peut se perdre d'elle-même. Cette femme est donc l'Église, l'Épouse du Bon Berger. Rien d'étonnant dès lors qu'elle emploie, à l'heure de sa joie, les mêmes termes que Lui. « *Elle rassemble ses amies et ses voisines* », afin qu'elles participent à sa joie. Il peut s'agir des anges, qui sont, d'après cette parabole, non pas au ciel, mais *sur la terre*, et qui s'y réjouissent de la conversion d'un pécheur. Il y a de la joie parmi les anges qui parcourent la terre, qui sont présents dans les assemblées des fidèles (1Cor.11.10), lorsque l'Église des rachetés, animées de l'Esprit-Saint, les invite à se joindre à elle pour bénir Dieu du retour de l'âme perdue (Éph.3.10 ; 1Pi.1.12) ; saint Bernard a dit : « les larmes des pénitents sont le vin des anges ! »

XXIV.
Le fils prodigue

Luc. 15.11-32

Cette parabole est la perle et la couronne de toutes les autres ; elle est riche en vérités précieuses, aussi l'a-t-on quelquefois appelée : « l'évangile dans l'Évangile ». Nous avons déjà parlé du rapport qui existe entre elle et les deux autres.

« *Un homme avait deux fils.* » Quelques interprètes voient dans ces deux fils le Juif et le Gentil, dans le départ du plus jeune, l'histoire de la grande apostasie du monde gentil, et dans son retour, l'admission de ce monde-là aux privilèges de la Nouvelle Alliance ; ils voient dans le fils aîné un type des Juifs orgueilleux qui auraient voulu exclure les « pécheurs d'entre les Gentils » de ces mêmes privilèges. D'autres, au contraire, disent que les deux fils représentent les pécheurs repentants et les pécheurs orgueilleux, les péagers et les pharisiens. La première interprétation méconnaît le but de la parabole. Jésus-Christ voulait confondre les pharisiens qui se scandalisaient de ce qu'il n'évitait pas le contact des membres déchus de l'Église juive. Les péagers et les pécheurs qu'il accueillait si volontiers n'étaient pas des Gentils, mais bien des Juifs, ainsi que nous le voyons par plusieurs exemples. Il ne s'agit donc pas ici du mystère de l'appel des Gentils à l'Alliance ; dans l'Alliance elle-même, le Seigneur est venu appeler les pécheurs à la repentance. Partout où il y a des pécheurs repentants et des pécheurs orgueilleux, la parabole peut avoir son application. Elle s'adresse aussi à nous. Il y a toujours dans l'Église chrétienne des personnes représentées par les deux fils.

« *Et le plus jeune dit à son père : Mon père, donne-moi la part de fortune qui doit m'échoir.* » Le fait que c'est le plus jeune qui parle ainsi n'est pas sans importance. « L'enfance et la jeunesse ne sont que vanité » (Pro.7.7). Cette réclamation faite sous une forme légale, comme un droit et non comme une faveur, nous montre un cœur entièrement vide de toute affection naturelle. Un tel droit n'était pas en vigueur parmi les Juifs [a]. Mais le fils prodigue peut bien aussi avoir réclamé sa part comme une faveur. « Cette part qui me reviendra, que tu me destines, je la recevrais volontiers maintenant. » D'après la loi juive, la part du plus jeune frère devait être la moitié de celle du frère aîné (Deut.21.17 ; 2Rois.2.9). Au point de vue spirituel, cette demande est l'expression du désir de l'homme de se rendre indépendant de Dieu, d'être à lui-même son propre dieu (Gen.3.5) et de disposer sa vie selon sa propre volonté et pour la jouissance. Ce péché d'orgueil est le péché par excellence, celui qui renferme tous les autres. En contraste avec cette demande, nous pouvons mettre celle des vrais enfants du Père : « Donne-nous chaque jour notre pain quotidien » ; ils déclarent ainsi qu'ils se reposent sur Dieu.

« *Et il leur partagea son bien.* » Le père accède à sa de-

---

[a]. Il est vrai qu'Abraham donna tous ses biens à Isaac pendant sa vie ; il donna aussi des présents aux fils de ses concubines, et les envoya loin de lui (Gen.25.5-6). Il voulait éviter des disputes après sa mort.

mande. Il n'aurait servi de rien de le retenir à la maison contre sa volonté, puisque son cœur était ailleurs ; il valait mieux qu'il fît l'expérience de la folie de sa réclamation. Dieu en agit ainsi ; Il a créé l'homme libre et le laisse faire ses propres expériences (Rom. 1.24,26-28). Il doit reconnaître que la seule vraie liberté est celle dont on jouit en Dieu ; se séparer de Lui, c'est échanger un joug léger contre un joug pesant, et un maître bienveillant contre mille tyrans.

« *Et, peu de jours après, le plus jeune fils amassa tout.* » Il ne quitte pas la maison de son père dès qu'il a obtenu sa part. Saint Bernard dit que l'apostasie du cœur a souvent lieu avant l'apostasie de la vie. Le pécheur fait ce qui lui plaît, mais la séparation de sa volonté d'avec celle de Dieu n'est pas immédiatement manifeste. Toutefois, elle ne peut tarder ; comme le jeune homme de la parabole, qui « *amassa tout peu de jours après* », et « *s'expatria dans une contrée éloignée* », il se séparera *ouvertement* de Dieu, après s'être déjà séparé de Lui par sa volonté et ses affections. Rassemblant toutes ses facultés et toutes ses forces, dans le but de jouir du monde, il « *s'expatriera dans une contrée éloignée* », dans celle où Dieu n'est pas. Saint Augustin dit « que cette contrée éloignée est l'oubli de Dieu. »

Maintenant il a obtenu ce qu'il désirait ; il est son propre maître, mais bientôt il en souffrira. Dans cette contrée éloignée, l'enfant prodigue « *dissipa sa fortune en vivant dans la dissolution* ». Ses ressources ne durèrent que peu de temps, en sorte qu'il ne put se féliciter longtemps de sa résolution. Mais, « *après qu'il eut tout dépensé, une grande famine survint en cette contrée, et il commença d'être lui-même dans le besoin.* » M. Godet dit à ce sujet : « La liberté de jouir n'est pas illimitée, comme aime à se le figurer le pécheur ; elle a deux sortes de limites : les unes tenant à l'individu lui-même, telles que le dégoût, le remords, le sentiment de dénuement et d'abjection résultant du vice (ayant tout dépensé) ; les autres, qui proviennent de certaines circonstances défavorables, représentées ici par cette famine qui survient en ce moment ; ce sont les calamités domestiques ou publiques qui achèvent de briser le cœur déjà accablé ; puis la privation de toute consolation divine. Que ces deux causes de malheur viennent à coïncider, et la misère est à son comble. Alors arrive ce que Jésus appelle *être dans la disette*, le vide absolu d'un cœur qui a tout sacrifié au plaisir, et pour qui il n'y a plus que la souffrance ».

Quelle peinture de la progression descendante d'une âme qui s'est éloignée de la seule source du bonheur ! La misère de cette situation ne se fait pas sentir immédiatement. Le monde a ses attraits et la chair ses plaisirs ; toutes les sources de la joie mondaine ne sont pas desséchées en un instant. Mais le pécheur arrive plus ou moins promptement à cette banqueroute spirituelle ; il épuise bientôt toutes les jouissances que la créature peut lui fournir ; alors il souffre de « *la famine* » dans le pays qu'il désirait habiter ; c'est une famine de vérité et d'amour, de tout ce qui fait vivre l'homme (Jér.2.13 ; 17.5-6,13). Il n'est pas besoin de calamités, extérieures pour que cette famine se fasse sentir. Un homme peut commencer « *d'être dans le besoin* » alors même que ses richesses matérielles abondent. La famine préside souvent à la table des riches dans les palais des rois.

Si l'on voit dans notre parabole l'histoire de l'apostasie des Gentils à l'égard de la connaissance et du service du vrai Dieu, alors cette prodigalité est exactement décrite dans Romains.1.19-23. La grande famine du monde païen était à son comble lorsque le Fils de Dieu vint en chair ; la gloire du monde ancien s'évanouissait. Toute confiance dans les vieilles religions avait disparu ; la philosophie grecque ne pouvait répondre aux doutes qui torturaient l'humanité. Tous demandaient : « Qu'est-ce que la vérité ? » les uns en se raillant, d'autres en désespérant, d'autres sans désirer obtenir une réponse.

La détresse de l'enfant prodigue était pour lui un appel à retourner dans la maison de son père. Mais son cœur orgueilleux n'est pas encore soumis, sa confiance en ses propres ressources, quoique ébranlée, n'est pas détruite. Les premiers jugements de Dieu ne domptent pas toujours, mais le pécheur s'écrie, comme Ephraïm : « Les briques sont tombées, mais nous bâtirons de pierres de taille ; les figuiers sauvages ont été coupés, mais nous les changerons en cèdres » (Esa.9.10 ; Jér.5.3 ; Amos.4.6-10 ; Apo.16.10-11).

Ce fut dans un tel esprit « *qu'il alla et s'attacha à l'un des citoyens de cette contrée-là* », espérant pouvoir ainsi rétablir sa fortune (Jér.2.36 ; Osée.5.13 ; 1Sam.2.5). Saint Bernard a dit : « Je considère ce citoyen comme étant l'un des esprits malins qui, péchant avec une indomptable obstination, sont devenus citoyens de la contrée du péché ». Mais ce terme fait ressortir plutôt la différence profonde qui existe entre le fils prodigue et le maître auquel il s'attacha pour un temps. Malgré sa culpabilité, il n'était pas « *citoyen* », mais étranger, dans cette « *contrée éloignée* ». Il ne put s'y acclimater, en sorte qu'il y avait encore de l'espoir pour lui, tandis qu'il n'y en a aucun pour « *un citoyen* » du péché.

Toutefois, l'enfant prodigue tombe toujours plus bas ; il se vend au monde et devient esclave. C'est là la marche que suit le pécheur, qui, après avoir joui du monde, en devient l'esclave. Il ne trouve que peu de secours auprès de son nouveau maître, qui « *l'envoya dans ses champs pour faire paître des pourceaux* ». Il n'y avait pas pour les Juifs d'emploi plus vil ni plus dégradant que celui-là. « *Et il désirait de remplir son ventre des gousses*[a] *que mangeaient les pourceaux, et personne ne lui donnait rien* » (Pro.13.25). Ces gousses ne pouvaient que « *remplir son ventre* », mais non apaiser sa faim ; Dieu seul peut satisfaire les besoins d'une âme immortelle ; le cœur a été fait pour Lui et Lui seul peut le remplir.

Ainsi donc, « celui qui se dérobe à la générosité de son père est obligé de devenir l'esclave d'un maître étranger ; celui qui ne veut pas se soumettre à Dieu, est forcé de servir le diable ; celui qui ne voulut pas habiter le palais de son père, est envoyé aux champs, parmi les paysans, il devient le compagnon des animaux ; il a refusé le pain des anges, et doit se nourrir des gousses des pourceaux[b]. » Quelle peinture exacte nous avons ici de l'homme qui « est asservi à diverses convoitises », chez lequel le divin est entièrement obscurci pour un temps, tandis que la chair domine ! Jamais le pécheur ne peut apaiser ainsi le désir ardent de son âme (Ézé.16.28-29). La nourriture des animaux ne peut jamais satisfaire l'homme. Dès qu'on

---

a. Il s'agit ici du fruit du caroubier, très commun en Espagne et en Italie. On l'emploie pour la nourriture du bétail.
b. Cornélius a Lapide, théologien belge du 17e s.

s'éloigne de Dieu, tout est possible en fait de misère, quoique Dieu ne permette pas toujours que le péché porte tous ses fruits amers. Nous avons suivi jusqu'ici pas à pas l'homme s'éloignant toujours plus de son Dieu. Maintenant la crise a lieu ; il nous faut envisager son retour depuis les premiers mouvements de repentance jusqu'à son entier rétablissement dans tous les privilèges de la maison paternelle. Quoiqu'il ait abandonné son Dieu, Dieu ne l'a pas abandonné, pas même lorsqu'il était parmi les pourceaux ; sa misère témoigne de la colère de Dieu contre le péché, mais aussi de son amour pour le pécheur. Dieu lui rend son péché amer, afin qu'il apprenne à le détester ; Il le laisse souffrir du joug du monde, afin qu'il voie la différence entre son service et celui des contrées étrangères (2Chr.12.8 ; 33.11-13).

Combien de personnes méprisent cette discipline d'amour ! Elles changent peut-être de joug, mais ne le brisent pas. Mais il en est qui font comme l'enfant prodigue ; « *il revint à lui-même* », paroles profondes qui montrent que revenir à soi-même et revenir à Dieu sont une seule et même chose, qu'en nous retrouvant nous-mêmes, nous le retrouvons Lui. Il se rappelle la maison de son père et les richesses qui s'y trouvent : « *Combien de mercenaires de mon père qui ont du pain en abondance, et moi je péris de faim !* » Le pécheur ne sent jamais autant le désordre qu'il a introduit en soi-même que lorsqu'il se compare à la création animée et inanimée qui l'entoure. Il voit les animaux heureux, qui ne connaissent pas ses besoins et ne peuvent être souillés par son péché : il contemple les astres qui parcourent paisiblement leurs orbites, la nature tout entière qui réalise le plan de Dieu ;

partout la paix et l'harmonie, sauf au dedans de lui. Il voit aussi beaucoup d'hommes qui trouvent leur satisfaction dans l'accomplissement de leurs devoirs journaliers et reçoivent leur salaire. Ils ne sont que des « *mercenaires* » de son père, et cependant « *ils ont du pain en abondance* » tandis que lui, le fils, doit « *périr de faim* ».

Nous pouvons nous représenter le misérable prodigue assis sur le sol pendant longtemps pour méditer sur l'abîme de détresse dans lequel il est tombé. Maintenant il rassemble ses forces, car il a un espoir dans le cœur. Pourquoi resterait-il plus longtemps parmi les pourceaux ? « *Je me lèverai et j'irai vers mon père.* » Les pélagiens se sont servis de cette parole pour affirmer que l'homme pouvait se tourner vers Dieu par ses propres forces et se passer de la grâce ; de même, les unitaires ont découvert dans les circonstances du retour de l'enfant prodigue une preuve que la repentance de l'homme suffit à le réconcilier avec Dieu, sans qu'un Médiateur soit nécessaire. Un rationaliste allemand du commencement de ce siècle s'écrie : « Tous les rêves dogmatiques des partisans d'une expiation par le sang s'évanouissent, comme de pénibles cauchemars, devant cette seule parabole ». Mais nous avons ailleurs des déclarations suffisamment claires qui réfutent ces opinions (Jean.6.44 ; Héb.10.19-22) ; les paraboles, qui ne dépassent pas certaines limites, ne sauraient contenir toute la doctrine chrétienne. M. Godet a dit : « L'absence de tout trait propre à représenter le sacrifice de Christ s'explique aisément dès qu'on se rappelle que c'est ici une parabole et que l'expiation n'a aucune place dans la relation de l'homme avec l'homme ». Pour connaître la vérité de Dieu, il faut considérer ce que dit toute l'Écriture ; le silence d'un passage ne peut être invoqué contre les déclarations positives de d'autres passages innombrables [a].

« *Et je lui dirai : Mon père.* » La désobéissance de l'enfant ne pouvait annuler cette relation, qui n'avait pas été formée par son obéissance. Un fils est toujours un fils ; les dons et l'appel de Dieu sont, de sa part, sans repentance. « *J'ai péché contre le ciel et devant toi* (Exo.10.16), et je ne suis plus digne d'être appelé ton fils.* » Il témoigne de la sincérité de son repentir en reconnaissant que son péché est une transgression de la loi divine. Nous pouvons nous attirer des malheurs par notre péché et faire du tort à notre voisin ; mais, à proprement parler, nous ne pouvons pécher que contre Dieu ; reconnaître que notre mal est surtout une offense contre Dieu, appartient à l'essence du vrai repentir et le distingue du remords et de la simple tristesse que nous pouvons avoir. L'Écriture nous présente toujours la confession volontaire du péché comme étant le signe d'une vraie repentance (2Sam.12.13 ; Esd.9.6 ; Job.9.20 ; 33.27 ; Psa.32.5 ; Pro.28.13 ; Jér.2.35 ; 3.13 ; 16.10 ; 1Jean.1.9-10). Saint Augustin dit : « Il se montre digne, par le fait même qu'il se reconnaît indigne. » L'humilité est la principale grâce, alors même qu'elle l'ignore.

« *Il se leva donc, et alla vers son père.* » Il a cru à l'amour de son père ; il trouvera que cet amour est plus grand que tout ce qu'il avait pu croire. « *Comme il était encore loin, son père le vit.* » Son père avait sans doute attendu et guetté son retour pendant plusieurs jours ; son amour le lui fait apercevoir

---

a. Riggenbach : « Nous pouvons dire que le Sauveur est caché dans le baiser que le père donne à son fils. »

au loin. « *Et il fut ému de compassion, et étant accouru, il se jeta à son cou et l'embrasse.* » Toutes les démonstrations de l'amour du père sont décrites avec une exactitude touchante ; il n'attend pas que son enfant soit auprès de lui, mais il se hâte pour le rencontrer ; au lieu de se montrer sévère, il l'embrasse, et ce baiser est un gage de réconciliation et de paix (Gen.33.4 ; 2Sam.14.33 ; Psa.2.12). C'est ainsi que le Seigneur s'approche de ceux qui se sont approchés de Lui (Jac.4.8) ; Il entend le premier soupir de leurs cœurs, car c'est Lui qui l'a formé (Psa.10.17). Il les entoure des bras de son amour, en leur donnant de puissantes consolations, plus puissantes et plus abondantes qu'ils n'en recevront plus tard, lorsqu'ils seront plus affermis. Il veut les assurer ainsi qu'ils sont accueillis, malgré leurs souillures.

Mais le prodigue, malgré ce tendre accueil, fait la confession qu'il avait résolue en son cœur : « *Mon père, j'ai péché contre le ciel et devant toi, et je ne suis plus digne d'être appelé ton fils* ». Il a raison ; car, si Dieu pardonne, l'homme ne doit pas oublier. Remarquons que cette confession de péché est faite *après* et non *avant* le baiser de réconciliation ; plus le pécheur connaît et goûte l'amour de Dieu, plus il est affligé d'avoir outragé cet amour. C'est sous les rayons bienfaisants de cet amour que le cœur, glacé par le froid de la mort, se fond, et que les eaux de la repentance coulent librement. La connaissance de l'amour de Dieu en Christ est le vase de sel, qui seul peut changer les eaux amères du remords en eaux saines de repentance (2Rois.2.19-22). Ainsi, la vraie repentance suit, et ne précède pas, le sentiment du pardon, et cette repentance doit durer toute la vie (Ézé.36.31 ; 16.60-63).

L'enfant prodigue, quoique assuré du pardon de son père, n'en confesse pas moins son indignité.

« *Mais le père dit à ses serviteurs : Apportez la plus belle robe et l'en revêtez ; et donnez un anneau pour sa main et une chaussure pour ses pieds.* » Il veut lui rendre sa place dans la maison, ainsi que tous ses privilèges. Le don de la robe et de l'anneau était, en Orient, une preuve de grande faveur. Ceux qui « *apportent la plus belle robe* » sont les ministres de la réconciliation (Zach.3.4). L'action de le revêtir de la robe désigne l'imputation des mérites et de la justice de Christ. Le don du Saint Esprit est désigné par l'anneau. En Orient, comme chez nous, l'anneau servait souvent de cachet (Esther.3.10,12 ; Jér.22.24). Il y a un rapport entre le don de l'anneau et les passages suivants : Éph.1.13-14 ; 2Cor.1.22, qui parlent du *sceau* de l'Esprit de Dieu, qui assure les fidèles qu'un héritage leur est réservé (Gal.4.6 ; Rom.8.23 ; 2Cor.5.5). L'anneau est aussi un gage de fiançailles (Osée.2.19-20). Une chaussure lui est aussi donnée (Zach.10.12). Le fils repentant est préparé à une sainte obéissance (Éph.6.15). Aucune force nécessaire ne lui manquera (Deut.33.25). « *Amenez le veau gras* (Gen.18.7 ; 1Sam.28.24 ; Amos.6.4 ; Mal.4.2), *et le tuez ; mangeons et nous réjouissons.* » Le sacrifice de Christ était contenu implicitement dans le don de la robe ; ce sacrifice n'est pas une conséquence du retour du pécheur, comme l'égorgement du veau gras est la conséquence du retour du prodigue ; c'est plutôt le sacrifice qui a rendu possible le retour du pécheur. Nous ne devons pas voir ici une allusion spéciale à l'eucharistie, mais plutôt à la joie qui éclate dans le ciel lorsque le pécheur se repent. Le père de famille convie ses serviteurs à s'associer à sa joie, de même que le berger avait convié ses amis, et la femme ses voisins. Il est dans la nature de la vraie joie de se répandre au loin, de se communiquer ; cela est d'autant plus vrai de la joie du ciel[a]. Le père fait connaître aux serviteurs les motifs de sa joie, car quelques-uns d'entre eux pouvaient n'avoir pas connu autrefois l'enfant prodigue. Celui-ci est donc solennellement réintégré dans ses droits et ses privilèges de fils. « Mon fils que voici était mort », car le péché est une mort (1Jean.3.14 ; Mat.8.22 ; 1Tim.5.6 ; Éph.2.1 ; Col.3.13), « *et il est revenu à la vie* », car la vie de Dieu est la seule véritable (Jean.10.28) ; « *il était perdu, et il est retrouvé* (1Pi.2.25) ; *et ils se mirent à se réjouir* » (Soph.3.17 ; Cant.2.4).

Puis, la parabole, qui aurait pu se terminer ici, continue, pour faire ressortir le contraste entre le cœur de Dieu et le cœur de l'homme. Le fils aîné apparaît alors sur la scène. « *Or son fils aîné était aux champs.* » Tandis que le plus jeune dissipait son bien dans une contrée éloignée, il est resté à la maison ; et maintenant il revient, ne se doutant pas de ce qui a lieu ; « *et en revenant, comme il approchait de la maison, il entendit la symphonie et les danses.* » On louait des musiciens dans de semblables occasions. Surpris d'entendre ces sons, « *il appela l'un des serviteurs et s'informa de ce que c'était* ». Il n'entre pas immédiatement dans la maison ; il n'admet pas que, lorsque son père célèbre une fête, il y ait toujours lieu de se réjouir. Il préfère rester dehors, et s'informer auprès d'un serviteur de ce dont il s'agit. « *Et celui-ci lui dit : Ton frère est venu, et ton père a tué le veau gras,*

---

a. Origène : « Dieu a ses jours de fêtes. C'est pour Lui une grande fête que le salut de l'humanité. »

parce qu'il l'a recouvré en bonne santé ». Mais cette explication ne satisfait pas le questionneur. La vue de la joie de son père, de l'état satisfaisant de son frère, l'irrite ; au lieu de s'élancer dans les bras de ce frère, « *il se mit en colère, et ne voulut pas entrer* ». Sa colère ne fut pas même apaisée lorsque « *son père sortit et l'exhorta* » ; mais il se plaignit de la manière différente dont on le traitait : « *Voici, il y a tant d'années que je te sers, et je n'ai jamais négligé ton commandement ; et tu ne m'as jamais donné un chevreau* (Gen.27.9 ; Jug.15.1) *pour me réjouir avec mes amis* ». Il ne prononce pas le mot de « *père* » ; puis il se compare à son frère : « *mais quand ton fils que voilà* », il ne dit pas : « *mon frère* », « *est venu, lui qui a entièrement mangé ton bien avec des femmes de mauvaise vie* », c'était une pure supposition de sa part, quoiqu'elle ait pu se réaliser, « *tu as tué pour lui le veau gras* ». Qu'aurait-il dit, s'il avait su tout ce qui avait été donné à son frère ?

Ce n'est pas dans un aussi heureux moment que le père pourrait employer, vis-à-vis de son fils aîné, le langage de la répréhension. Au lieu de lui répondre avec sévérité, il raisonne et lui montre l'injustice de sa plainte, en l'avertissant qu'il tombe dans la même faute que son frère lorsqu'il disait : « *Donne-moi la part de fortune qui doit m'échoir* ». Le fils aîné, de même, ne se contente pas de posséder *avec* son père, il réclame sa part pour lui seul. « *Mon enfant, tu es toujours avec moi, et tout ce que j'ai est à toi.* » Le père veut lui faire sentir d'où procède son mécontentement, et la nécessité d'être joyeux : « *Il fallait se réjouir et être dans l'allégresse, parce que ton frère que voici était mort, et qu'il est revenu à la vie ; parce qu'il était perdu, et qu'il est retrouvé* ». Ici se termine la parabole ; nous ne savons pas si le frère aîné reconnut son tort ou non. Ceux qui admettent que le plus jeune frère représente le Gentil, et l'aîné, le Juif, rencontrent ici moins de difficultés que les autres. Ces difficultés se résument au fond en une seule : la justice de ceux que le frère aîné représente, est-elle vraie ou fausse ? Si elle est vraie, comment l'accorder avec les murmures contre le père, et la jalousie à l'égard du frère ? Quel vrai croyant pourrait accuser Dieu d'injustice et de partialité ? il doit, au contraire, se réjouir du retour au bercail de celui qui s'est égaré. D'ailleurs, la parabole est dirigée contre les pharisiens, dont la justice n'était qu'extérieure. D'autre part, s'il ne s'agit pas ici d'une justice réelle, comment pourrait-il être dit du frère aîné qu'il a toujours été avec son père ? comment expliquer l'approbation et les assurances de la faveur paternelle qu'il reçoit ?

Chacune des solutions de la question est pleine de difficultés ; elles sont grandes pour ceux qui voient dans le frère aîné les pharisiens. Ne pourrait-on pas, adoptant un moyen terme, échapper à toutes ces difficultés, en voyant chez le frère aîné une forme inférieure, mais sincère, de justice légale ? Il est un de ceux que la loi a préservés de grossières offenses ; il a accompli les œuvres de la loi, mais dans un esprit servile. Tels étaient plusieurs d'entre les pharisiens. Quelques-uns étaient hypocrites, mais quelques-uns aussi recherchaient sincèrement la justice, quoiqu'ils eussent un grand aveuglement du cœur (Rom.10.1-2). Leur justice était sans doute inférieure ; ils ne pouvaient, par son moyen, arriver à une connaissance du péché qui les rendît débonnaires a l'égard des autres, ni humbles devant Dieu. Il fallait leur montrer ce qui manquait à leur service, les engager à échanger leur esprit servile contre un esprit filial, à accueillir la liberté que Jésus-Christ apportait au monde. Jusqu'ici le fils aîné avait travaillé « *aux champs* », mais maintenant il est invité au festin. Ceux qui ont travaillé servilement pour Dieu sont invités à entrer dans la joie du Seigneur, dans la liberté de son Esprit. Mais la réponse du fils aîné (v. 29-30) à la première invitation du père montre évidemment que celui qu'il représente ignore la nature du royaume auquel il est convié. Il attend une récompense de son obéissance ; il veut recevoir quelque chose de Dieu, au lieu de vouloir posséder tout *en Dieu*[a]. Au lieu d'envisager ses rapports continuels avec le Père céleste comme sa vraie récompense, il en désire une autre. Le père lui répond : « Tu es toujours *avec moi* », cela ne te suffit-il pas ? qu'as-tu besoin d'une autre récompense ? « *Tout ce que j'ai est à toi* » : ces paroles nous indiquent la vraie nature des récompenses du royaume. Dans le royaume de l'amour, tout est possédé par chacun ; la fontaine de la grâce de Dieu est une rivière inépuisable, près de laquelle tous peuvent se tenir, assurés de pouvoir tous être désaltérés. A chacun de ses enfants le Seigneur peut dire : « *Tout ce que j'ai est à toi* ». Si quelqu'un se trouve appauvri, et manque du nécessaire, c'est par sa propre faute.

Il est impossible de lire cette parabole sans pressentir que le fils aîné refusera encore d'entrer dans la maison. Les juifs de l'âge apostolique ne voulurent prendre aucune part à la grande fête de réconciliation qui célébrait l'entrée du monde

---

a. Augustin : « Le père ne dit pas : tu possèdes tout, mais : tout ce que j'ai est à toi. »

gentil dans l'Église (1Thess.2.14 ; Act.13.45 ; 14.19 ; 17.5,13 ; 22.21-23). Si ce plus jeune frère avait été assujetti au pénible apprentissage de la loi, s'il avait été envoyé « *aux champs* », alors les choses se seraient passées autrement (Act.15.1). Quant à nous, qui faisons partie de l'Église des Gentils, nous ne devons pas oublier que nous courons le risque d'agir comme le frère aîné, lorsque la fin de l'économie actuelle arrivera, car c'est maintenant le Juif qui joue le rôle de l'enfant prodigue, loin de la maison du Père (Osée.3.4-5 ; Rom.11).

XXV.
L'ÉCONOME INFIDÈLE

Luc.16.1-9

Cette parabole présente de grandes difficultés ; elle a donné lieu à une foule d'interprétations diverses. J'en tiendrai compte, sans toutefois m'y arrêter longuement. Quant à moi, je suis persuadé que nous avons ici simplement une parabole de prudence chrétienne ; Christ nous y exhorte à user du monde et des biens du monde *contre* le monde, si l'on peut parler ainsi, et *pour* Dieu.

Après avoir terminé la parabole de l'enfant prodigue, Jésus-Christ continua son entretien avec « *ses disciples* » (v. 1) Il ne s'agit pas seulement des Douze (Luc.6.13), mais de tous ceux qui avaient reçu sa parole et l'avaient suivi ; c'est à eux que la parabole s'adresse.

« *Il y avait un homme riche qui avait un économe,* » un intendant tel qu'Eliézer (Gen.24.2-12) et Joseph (Gen.39.4). « *Et celui-ci fut accusé devant lui comme dissipant ses biens,* » non par simple négligence, mais il spéculait injustement sur les pertes de son maître. Rien ne nous dit que l'économe fût accusé faussement ; Satan est « l'accusateur » des frères (Apo.12.9) ; mais ses accusations peuvent être vraies (Dan.3.8 ; 6.24). Quant à l'économe, il avoue sa faute (v. 3) ; l'accusation portée contre lui était évidemment juste.

« *L'ayant appelé, il lui dit : Qu'est-ce que j'entends dire de toi ?* » Cette parole exprime la surprise indignée de son maître : « *de toi* », en qui j'avais eu une si grande confiance. Le serviteur, ne cherchant pas à se justifier, est aussitôt congédié : « *Rends compte de ton administration, car tu ne pourras plus administrer* » (mon bien). Ceux qui, comme Anselme, voient dans la parabole l'histoire du développement et des fruits de la repentance, insistent beaucoup sur ce reproche : « *Qu'est-ce que j'entends dire de toi ?* » Pour eux, c'est la voix de Dieu s'adressant au pécheur, lui faisant comprendre qu'il a eu une administration, et qu'il en a abusé ; il aura à rendre compte. L'homme sent que sur mille articles il ne saurait répondre à un seul, qu'il n'y aura aucun secours pour lui ailleurs ; « la nuit vient dans laquelle personne ne peut travailler ». Les mêmes personnes voient dans le procédé de l'économe à l'égard des débiteurs de son maître son premier acte de droiture ; il veut utiliser les biens dont il dispose, dans l'intérêt des autres, et non dans son propre intérêt ; il cherche ainsi à s'amasser un trésor dans le ciel. L'économe continue à être appelé « *infidèle* », disent-ils, à cause de son injustice passée, et pour l'encouragement de ceux qui se repentent, puisqu'il obtient maintenant l'approbation de son maître. De même, Matthieu conserva le titre de « péager » (Mat.10.3), en souvenir de la grâce de Dieu qui l'avait appelé. On peut répondre à tout cela qu'il n'y a rien dans les résolutions de l'économe qui indique un changement quelconque de dispositions ; il ne confesse pas son injustice ; il est simplement anxieux au sujet de son avenir, et craint de tomber dans la misère.

L'économe reconnaît immédiatement qu'aucune justification n'est possible, et qu'il sera congédié. « *Que ferai-je ?* » dit-il (Luc.12.17 ; 20.13). Il avait dissipé les biens de son maître à son propre profit, mais il n'avait pris aucune précaution en vue du jour mauvais. Ses habitudes de mollesse l'ont rendu impropre au travail ; « *je ne puis travailler à la terre* » ; son orgueil l'empêche de mendier. Toutefois, il ne reste pas longtemps dans l'incertitude ; il sait ce qu'il fera, son plan est rapidement conçu : « *Je sais ce que je ferai, afin que lorsque je serai déposé de cette administration, ils me reçoivent dans leurs maisons* », comme un bienfaiteur qui a droit à leur hospitalité.

« *Il appelle chacun des débiteurs de son maître.* » Puis vient l'arrangement conclu avec eux. L'un devait « *cent mesures d'huile* » et l'autre « *cent mesures de blé* ». Il n'est pas probable qu'ils fussent des tenanciers qui payassent leurs redevances en nature, redevances qui auraient été diminuées par l'économe ; le mot « *débiteurs* » semble indiquer autre chose. Les énormes quantités d'huile et de blé rendent invraisemblable le fait qu'ils auraient été de pauvres voisins, que le riche propriétaire aurait entretenus en leur fournissant ces provisions à titre de prêt. Il est plus probable que l'homme riche, ayant d'abondantes récoltes, en avait vendu, par l'entremise de son intendant ; une partie à ses débiteurs, qui n'avaient pas encore effectué leurs paiements. Ils donnèrent cependant leurs « *obligations* », reconnaissant ainsi leurs dettes. Maintenant l'économe leur rend ces obligations, en leur ordonnant de les modifier ou de leur en substituer d'autres par lesquelles ils reconnaîtraient n'avoir pas reçu autant.

Vitringa trouve la clé de la parabole dans cet arrangement

avec les débiteurs ; son interprétation mérite d'être mentionnée. L'homme riche, c'est Dieu ; l'économe, ce sont les chefs spirituels du peuple juif, auxquels était confiée la dispensation des mystères du royaume. Ils furent accusés par les prophètes (Ézé.34.2 ; Mal.2.8), et par Christ Lui-même, d'abuser de leur administration, d'employer leur influence, non pour la gloire de Dieu, mais dans l'intérêt de leur ambition ; ils « *dissipaient ses biens* ». Ils sentent la justesse de cette accusation, et sont en dehors du royaume ; aussi, ils cherchent à se faire des amis parmi les débiteurs du Seigneur, les pécheurs, agissant comme s'ils possédaient encore quelque autorité dans le royaume. Ils abaissent les exigences de la loi au niveau de ces gens-là, afin de s'en faire bien accueillir. Les jésuites agissent de même. Cette interprétation a ceci de bon qu'elle donne un sens précis a l'interprétation des obligations : « *Écris cinquante, écris quatre-vingts* ». La morale de la parabole est alors très simple : « Soyez prudents comme le sont les enfants du présent siècle ; assurez-vous une habitation éternelle ». Un écrivain moderne croit que la parabole s'adresse aux scribes et aux pharisiens, pour leur donner un conseil, l'économe infidèle leur étant proposé pour modèle. La parabole les exhorte à entretenir en eux-mêmes les dispositions qui seules pourraient leur procurer l'entrée des « *demeures éternelles* », c'est-à-dire l'amour et la douceur envers tous. Mais il est dit positivement que la parabole s'adresse aux disciples, et non pas aux pharisiens.

C'est par de tels actes d'injustice que l'économe remplit le court intervalle entre la menace qui lui est faite et son renvoi. Rien ne nous dit qu'il cherchât à déguiser ses transactions frauduleuses. Il est probable qu'il agit ouvertement, sachant bien que rien ne pourra changer ce qui aura été fait. Il veut profiter d'une occasion qui se présente, et qui, demain, n'existera plus.

Si la transaction était secrète, le maître l'aurait découverte, et l'économe n'aurait alors reçu aucune approbation. Quoi qu'il en soit, cette transaction était frauduleuse, et il est inutile de vouloir l'atténuer. Il se peut que cette fraude n'appartienne pas à l'essence de la parabole, mais qu'elle résulte de l'impuissance des relations terrestres à représenter exactement les relations divines. Elles sont toujours imparfaites ; le rapport qui existe entre un intendant et son maître est un type très faible du rapport entre l'homme et Dieu.

« *Et le maître loua l'économe infidèle de ce qu'il avait agi prudemment.* » Il s'agit ici du *maître de l'économe,* et non de Jésus-Christ, qui ne parle pas en son propre nom jusqu'au verset 9. Quant à la louange elle-même, on ne peut s'en servir, comme l'apostat Julien, pour suspecter la moralité de l'Écriture ; il prétendait que Jésus voulait proposer à notre imitation un acte d'injustice. Cependant cette louange de l'économe offre quelque chose d'embarrassant ; voici comment on peut l'expliquer : la manière d'agir de cet homme offre deux aspects différents : l'un, celui de la fraude, qui est évidemment blâmable ; l'autre, celui de la prudence, de la prévision, qui a quelque analogie avec une vertu chrétienne, en sorte qu'on peut en tirer une exhortation utile. « Il y a », dit saint Bernard, « des martyrs du diable qui font rougir les saints de Dieu ; quoiqu'ils courent promptement à la ruine, ils peuvent être proposés à leur imitation. » L'ambition suppose toujours de l'énergie : celle-ci est louable, tandis que l'autre doit être blâmée. C'est ainsi que le Seigneur distingue l'infidélité de l'économe de sa prudence, pour l'instruction de ses disciples, qui doivent user d'une sainte prudence à l'égard de choses beaucoup plus importantes.

Le verset suivant nous fait bien comprendre la pensée du Seigneur : « *Car les enfants de ce siècle sont plus prudents que les enfants de la lumière, pour ce qui regarde leur propre génération* ». « *Les enfants de ce siècle* » sont les « hommes de la terre » du Psalmiste, ceux dont la portion est ici-bas, et qui ne regardent pas au-delà, qui sont animés de l'esprit du monde, et marchent selon le train de ce monde. « *Les enfants de la lumière* » sont les fidèles ; leurs œuvres sont faites en sincérité, car ils sont les enfants du jour.

La déclaration de Jésus, dans ce verset, a été diversement comprise ; la phrase elle-même n'a pas toujours été complétée de la même manière. Quelques-uns ont lu : « *Les enfants de ce siècle sont plus prudents pour ce qui regarde leur propre génération* », c'est-à-dire pour les choses du monde, « *que les enfants de la lumière* » dans ces mêmes choses ; les hommes charnels sont plus prudents que les hommes spirituels dans les affaires terrestres, car ces affaires-là sont leur élément, leur monde. Mais la parabole veut donner aux chrétiens une leçon de prudence pour les choses célestes. D'autres sont plus près de la vérité ; ils lisent : « *Les enfants de ce siècle sont plus prudents dans leur propre génération* » (dans les choses du monde) « *que les enfants de la lumière* » dans la leur, dans les choses spirituelles ; ils ne se donnent pas autant de peine pour gagner le ciel que « *les enfants de ce siècle* » pour gagner la terre ; ils sont moins prévoyants ; le monde est mieux servi par les siens que Dieu ne l'est par ses serviteurs. Dans ces mots : « *pour leur propre génération* », il faut voir une allusion aux débiteurs de la parabole. Complices de la fraude de l'économe, ils se montrèrent hommes de la même génération que lui ; ils appartenaient à une même race, celle des enfants du siècle impie ; les hommes de ce monde rendent leurs relations plus profitables, ils s'en servent mieux pour leurs intérêts, que ce n'est le cas parmi les enfants de lumière. Ces derniers négligent beaucoup d'occasions de s'amasser un trésor dans le ciel, de se faire des amis pour l'avenir, en témoignant de l'amour aux chrétiens pauvres, en se montrant généreux envers ceux de la maison de Dieu qui font partie de la même génération.

Les disciples de Jésus ne doivent pas négliger les occasions qui leur seront offertes : « *Et moi je vous dis : Faites-vous des amis avec le Mammon de l'injustice, afin que lorsque vous viendrez a manquer, ils vous reçoivent dans les tentes éternelles*[a] ». On a dit que ce « *Mammon de l'injustice* » avec lequel ils doivent se faire des amis désigne la richesse injustement acquise, par ruse ou par violence, des « trésors de méchanceté » (Pro.10.2). Il serait facile d'abuser de ces paroles interprétées ainsi, comme si l'homme pouvait transiger avec sa conscience, et se justifier par quelques aumônes d'une richesse injustement acquise. Mais, ce qu'il devrait faire tout d'abord, ce serait de rendre l'argent à ses légitimes posses-

---

a. Calvin : « La morale de cette parabole est qu'il nous faut être humains envers nos proches, afin que, lorsque que nous comparaîtrons devant Dieu, nous puissions recueillir le fruit de notre libéralité. » Mais ce n'est pas tout ; car alors pourquoi serait-il question d'un économe infidèle ?

seurs, comme le voulait Zachée, après sa conversion (Luc.19.8). S'il est impossible d'opérer cette restitution, alors il faudrait donner l'argent aux pauvres. D'autres interprètes entendent par ce « *Mammon de l'injustice* » une richesse qu'il est impossible d'acquérir sans commettre quelque péché, car une telle richesse est inséparable des souillures du monde [a] ; si celui qui la possède est honnête, il peut l'avoir héritée de personnes qui ne l'étaient pas, en sorte qu'il est toujours obligé de réparer les torts qui ont été commis. Mais la comparaison avec le verset 12, qui oppose le « *Mammon de l'injustice* » aux « *vraies richesses* », ces dernières désignant les biens célestes qui ne passent point, nous montre que le « *Mammon de l'injustice* » c'est le Mammon incertain, changeant, qui passe promptement d'un homme à un autre (1Tim.6.17). On peut dire aussi que, dans toute richesse, il y a un principe mauvais, car la propriété n'existerait pas dans un état social parfait, dans le royaume de Dieu réalisé sur la terre. Dans l'Église primitive, « tous ceux qui avaient cru étaient un seul cœur et une seule âme, et avaient toutes choses communes » (Act.4.32-35) Mais on ne saurait rétablir un tel ordre de choses en dehors du royaume, et sans le changement du cœur.

Les mots : « *afin que lorsque vous viendrez à manquer* » signifient : « afin que lorsque vous mourrez ». Une autre leçon dit : « *afin que lorsqu'il viendra à manquer* » (le « *Mammon injuste* ») ; il faut la préférer. Ce verset 9 fait évidemment allusion aux débiteurs : « *ils vous reçoivent* », qui devaient recevoir l'économe dans leurs habitations temporaires ; le passage de

---

a. Jérôme : « Dives aut iniquus aut iniqui hæres », un homme riche est soit un escroc, soit l'héritier d'un escroc.

Mat.25.34-40 est le vrai parallèle du nôtre. Les habitations célestes, étant « *éternelles* » sont opposées à l'abri temporaire que l'économe se procura après tous ses efforts. Dans les versets suivants (10-13), il est question de la fidélité dans l'emploi des biens terrestres ; ces biens sont appelés ici « *les moindres choses* », comparées à ces dons spirituels qui sont « *grands* » ; elles sont opposées aux richesses célestes de foi et d'amour, qui sont « *véritables* » ; ces biens terrestres sont « *à autrui* », tandis que les biens célestes nous appartiennent en propre[a]. C'est ainsi que le Seigneur montre le peu de cas qu'il faut faire des choses terrestres, en faisant toutefois ressortir l'importance de les employer avec justice. Au verset 13, Jésus nous dit ce qu'est la fidélité qui est réclamée d'un administrateur des vraies richesses ; elle consiste à choisir Dieu pour son Maître, au lieu de Mammon. Car, dans ce monde, deux maîtres réclament notre service ; il est impossible de les servir tous deux.

Parmi les singulières interprétations qu'on a données de notre parabole, la plus étrange est celle-ci : l'économe infidèle serait l'apôtre Paul, qui, après avoir été éloigné du judaïsme par la volonté de Dieu, s'est fait une place dans bien des cœurs, en annonçant le pardon des péchés et l'Évangile de la grâce de Dieu.

---

a. Augustin : « Divitiæ non veræ, nec vestræ », ni vraies richesses, ni vos richesses.

XXVI.
L'homme riche et Lazare

Luc.16.19-31

La première question qui se présente à nous est celle-ci : S'agit-il d'une vraie parabole ? Le récit qui nous occupe n'en présente pas les caractères essentiels [a], car la parabole doit faire comprendre les choses célestes à l'aide des terrestres. Nous verrons plus tard ce qu'il faut penser de tout cela ; je ferai remarquer, pour le moment, que le récit s'adresse aux pharisiens (v. 14-15) ; mais alors une difficulté se présente. Les pharisiens étaient « *amateurs d'argent* » ; cependant jamais on ne leur à reproché d'être prodigues, comme le riche de la parabole. Leur genre de vie était austère ; plusieurs d'entre eux étaient de rigoureux ascètes. Le Seigneur lui-même en rend témoignage (Luc.18.12). Leurs péchés étaient d'un autre ordre ; ils étaient compatibles avec une grande réputation de spiritualité. Mosheim suppose que la parabole est dirigée contre les sadducéens, qui méprisaient les besoins d'autrui, regardant même la pauvreté comme un crime, ou du moins comme une preuve évidente du déplaisir de Dieu. Mais il n'est nullement question, dans notre passage, des sadducéens.

---

a. C'est l'opinion de Justin, d'Irénée, de Tertullien.

Voici comment on peut expliquer le fait. Il est vrai que l'avarice était le péché des pharisiens, et non pas la prodigalité, toutefois, l'avarice et la dissipation proviennent de la même racine, à savoir l'incrédulité à l'égard de Dieu et de sa Parole, la confiance dans la créature plus que dans le Créateur, en sorte que le Seigneur, pour leur reprocher leur péché, leur confiance au présent siècle, pouvait bien prendre pour exemple un péché en apparence contraire au leur, mais procédant de la même disposition du cœur. Nous ne devons pas oublier que le premier but de la parabole est de montrer les funestes conséquences de l'incrédulité.

Le péché de l'homme riche est l'incrédulité, au fond ; puis ce péché prend les formes du mépris pour le pauvre, et de la dissipation. Le siège du mal est intérieur ; celui qui ne croit pas à un monde invisible de justice et de vérité, est forcé de faire reposer son espérance sur les choses visibles. Celui qui ne croit pas à un Dieu plein de miséricorde, qui fait grâce au miséricordieux, en viendra bientôt à refuser toute compassion à ses frères. Tel était le péché du riche, et la source de toutes ses misères ; il ne croyait pas à un monde supérieur, à un royaume d'amour et de vérité ; c'était aussi là le péché des pharisiens.

« *Il y avait un homme riche, qui se vêtait de pourpre et de fin lin et qui se réjouissait chaque jour avec faste* ». La « *pourpre et le fin lin* » sont souvent associés (Esth.1.6 ; Apo.18.12 ; Prov.31.22) ; tous deux étaient d'un grand prix dans l'antiquité ; les rois étaient vêtus de pourpre, et la robe de pourpre était un cadeau royal (Esth.8.15 ; Dan.5.7) ; les idoles païennes en étaient revêtues. (Jér.10.9) Quant au « *fin lin* », il était également très estimé ; Pharaon en revêtit Joseph ; la robe et la mitre du souverain sacrificateur étaient de fin lin, non seulement dans certaines circonstances, mais habituellement. Toutefois, il n'est pas accusé pour cela de violer la loi, comme les riches dont parle Jacques.5.1-6. Jésus ne dit pas qu'il fût un calomniateur, ni un oppresseur des pauvres, ni un voleur. Il dit simplement : « *Il y avait un homme riche* ». Quel était donc son crime ? Un Lazare était couché à sa porte. Chacun aurait pu rendre un bon témoignage à ce riche, qui se contentait de vivre largement. Jésus-Christ ne nous dit pas son nom, mais seulement celui du pauvre, pour témoigner ainsi, dit Cajetan, que, dans le monde spirituel, tout se passe autrement que dans celui-ci.

« *Il y avait aussi un pauvre du nom de Lazare*[a], *qui se tenait couché à sa porte, tout couvert d'ulcères. Et il désirait de se rassasier des miettes qui tombaient de la table du riche* ». Il était couché dans le vestibule du palais, dont il n'est pas même fait mention. Ses amis pouvaient l'y avoir amené, pour s'en débarrasser, pensant que le riche aurait compassion de lui. Il n'est pas dit combien de temps il y fut couché ; assez longtemps, toutefois, pour que, plus tard, le riche pût le reconnaître immédiatement. Ce riche devait donc être bien informé de sa situation. Lazare avait perdu l'usage de ses membres ; comme Job, il était « *couvert d'ulcères* » ; il avait faim, et personne ne l'assistait, « *il désirait de se rassasier des miettes qui tombaient de la table du riche* » (Juges.1.7) ; il ne put pas même les obtenir, ou du moins elles étaient insuffisantes pour apaiser sa faim. Repoussé par les hommes, il ne trouva

---
a. *Lazare* équivalent à *Eléazar*, Dieu est mon aide.

quelque sympathie qu'auprès des animaux ; « *les chiens* », qui sont nombreux dans les villes d'Orient (2Rois.9.35-36) « *venaient lécher ses ulcères* ». Chrysostome et d'autres après lui, voient dans ce fait une preuve de l'extrême faiblesse à laquelle la maladie et la faim avaient réduit cet homme ; il n'avait pas même assez de force pour chasser les chiens, qui augmentaient la douleur causée par les ulcères, en les léchant. Mais il semble plutôt que les langues de ces chiens devaient le soulager, car une vertu curative leur est souvent attribuée. Il est probable que ce trait du récit doit faire ressortir la cruauté de l'homme riche. Le riche est vêtu de pourpre et de fin lin, Lazare n'est couvert que d'ulcères ; l'un se réjouit avec faste, l'autre désire des miettes. L'un a plusieurs serviteurs, l'autre n'a que des chiens pour soigner ses plaies.

On a souvent prétendu qu'il ne nous est rien dit de la situation morale de Lazare, de sa foi, de sa patience, de son espérance. Ce n'est pas exactement vrai ; celui qui reçut le nom de Lazare (« Dieu aide ») doit avoir eu foi en Dieu ; ce fut sa foi, et non sa pauvreté qui le transporta dans le sein d'Abraham. La pauvreté matérielle, extérieure, ne suffit pas pour procurer le repos du ciel ; il faut aussi la pauvreté en esprit, l'humilité. Mais cette gloire mondaine et cette misère terrestre vont avoir une fin ; elles ne sont que l'ombre des choses, et non la réalité.

« *Or il arriva que le pauvre mourut* » ; alors, tout changea d'aspect ; celui qui n'était secouru que par des chiens « *fut porté par les anges dans le sein d'Abraham* ». Quelques interprètes on vu ici « un grand privilège que Lazare obtint » ; il aurait eu la première place dans la gloire, que les fils de

Zébédée avaient réclamée pour eux-mêmes (Mat.20.23) ; il ne fut pas simplement assis avec les autres fidèles au festin d'Abraham, mais il reposa sur son sein, honneur qui ne pouvait être accordé qu'à un seul. Mais cette explication n'est pas juste ; nous n'avons pas ici l'image d'un festin ; le « *sein d'Abraham* » est expliqué par Jean.1.8. C'est une figure qui exprime le profond repos dont on jouit dans une parfaite communion avec Dieu. Les Juifs disaient de tous les vrais croyants qu'ils étaient reçus dans le sein d'Abraham. Il s'agit donc de la gloire, du repos dont jouissent les fidèles immédiatement après la mort ; c'est dans ce port bienheureux que Lazare entra après toutes ses souffrances.

« *Le riche aussi mourut, et fut enterré* » ; nous pouvons légitimement conclure de ces paroles que ce fut après Lazare, qui obtint plus tôt la délivrance après laquelle il soupirait ; le riche eut le temps nécessaire pour se repentir, s'il l'eût voulu[a]. Mais son jour d'épreuve est terminé ; la vue de Lazare avait sans doute été un dernier appel pour lui. Il y a une ironie sublime dans la mention de la sépulture du riche, surtout quand on la relie à ce qui suit immédiatement. Le monde, qui aime ce qui est à lui, l'accompagna sans doute avec de grands honneurs, comme c'était l'usage chez les Juifs, mais ces honneurs lui furent de peu d'utilité. La mort a été pour lui un terrible réveil, après sa vie de jouissances mondaines.

Il voulait sauver sa vie, il la perdit. La parabole nous transporte ensuite dans le monde inconnu des esprits ; mais

---

a. Jérémie Taylor : « les Juifs disent que l'ange Michel ne vole que d'une aile, et Gabriel de deux ; Dieu est prompt à envoyer les anges de paix, mais les messagers de sa colère viennent lentement : Dieu est plus pressé de glorifier ses serviteurs, que de condamner le méchant ».

Jésus le connaît parfaitement ; Il parle de choses qui Lui sont familières. Pour nous, il ne nous est pas toujours facile de distinguer exactement ce qui est purement figuré de la vérité elle-même [a]. Nous pouvons dire, en tout cas, qu'il faut faire une part ici au style figuré. Olshausen affirme que l'entretien d'Abraham avec le riche est tout entier figuré, et qu'il représente le désir de la délivrance, désir réprimé par la loi parlant dans la conscience. Toutefois nous ignorons absolument les conditions de l'existence dans le monde mystérieux du Hadès.

Celui qui a eu de splendides funérailles sur la terre, est maintenant « *en enfer* » ou plutôt *dans le Hadès* qui y aboutit (Apo.20.14). C'est la prison dans laquelle les âmes des méchants sont gardées pour le jour du jugement ; c'est « l'abîme » que craignaient les démons (Luc.8.31). Le riche est « *dans les tourments* », privé de toutes ses anciennes jouissances ; sa robe de pourpre est devenue une robe de flammes. Il ne peut, pour un temps, réaliser sa nouvelle situation ; il lui semble avoir un rêve affreux. Lorsqu'il fut convaincu que ce n'était pas un rêve, « *il leva les yeux, et vit de loin Abraham, et Lazare dans son sein* » (Luc.13.28). La souffrance du pécheur perdu sera augmentée par la comparaison qu'il pourra faire avec le sort bienheureux des rachetés. « *Et s'écriant il dit : Père Abraham* », pensant que ses privilèges charnels lui seraient utiles (Mat.3.9 ; Rom.2.17 ; Jean.8.41) ; mais, ce qui faisait sa gloire, aggrave maintenant sa culpabilité. Lui, un fils d'Abraham, a tellement méconnu les grands privilèges de sa vocation qu'il se trouve maintenant dans un lieu de tourments. « *Aie pitié de moi et envoie Lazare, afin qu'il trempe dans l'eau le*

---

[a]. Au temps d'Augustin, quelques-uns prenaient tout à la lettre.

bout de son doigt et qu'il rafraîchisse ma langue, parce que je souffre de grandes douleurs dans cette flamme! » C'est là tout ce qu'il demande! Il parle de son « *père Abraham* » et de la « *maison de son père* », mais il ne parle pas d'un autre Père, celui de l'enfant prodigue, car il est loin d'avoir la foi du prophète (Esa.63.16).

« *Mais Abraham dit : Mon enfant, souviens-toi que tu as reçu tes biens en ta vie, et pareillement Lazare des maux; et maintenant il est consolé, et toi, tu souffres de grandes douleurs.* » Il n'y a aucune dureté dans cette réponse, ni aucune raillerie. Il parle au riche comme à un «*fils*», mais en lui ôtant tout espoir; et d'abord il lui fait sentir qu'il a mérité ce qui lui arrive. « *Tu as reçu tes biens en ta vie.* » Je ne puis accepter l'interprétation qui voit dans ces « *biens* » certaines bonnes actions qu'il aurait faites, et dont il aurait été récompensé sur la terre; c'est l'opinion de Chrysostome, de Grégoire le Grand. Ces « *biens* » sont plutôt les joies terrestres du riche, sa pourpre et son fin lin, son faste. C'étaient là les seuls biens pour lui; il n'en connaissait pas d'autres. Il a fait son choix, et ce choix est définitif.

Les biens du monde, sans aucun mélange de maux, une prospérité incessante, sont toujours un signe de réprobation (Psa.17.14; Job.21.7-21; Luc.6.24-25). Il n'est pas difficile d'en découvrir le motif. Il y a chez tout homme des souillures dont il a besoin d'être purifié; cela ne peut avoir lieu que par l'épreuve. Dieu nous afflige pour nous rendre participants de sa sainteté. Le riche n'avait reçu que des biens; maintenant, tout est changé : Lazare, qui a reçu des maux, « *est consolé* » (Mat.5.4; 2Cor.4.17; Act.14.22) mais lui est tourmenté. Il n'a semé que pour la chair, c'est pourquoi, dans le monde spirituel, il ne peut moissonner que la misère (Gal.6.8). Il ne peut obtenir la pitié qu'il a refusée lui-même (Jug.1.7 ; Mat.18.32-34 ; Jac.2.13 ; Apo.16.6). Les miettes qu'il a refusées aboutissent à la goutte d'eau qu'il ne peut obtenir ; il ne s'est pas « fait des amis avec le Mammon de l'injustice », et maintenant qu'il est venu à manquer personne ne le reçoit dans les demeures éternelles.

Cet homme doit reconnaître qu'au moment de la mort commence la séparation du mal d'avec le bien (Mat.13.40-41). Cette séparation est éternelle : « *Par dessus tout cela, un grand abîme est fermement établi entre nous et vous, pour que ceux qui veulent passer d'ici vers vous ne le puissent, ni ceux qui sont de là, passer vers nous.* » Il est naturel que ceux qui sont perdus désirent entrer dans un lieu de repos, mais ils ne le peuvent ; ceux qui sont dans le bonheur ne peuvent pas non plus aller vers eux pour les soulager.

Mais le riche a encore une demande à adresser, non plus pour lui-même, mais pour d'autres. Abraham pourrait peut-être envoyer Lazare sur la terre : « *Je te prie donc, père, que tu l'envoies dans la maison de mon père, car j'ai cinq frères, pour leur rendre témoignage ; de peur qu'eux aussi ne viennent dans ce lieu du tourment* ». Il voulait que ses frères fussent informés de la réalité des choses dont ils s'étaient sans doute moqués ensemble. Quelques interprètes ont vu, dans l'anxiété de cet homme au sujet de ses frères, la preuve d'un changement de dispositions, comme fruit de la souffrance. S'il en était ainsi, la doctrine du rétablissement final serait vraie.

Mais la demande de cet homme procède d'une autre

source. Il cherche à se justifier lui-même, en accusant Dieu : « *Si seulement j'avais été bien averti, je ne serais jamais venu ici, c'est pourquoi je désire que mes frères le soient* ». La réponse d'Abraham est brève et presque sévère : « *Ils ont Moïse et les prophètes ; qu'ils les écoutent* » (Jean.5.39,45-47). Mais le riche insiste : « *Non, père Abraham, mais si quelqu'un allait du milieu des morts vers eux, ils se convertiraient* ». Il est dit des fidèles que « leurs œuvres les suivent ; » cet homme a méprisé la parole de Dieu sur la terre, et ce mépris l'accompagne au delà du tombeau. Il pense que cette parole ne suffit pas pour sauver les hommes, qu'il leur faut quelque chose de plus pour pouvoir se repentir. Les pharisiens disaient souvent : « Montre-nous un signe, afin que nous puissions croire. » Ils veulent bien croire des miracles, mais non la parole de Dieu (Esa.8.19-20).

« *S'ils n'écoutent pas Moïse et les prophètes, ils ne seraient pas non plus persuadés, quand même quelqu'un d'entre les morts ressusciterait* ». Chacune de ces paroles doit être soigneusement pesée. Le riche avait dit : « *ils se convertiront* » ; Abraham répond : « *ils ne seront pas même persuadés* ». Le riche disait : « *si quelqu'un allait du milieu des morts vers eux* » ; Abraham, connaissant l'incrédulité du monde, répond : « *Non, quand même quelqu'un d'entre les morts ressusciterait* » (1Sam.28). Cette réponse d'Abraham nous enseigne que la foi est un acte moral, qui n'a pas besoin de signes et de miracles. Lorsque la volonté et les affections sont résolument opposées à la vérité, rien ne pourra les changer[a]. Les pharisiens ne

---

a. Lorsque Spinosa se déclarait prêt à devenir chrétien, s'il pouvait seulement être convaincu de la réalité de la résurrection de Lazare, il savait très bien qu'il était impossible de le convaincre comme il l'entendait.

furent pas persuadés de la divine mission de Christ, même après la résurrection de Lazare, et cependant ils ne nièrent pas la réalité de ce fait. Jésus Lui-même est ressuscité, et cependant des multitudes, qui ne nient pas le fait, ne se repentent pas et ne croient pas. Aussi, le Seigneur ne se montra qu'aux disciples, après sa résurrection.

J'ai déjà fait allusion à une interprétation de cette portion de l'Écriture, qui tend à la faire envisager comme une parabole n'ayant qu'un caractère allégorique et prophétique, sans mélange d'aucun élément historique. Cette interprétation a été accueillie dans une certaine mesure par Augustin, Grégoire le Grand et plusieurs commentateurs modernes. La parabole illustrerait alors les relations passées et futures des Juifs avec les gentils. Le riche représenterait la nation juive, revêtue de « *la pourpre* » royale, et du « *fin lin* » des sacrificateurs. On pouvait bien dire de ce peuple élu qu'il « *se réjouissait chaque jour avec faste* », car il possédait toutes les grâce nécessaires à la vie et à la piété. Le salut venait des Juifs (Jean.4.22) ; pour eux étaient « l'adoration, la gloire, les alliances, l'établissement de la loi, le culte et les promesses [a]. » (Rom.9.4). Au milieu de ces richesses, ils ne se préoccupaient nullement des étrangers, ou, s'ils faisaient un prosélyte, c'était pour eux-mêmes et non pour Dieu (Mat.23.15). Se glorifiant en Dieu (Rom.2.17), ils ne faisaient rien pour répandre la vraie connaissance de son nom parmi les païens. Lazare, le mendiant, est couché à leur porte sans qu'ils y prennent garde ; les Gen-

---

a. Teelman : « Le riche représente le peuple juif, mais Lazare, Christ, méprisé par la nation orgueilleuse, et couvert de plaies qui sont les péchés de son peuple ». Schleiermacher : « Le riche est une allusion à Hérode Antipas ».

tils étaient « séparés de la république d'Israël, et étrangers aux alliances de la promesse » (Éph.2.12) ; ils étaient « *couverts d'ulcères* », car leur misère était infinie. « *Les chiens venaient lécher* » ces « *ulcères* », c'était là leur seule consolation. Les législateurs, les philosophes et les poètes ne pouvaient guérir le monde païen. Le désir du mendiant d'être nourri des miettes qui tombaient de la table du riche, ne trouve pas son correspondant exact dans un espoir quelconque des Gentils d'être nourris spirituellement à la table des Juifs, car les Juifs ne cherchaient pas à répandre la vérité. Toutefois, comme Christ était « le Désiré des nations », ces nations païennes désiraient d'une manière inconsciente de vivre de la vérité qui avait été confiée aux Juifs.

La mort de Lazare et sa réception dans le sein d'Abraham correspondent à la fin de l'économie dans laquelle le Gentil était séparé de l'alliance. Il est alors introduit dans le royaume de Dieu (1Pi.1.10; Éph.2.11-13). Mais le riche meurt aussi ; la fin de l'économie préparatoire qui procure la vie du Gentil, amène la mort du Juif. Et maintenant le riche est dans les tourments ; ces tourments, ce sont l'angoisse et le désespoir qui doivent être le partage de ceux qui, après avoir connu Dieu, refusent de le connaître encore. Les Juifs ont été, dans tous les temps, exposés au mépris et aux injures des nations. De même que le riche cherchait quelque consolation auprès de Lazare, qu'il avait méprisé autrefois, ainsi le Juif cherche un adoucissement à sa misère en améliorant sa situation matérielle ; mais c'est la colère de Dieu qui le châtie ; jusqu'à ce que cette colère soit apaisée, jusqu'à ce que le Juif retourne au Dieu d'Abraham, il ne peut trouver de vraie consolation. Il faut qu'il soit reçu lui-même dans le royaume de Dieu, qu'il déplore son péché et regarde à Celui qu'il a percé. Les « *cinq frères du riche* » représentent, selon les partisans de l'interprétation allégorique, tous ceux qui désormais seront tentés d'abuser de leurs privilèges spirituels. L'Église des Gentils, c'est, dans un sens, Lazare reçu dans le sein d'Abraham ; mais lorsqu'elle tombe dans les mêmes fautes que l'Église juive, lorsqu'elle se glorifie de ses dons, sans les employer pour la conversion des âmes, alors elle ressemble aux cinq frères du riche, qui courent le risque de venir dans le même « *lieu de tourment* » (Rom.11.22). Les partisans de cette interprétation allégorique affirment que la parabole n'en conserve pas moins sa valeur pratique. Elle renferme un solennel avertissement pour les enfants du présent siècle, mais aussi un avertissement pour l'Église, afin qu'elle soit préservée de l'égoïsme, de l'orgueil spirituel.

XXVII.
Les serviteurs inutiles

Luc. 17.7-10

On s'est beaucoup demandé s'il y a un rapport quelconque entre cette parabole et son contexte immédiat, et quel est ce rapport. Théophylacte établit de la manière suivante le lien entre notre parabole et le verset qui précède : Le Seigneur avait montré à ses disciples quelles grandes œuvres ils pourraient accomplir avec une foi vivante, mais il leur adresse en même temps une parabole destinée à les préserver de l'orgueil. Selon Olshausen, les apôtres entendant parler des obstacles qu'ils rencontreraient (v. 1-2), des devoirs difficiles qui leur étaient prescrits (v. 3-4), auraient soupiré après le repos et la récompense. Le Seigneur veut leur faire comprendre qu'ils doivent accomplir toute leur œuvre ; qu'ils Lui appartiennent et doivent travailler pour Lui. Au lieu de ne regarder qu'à la récompense, ils doivent imiter ce serviteur qui, après avoir travaillé tout le jour dans les champs, continue à agir dans la maison, après son retour. Mais cette interprétation fait violence au texte.

Selon Grotius, la parabole ne parle que du service des Juifs sous l'Ancienne Alliance. Les disciples avaient demandé une augmentation de foi. Le Seigneur, qui veut les satisfaire, veut aussi leur faire apprécier la valeur du don qu'ils réclament. Cette valeur est si grande, que toutes les œuvres accomplies en dehors de ce principe vivant d'obéissance sont purement serviles ; Dieu ne prend aucun plaisir en elles ; ceux qui les font sont des « *serviteurs inutiles* ». Les partisans de cette interprétation objectent à toute autre explication, qu'elle présente les relations de Christ avec son peuple sous un jour qui n'est pas celui de la Nouvelle Alliance. Est-il vraisemblable, disent-ils, que le même Seigneur qui a dit ailleurs : « Je ne vous appelle plus serviteurs, mais je vous ai appelés mes amis », cherchât ici à les remettre sous le joug de la servitude, en déclarant d'avance que quoi qu'ils puissent faire pour Lui, Il ne leur devra aucune reconnaissance ? Comment cela s'accorde-t-il avec l'esprit ou la lettre de paroles telles que celles-ci : « Bienheureux sont ces serviteurs que le maître trouvera veillant quand il arrivera ; en vérité, je vous dis *qu'il se ceindra*, qu'il les fera mettre à table et les servira ? » (Luc.12.37). Toutes ces difficultés ne disparaissent-elles pas lorsqu'on admet que la parabole ne s'occupe que des rapports du peuple juif avec son Dieu ? Cette interprétation est ingénieuse, cependant elle ne satisfait pas entièrement.

La parabole commence ainsi : « *Mais quel est celui d'entre Vous qui, ayant un serviteur labourant (la terre) ou paissant (le bétail), lui dise aussitôt qu'il rentre des champs : Approche et te mets à table ? Ne lui dira-t-il pas plutôt : Apprête-moi à souper, ceins-toi et me sers, jusqu'à ce que j'aie mangé et bu ; et après cela tu mangeras et boiras ?* » Servir à table avec les reins ceints était un signe d'esclavage. « *A-t-il à rendre grâces à ce serviteur de ce qu'il a fait ce qui lui avait été commandé ? je ne le pense pas. Vous aussi de même, quand vous aurez fait tout ce qui vous a été commandé, dites : Nous sommes des serviteurs inutiles, car c'est ce que nous devions faire que nous avons fait*[a]. » Il est évident que les relations des fidèles avec leur Seigneur sont présentées ici sous un aspect plus sévère qu'ailleurs.

Cependant, on ne saurait opposer cette parabole de Jésus à d'autres paraboles, telles que celle de Luc.12.37. Dieu *pourrait* agir comme cela nous est dit dans notre passage ; Il le pourrait au point de vue de la stricte justice ; mais Il préfère agir selon les richesses de sa grâce. Dieu ne nous doit rien ; toutes ses faveurs sont purement gratuites. Nous devons vivre sans cesse dans cette pensée, pour être maintenus dans l'humilité. Dieu aurait pu nous traiter avec rigueur, et alors il ne nous devrait aucune récompense ; s'il veut bien nous employer à son service, c'est par grâce.

---

a. Bengel : « Celui-là est malheureux que le Maître appelle un serviteur inutile, il est heureux quand il se donne à lui-même ce titre ».

XXVIII.
Le juge injuste

Luc.18.1-8

Cette parabole, adressée aux disciples, est dans le rapport le plus étroit avec tout ce qui précède immédiatement, en particulier avec la déclaration de Jésus au sujet des temps de tribulation, alors que les disciples « désireront de voir l'un des jours du Fils de l'homme, et ne le verront point » (Luc.17.22). Alors, pour employer le langage des Juifs, auront lieu les douleurs d'enfantement de la création nouvelle (Mat.24.8; Jean.16.21; Rom.8.22) ; les malheurs, qui arriveront sont un motif de prier avec persévérance.

« *Il leur dit une parabole, pour montrer qu'il faut toujours prier* », afin d'éviter les choses qui doivent arriver. C'est non seulement le devoir, mais encore l'absolue nécessité de la prière persévérante qui est affirmée ici. Nous pouvons considérer ces paroles comme étant celles de Christ Lui-même, plutôt que celles de l'évangéliste. Christ prononça la parabole, et il indiqua en même temps le but qu'il se proposait, à savoir : *qu'on doit toujours prier, et ne point perdre courage.*

Mais, dira-t-on peut-être, n'y a-t-il pas ici quelque exagération ? ce commandement n'est-il pas trop absolu ? Non pas, lorsqu'on envisage la prière comme l'aspiration continuelle de l'âme vers Dieu, aspiration qui n'est pas restreinte à certains moments particuliers ; selon Origène, la vie entière du fidèle doit être « une prière continuelle », la prière étant, comme le dit saint Basile, le sel qui doit donner à toute chose sa saveur. Saint Augustin parle admirablement de la prière, d'après sa propre expérience chrétienne : « Ce n'est pas pour rien que l'apôtre dit : *Priez sans cesse* (1Thess.5.17). Ce n'est pas que nous puissions sans cesse fléchir les genoux ou élever nos mains : il y a une autre prière continuelle, qui est le soupir du cœur. Quoi que nous puissions faire d'ailleurs, si ce soupir est en nous, notre prière est incessante. »

« *Il y avait dans une ville un juge qui ne craignait point Dieu et n'avait point d'égard pour les hommes.* » Le caractère de cet homme est donc dépeint en deux mots. Il « *ne craignait point Dieu* », méprisant tout ce que dit la loi de Dieu de la majesté de l'office du juge, de la culpabilité du juge injuste. (Exo.23.6-9 ; Lév.19.15 ; Deut.1.16-17 ; 2Chr.19.6-7). Non seulement il n'avait aucune crainte de Dieu, mais encore il n'avait aucun égard à l'opinion du monde, et ne rougissait pas de le reconnaître (v. 4). C'est à un tel juge que le Juge de la terre est comparé ici ! Seul, le Fils de Dieu a pu établir un tel rapprochement. Cependant nous devons prendre garde de ne pas atténuer l'injustice de ce juge, comme l'ont fait quelques-uns. Au contraire, plus il nous paraît répréhensible, plus la parabole renferme d'encouragements pour nous. Si l'importunité peut triompher d'un méchant homme, combien plus la prière du fidèle prévaudra-t-elle sur un Dieu juste[a].

« *Or il y avait une veuve dans cette ville, et elle alla vers lui disant : Venge-moi de ma partie adverse.* » Connaissant

---

a. Tertullien : « Une telle violence est agréable à Dieu ».

le caractère du juge, nous pouvons comprendre combien le cas d'une suppliante faible et pauvre était désespéré; faible et pauvre, en effet, devait être cette veuve. Elle représente l'Église sous la persécution, ainsi que chaque âme en lutte avec les puissances malfaisantes. L'*adversaire*, c'est le prince des ténèbres de ce siècle, le chef de tout ce qui s'oppose à la manifestation du royaume de Dieu. Mais les élus, qui ont les prémices de l'Esprit, et soupirent en eux-mêmes, en attendant leur parfaite rédemption, sont représentés ici dans leur lutte avec les puissances contraires qui les oppriment ; ils appellent le secours, la révélation du Fils de l'homme en gloire, s'écriant avec le prophète : « Oh! si tu fendais les cieux, et que tu descendisses » (Esa.64.1) ; car ils savent bien qu'alors le méchant disparaîtra, et que l'Église sera délivrée pour toujours de tous ses ennemis. Il ne faudrait pas restreindre ces cris de détresse, dont les Psaumes et les prophètes sont remplis, aux afflictions extérieures ou aux persécutions que les fidèles endurent. Le monde cherche constamment, d'une manière ou d'une autre, à opprimer l'Église ; Satan veut empêcher la manifestation de la vie de Dieu dans chaque chrétien ; la prière est alors le *de profundis* des élus, l'appel au secours lorsque le danger est pressant.

La prière de la veuve : « *Venge-moi de ma partie adverse* », exprime très bien notre situation vis-à-vis du mal contre lequel nous avons à lutter. C'est l'œuvre de l'Esprit d'éclairer les hommes sur le mal qui est en eux, et de les faire sortir de plus en plus des ténèbres. L'homme renouvelé connaît parfaitement son adversaire ; il sait aussi que Dieu a préparé son affranchissement complet ; c'est pourquoi il s'écrie, avec la veuve : « *Venge-moi de ma partie adverse* », ou plutôt : « *Fais-moi justice de ma partie adverse* », ce qui revient à la demande de l'Oraison Dominicale : « Délivre-nous du mal », ou « du malin », de celui qui est la source de tout mal.

« *Et pendant quelque temps il ne le voulut point.* » Aux yeux de l'homme, Dieu paraît souvent être un juge injuste, sourd aux prières de son peuple. Les élus eux-mêmes sont impatients dans l'affliction ; ils veulent une prompte délivrance, sans se préoccuper de la volonté de Dieu. Tourmentés par leurs adversaires, ils sont tentés de penser injustement de Dieu, comme s'il se liguait avec leurs oppresseurs et ne se souciait pas du cri de son peuple affligé. La parabole prévient cette tentation à laquelle les fidèles sont exposés. « *Mais après cela, il dit en lui-même : Quoique je ne craigne point Dieu et que je n'aie point d'égard pour les hommes, néanmoins parce que cette veuve m'importune, je la vengerai, de peur qu'elle ne vienne continuellement me rompre la tête* ». Le même motif engageait les disciples à intercéder en faveur de la Cananéenne [a] (Mat.15.23).

« *Écoutez ce que dit le juge injuste. Or, Dieu ne vengera-t-il pas ses élus qui crient à Lui jour et nuit, tout en usant de longanimité à leur sujet ?* » Dans la première partie de la phrase, l'accent doit être mis sur le mot « *injuste* » ; dans l'autre partie, le mot bonté ou justice, qui devrait compléter l'antithèse, est omis, parce qu'il est renfermé dans le nom de Dieu. Si le «*juge injuste* » consent à faire droit à la veuve, « *Dieu ne vengera-t-il pas ses élus ?* » Dieu juste est opposé au juge injuste ; les

---

a. Importuner quelqu'un par ses cris pour en obtenir justice, est très usité en Orient. (Chardin, *Voyages en Perse*.)

« *élus* » le sont à la veuve, la méprisée parmi les hommes ; leur cri puissant est opposé à sa prière ; ils crient « *jour et nuit* », tandis qu'elle importune le juge pendant un temps relativement beaucoup plus court. Leur assurance d'être exaucés ne repose pas sur leur cri, mais sur leur élection (Dan.12.1). La patience de Dieu envers ceux qui le prient, forme un contraste avec l'irritation du juge en présence des sollicitations de la veuve.

Dieu peut retarder l'exaucement, mais, certainement, « *Il les vengera bientôt* » ; Il ne les laissera pas dans l'épreuve plus que cela n'est nécessaire, mais il faut que la patience ait une œuvre parfaite. Les temps sont en sa main, et Il connaît le moment propice pour nous répondre. Jésus ne se rendit à l'appel des sœurs de Lazare que quatre jours après la mort de ce dernier. Les paroles qui terminent la parabole : « *Au reste, quand le Fils de l'homme sera venu, trouvera-t-il la foi sur la terre ?* » sont embarrassantes, car elles semblent mettre en question le succès de son œuvre comme Médiateur[a]. Nous avons de nombreux motifs de croire que la vraie Église ne sera pas nombreuse ; toutefois, il n'est pas question ici du petit nombre des élus, mais des échecs que subira la foi des fidèles eux-mêmes. Lorsque le Fils de l'homme viendra pour la délivrance, la détresse sera si grande que les cœurs des élus seront remplis de crainte (Zach.14.1-5). Tout secours paraîtra manquer, en sorte que c'est à peine si le Fils de l'homme « *trouvera la foi* », cette foi qui espère contre espérance, et qui croit que la lumière apparaîtra même lorsque les ténèbres sont les plus grandes, la foi qui persévère dans la prière

---

a. Les donatistes s'en servaient en faveur de leur théorie.

(Mat.24.22). Godet : « Je ne crains pas que le juge fasse défaut à son devoir. Voici *seulement* ce qui m'inquiète : c'est que la veuve ne manque au sien » (L'explication de Vitringa est curieuse : Le juge injuste représente les empereurs romains, et la veuve, l'Église primitive, qui plaide sa cause auprès d'eux ; les empereurs, après un temps assez long, se chargent de la défendre, de la protéger).

XXIX.
Le pharisien et le péager

Luc.18.9-14

Quelques interprètes ont vu dans cette parabole une prophétie du rejet des Juifs et de la réception des Gentils dans la grâce de Dieu. Ils voient dans le pharisien le Juif, qui se glorifie de son mérite propre, et qui, à cause de cet orgueil et de cette propre justice, n'obtient pas la vraie justice ; le Gentil, qui reconnaît humblement son indignité, et se repent de ses péchés, obtient la grâce qui est refusée aux Juifs. Mais les mots qui introduisent la parabole réfutent cette interprétation (v. 9). Ceux qui « *se persuadaient en eux-mêmes d'être justes* », ce sont ici non pas les pharisiens, mais les disciples de Christ, qui ont déjà fait quelques progrès à son école, et qui sont encore en danger de retomber dans les péchés des pharisiens ; il fallait leur montrer ce danger. Le Seigneur avait découvert chez quelques-uns de ses disciples des symptômes d'orgueil spirituel, accompagné d'un certain mépris pour les autres ; Il leur offre un remède dans cette parabole.

« *Deux hommes montèrent au temple pour prier* », à l'une des heures ordinaires de dévotion (Act.3.1) ; « *l'un était pharisien, et l'autre péager* », le pharisien représentant tous ceux qui nettoient les dehors de la coupe et du plat, sans se douter des souillures intérieures ; le péager est le type de tous ceux qui gémissent sous le fardeau du péché, et soupirent après un Libérateur. Christ veut faire comprendre à ses disciples qu'un tel homme est plus près du royaume de Dieu que l'orgueilleux pharisien.

« *Le pharisien se tenant debout, priait ainsi* » ; les Juifs se tenaient ordinairement debout pour la prière (1Rois.8.22 ; 2Chr.6.12 ; Mat.6.5 ; Marc.11.25) ; ils s'agenouillaient dans certaines occasions (Dan.6.10 ; 2Chr.4.13 ; Act.9.40 ; 20.36). Mais le pharisien se tint debout aussi pour attirer les regards sur lui, pour faire parade de sa dévotion (Mat.6.5). Il s'agit ici d'une « pose assurée et même hardie » (Godet). On peut traduire aussi : « *Le pharisien s'étant placé à part, priait ainsi* », voulant mettre une grande distance entre lui et les adorateurs impurs [a].

Les premiers mots de sa prière semblent convenables : « *Ô Dieu, je te rends grâce* » ; les pharisiens réclamaient le secours de Dieu. Mais ceux qui parlent ainsi sont souvent disposés à s'attribuer tout le mérite de leurs actions vertueuses ; ils ne croient pas avoir besoin de miséricorde. Celui qui rend grâces en sincérité, s'humiliera soi-même, en confessant sa misère. Le pharisien ne rend grâces que pour mieux dissimuler sa propre justice ; il ne peut pas remercier Dieu pour le bien qu'il croit posséder, sans mépriser les autres pour le mal qu'il croit reconnaître en eux. Il ne peut penser trop de bien de lui-même, ni trop de mal des autres, qu'il appelle « *ravisseurs, injustes, adultères* », puis il insulte le péager, en s'enorgueillissant à ses dépens. *Lui* n'a pas besoin de se frapper la poitrine, ni de baisser les yeux.

---

a. Saint Bernard : « Il rend grâces, non parce qu'il est bon, mais parce qu'il est seul ; il rend grâces du mal qu'il voit chez les autres ».

Voici les éloges que le pharisien se décerne à lui-même : « *Je jeûne deux fois par semaine* ». Il a ses œuvres surérogatoires ; Moïse n'avait établi qu'un seul jour de jeûne dans l'année, le jour des expiations (Lév.16.29 ; Nomb.29.7) ; mais les pharisiens jeûnaient deux fois la semaine, le second et le cinquième jours. « *Je donne la dîme de tout ce que je possède.* » Comme Jacob, il a fait à Dieu cette promesse : « Je te donnerai entièrement la dîme de tout ce que tu m'auras donné » (Gen.28.22 ; 14.20). La loi ne réclamait que la dîme des récoltes et du bétail (Nomb.18.21 ; Deut.14.22 ; Lév.27.30) ; mais lui, donnait la dîme de la menthe et du cumin (Mat.23.23) et de tout ce qu'il possédait, même des choses les plus insignifiantes. Il veut ainsi constituer Dieu son débiteur ; il n'y a, dans sa prière, aucune confession de ses besoins ou de son péché[a]. « Il avait sans doute aussi des péchés à confesser, dit Augustin, mais, ne se connaissant pas lui-même, il ressemblait à ce malheureux qui ne montre au chirurgien que ses membres sains, et cache les autres. Mais tu dois laisser à Dieu le soin de couvrir tes blessures ; si tu les couvres toi-même, elles ne seront pas guéries. Dieu seul peut les guérir. »

Ce qui aggrave l'injure adressée au péager par le pharisien, c'est que le péager entrait en ce moment dans le royaume de Dieu, par la confession de ses péchés. « *Et le péager se tenant éloigné* », mais non pas de Dieu, car le Seigneur est bien près du cœur contrit, « *ne voulait pas même lever les yeux au ciel* », encore moins les mains (1Tim.2.8 ; 1Rois.8.54 ; Héb.12.12), car il avait « *péché contre le ciel* », comme l'enfant prodigue.

---

a. Augustin : « Es-tu venu pour demander ou pour faire ton éloge ? Tu dis que tu possèdes tout ; pourquoi donc pries-tu ? »

Il se tenait « *éloigné* », non pas qu'il fût un prosélyte ou un païen, car il était aussi Juif, mais à cause de son respect pour le saint lieu ; il sentait que ses péchés l'avaient séparé de Dieu. Il « *se frappait la poitrine* », en signe de douleur, parce qu'il se jugeait lui-même, afin de n'être pas jugé par le Seigneur ; et il s'écriait en même temps : « Ô Dieu, sois apaisé envers moi pécheur [a] ! » Si le pharisien s'estime le plus éminent des saints, le péager se reconnaît être le plus grand des pécheurs. C'est pourquoi il obtint miséricorde. Sa prière monta au ciel, comme l'encens, en offrande d'agréable odeur, tandis que la prière du pharisien fut rejetée, car « Dieu résiste aux orgueilleux, mais Il fait grâce aux humbles » : « *Je vous le dis, celui-ci descendit en sa maison justifié plutôt que l'autre* ». Non seulement il fut justifié dans les conseils secrets de Dieu, mais encore « *il descendit en sa maison justifié* », avec l'assurance de son pardon. Le pharisien, lui, revint du temple avec le même cœur endurci. Ces mots « *plutôt que l'autre* » ne signifient pas que le péager fût plus justifié que le pharisien, car il n'y a pas de degrés dans la justification, mais ils signifient qu'il fut absolument justifié, considéré par Dieu comme juste, tandis que l'autre ne le fut pas. Il est intéressant de trouver ici déjà la doctrine de la justification, développée plus tard par saint Paul.

Les mots qui terminent la parabole ont déjà été prononcés par le Seigneur (Luc.14.11). Ils forment une magnifique transition à ce qui suit [b].

---

a. Augustin : « Celui qui avoue ses péchés et qui les accuse, fait déjà un avec Dieu, car Dieu les accuse ».
b. Augustin : « Le pharisien ne voulut pas s'humilier, aussi fut-il humilié par la main de Dieu ».

XXX.

Les mines

Luc.19.11-27

Nous avons déjà parlé de cette parabole à propos de celle des Talents, et montré qu'elles sont entièrement distinctes l'une de l'autre ; il ne s'agit donc pas simplement de deux versions différentes d'une même parabole, comme on l'a prétendu. Les mots du verset 11 sont très importants pour l'intelligence de notre parabole : « *Jésus dit encore une parabole, parce qu'il était près de Jérusalem, et qu'ils pensaient qu'à l'instant même le royaume de Dieu allait être manifesté* ». Jésus voulait donc réprimer l'impatience de ses disciples, et leur enseigner à attendre patiemment son retour, en travaillant pour Lui [a]. Mais il avait d'autres auditeurs encore, à savoir la multitude qui le suivait pour voir des miracles et pour d'autres motifs. Elle était exposée à toutes les funestes influences du monde, en particulier à l'inimitié contre Jésus, lorsqu'il aurait disparu. Les versets 14 et 27 la concernent spécialement.

« *Il dit donc : Un homme de grande naissance s'en alla dans une contrée éloignée pour recevoir un royaume, et puis*

---

a. Godet : « L'idée dominante de cette parabole est celle d'un temps d'épreuve nécessaire entre le départ et le retour du Seigneur pour préparer la sentence qui fixera la position de chacun dans l'état de choses qui suivra la Parousie ».

s'en revenir. » Dans le grand empire romain, où le Sénat avait le pouvoir d'établir les rois et de les détrôner, un fait tel que celui qui est mentionné ici pouvait avoir lieu fréquemment. Hérode le Grand n'était auparavant qu'un simple officier en Judée ; étant à Rome (car il fuyait de devant Antigone), le Sénat le proclama roi des Juifs. L'histoire fournit plusieurs autres exemples pareils. Il était donc naturel qu'un « *homme de grande naissance* » aspirât au trône ; ces expressions sont bien choisies, car qui fut de plus grande naissance que le Fils de David selon la chair, qui était en même temps le Fils unique de Dieu ?

Le royaume que cet homme noble va recevoir ne peut être un autre que celui qu'il avait habité comme simple citoyen ; il y revient, après un certain temps, pour y régner. De même, Jésus a été « *couronné de gloire et d'honneur, et toutes choses ont été mises sous ses pieds* » (Héb.2.7-8 ; Philip.2.9-11). Mais on peut affirmer également qu'il a reçu l'investiture de ce royaume terrestre qu'il s'était acquis au prix de son sang ; c'est là le royaume dont il est ici question. L'homme noble de la parabole doit régner sur ses concitoyens, c'est ce qui explique les paroles du verset 14.

Mais, avant de partir, « *il appela dix de ses serviteurs, et leur donna dix mines, et leur dit : Faites des affaires jusqu'à ce que je revienne* ». La somme qui leur est confiée est plus petite que celle dont parle saint Matthieu. Ce sont donc des occupations paisibles auxquelles vont se livrer les serviteurs du roi futur, tandis qu'une révolte se prépare. « *Il aurait dû leur distribuer des armes* », a-t-on dit. Mais il ne s'agit pas de combattre le monde avec ses propres armes ; « la colère de l'homme n'accomplit pas la justice de Dieu ». Les papistes et les anabaptistes ont voulu identifier l'Église avec un royaume terrestre. D'autres ont pensé que le royaume de Dieu devait apparaître immédiatement, et qu'ils étaient chargés de lui donner son organisation extérieure, ou bien de faire simplement valoir les talents qui leur étaient confiés.

« Mais ses concitoyens le haïssaient ; et ils envoyèrent une ambassade après lui, pour dire : Nous ne voulons pas que celui-ci règne sur nous. » On a pensé que ses concitoyens, connaissant d'avance ses intentions, lui font savoir qu'en aucun cas ils ne se soumettront à lui. Mais les mots du verset 14 font plutôt allusion à une ambassade que les citoyens envoyèrent à la cour, pour empêcher que le nouveau roi régnât sur eux. Ainsi, une faction juive, au temps d'Archélaüs, envoya des ambassadeurs à la cour d'Auguste pour empêcher la royauté du premier. Les Juifs étaient spécialement les concitoyens de Christ, car, selon la chair, Il était de la semence d'Abraham (Rom.9.5 ; Jean.4.22), membre de la nation juive ; ils le haïrent jusqu'à la mort et ensuite dans la personne de ses serviteurs (Jean.19.21 ; Act.17.7 ; 12.3 ; 13.45 ; 14.18 ; 17.5 ; 18.6 ; 22.22 ; 1Thess.2.15). Si nous plaçons la réalisation complète de la parabole au jour du jugement, alors on peut dire que ces concitoyens révoltés représentent tous ceux, Juifs et Gentils, qui refusent de se soumettre à Jésus comme à leur Seigneur ; telle sera l'apostasie des derniers jours (Apo.13.5-6 ; Dan.7.25 ; 2Thess.2.1-10) ; on résistera alors ouvertement à Jésus-Christ.

Nous avons déjà expliqué les versets suivants (15-23), à propos de la parabole des Talents. A son retour, l'homme noble, devenu roi, distribue des récompenses à tous ceux qui lui ont été fidèles, et des châtiments plus ou moins sévères à ceux qui ont profité de son absence pour le tromper. Les récompenses sont dignes d'un roi ; il les établit sur plusieurs villes ; ces récompenses sont proportionnées à la fidélité des serviteurs. Il dit à celui dont la mine en avait produit dix : « *Parce que tu as été fidèle en peu de chose, reçois autorité sur dix villes* » ; à celui dont la mine en avait produit cinq, il dit : « *Sois établi sur cinq villes* ». Ces paroles sont un commentaire exact de 2Ti.2.12 ; M. Godet dit : « Les *dix*, les *cinq* villes représentent des êtres moraux qui sont dans un état de développement inférieur, mais que les fidèles glorifiés ont mission d'élever à leur divine destination ». Il n'est pas parlé des sept autres serviteurs ; nous ne devons pas en conclure qu'ils aient été infidèles. « *Ceux qui étaient présents* », et qui doivent ôter la mine au serviteur paresseux pour la donner au plus fidèle ou au plus habile, ce sont les anges, qui apparaissent toujours lorsqu'il est question du jugement final (Mat.13.41 ; 16.27 ; 24.31 ; 2Thess.1.7 ; Jude.1.14). Leur remarque : « *Seigneur, il a dix mines* », doit fixer notre attention sur cette loi paradoxale du royaume, en vertu de laquelle le pauvre devient encore plus pauvre, et le riche, toujours plus riche. C'est la loi que Christ déclare être de la plus grande justice (Prov.9.8-9). Après avoir distribué les peines et les récompenses, le roi va exercer la vengeance contre ses ennemis, contre tous ceux qui lui ont refusé leur soumission (Prov.20.8). « *Amenez ici ces gens, mes ennemis, qui n'ont pas voulu que je régnasse sur eux, et égorgez-les devant moi*[a]. » Ce massacre des ennemis en pré-

---

a. Augustin se sert de ce passage dans sa controverse avec les manichéens, qui prétendaient que le Dieu sévère et vengeur de l'Ancien Testament n'était pas le même que du Nouveau, débonnaire et pardonnant

sence du roi, appartient à l'essence même de la parabole. Ces paroles expriment la colère du Seigneur Jésus contre ses ennemis, colère qui se manifestera au jour du jugement sans miséricorde (Apo.14.10; 19.11-16; 2Thess.1.7-9; Héb.10.27). Ce jugement commença à s'accomplir lors de la destruction de Jérusalem, mais il s'accomplira surtout au temps de l'Antéchrist. D'après M. Godet, le verset 27 représente le règlement de compte du Messie avec le peuple juif, comme les versets 15-26, son règlement de compte avec l'Église.

Thomas Jackson, le grand théologien arminien du dix-septième siècle, a dit : « Les paraboles de notre Seigneur, en tant qu'elles contiennent les mystères du royaume céleste, me paraîtront toujours être la règle souveraine de la foi, les sujets qu'elles traitent sont dignes des plus sérieuses méditations du chrétien ».

---

tout n'étaient pas le même Dieu.

Table des matières

Note ThéoTeX 1

Avant-propos du Traducteur 4

Remarques introductives 6
    I. Définition de la parabole 6
    II. L'enseignement parabolique 13
    III. L'interprétation des paraboles 27
    IV. Les paraboles en dehors de la Bible 38

Les paraboles 45
    I. Le semeur 45
    II. L'ivraie 60
    III. Le grain de sénevé 73
    IV. Le levain 78
    V. Le trésor caché 83
    VI. La perle de grand prix 89
    VII. Le filet 92
    VIII. Le serviteur impitoyable 99

IX. Les ouvriers dans la vigne	111
X. Les deux fils	123
XI. Les méchants vignerons	127
XII. Les noces du fils du roi	137
XIII. Les dix vierges	148
XIV. Les talents	158
XV. La semence qui croît en secret	167
XVI. Les deux débiteurs	170
XVII. Le bon samaritain	176
XVIII. L'ami qui vient à minuit	183
XIX. Le riche insensé	186
XX. Le figuier stérile	192
XXI. Le grand souper	198
XXII. La brebis perdue	204
XXIII. La drachme perdue	210
XXIV. Le fils prodigue	213
XXV. L'économe infidèle	229
XXVI. L'homme riche et Lazare	238
XXVII. Les serviteurs inutiles	250
XXVIII. Le juge injuste	253
XXIX. Le pharisien et le péager	259
XXX. Les mines	263